Claude Monet

« intime »

Auteur : Georges Clemenceau

Mise en page :
Baseline Co. Ltd,
61A-63A Vo Van Tan Street
4e étage
District 3, Hô-Chi-Minh-Ville
Vietnam

Note de l'éditeur
Par respect pour le travail originel de l'auteur, le texte n'a pas été réactualisé dans ses propos en ce qui concerne les changements d'attribution, les datations et la localisation des œuvres, qui ont été et qui sont encore parfois incertaines. En revanche, les légendes ont été actualisées.

ISBN : 978-1-84484-844-7

Imprimé en Slovaquie

Georges Clemenceau

Claude Monet

« intime »

PARKSTONE
INTERNATIONAL

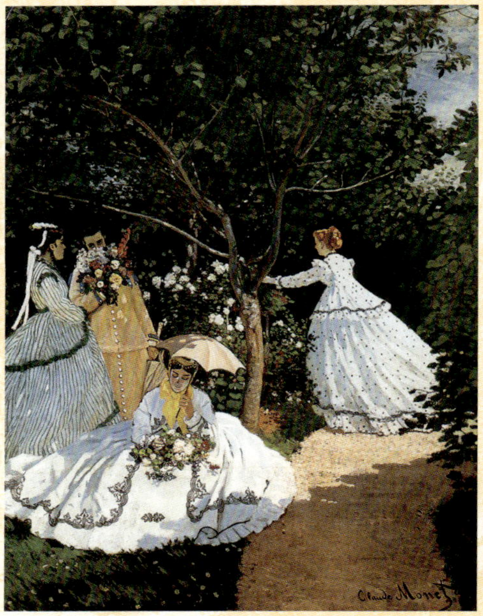

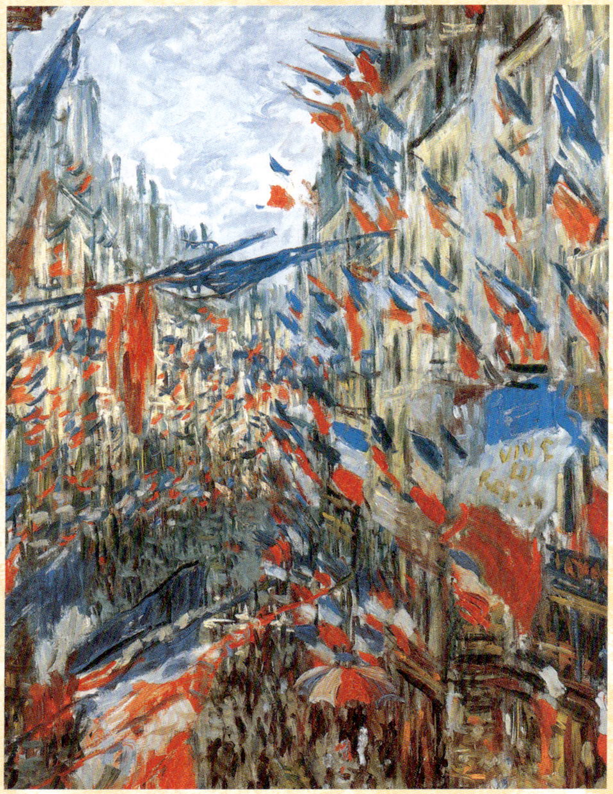

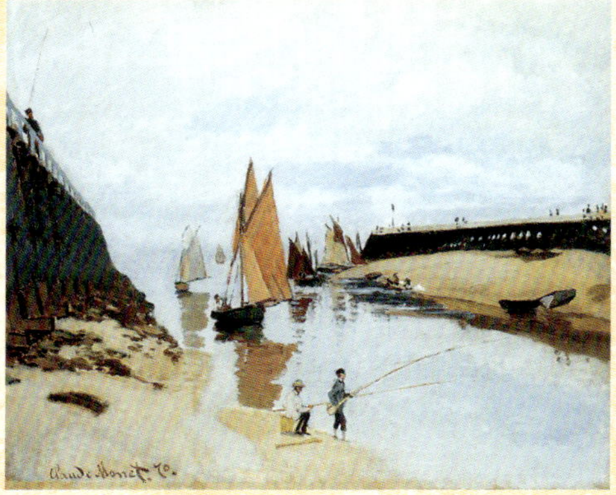

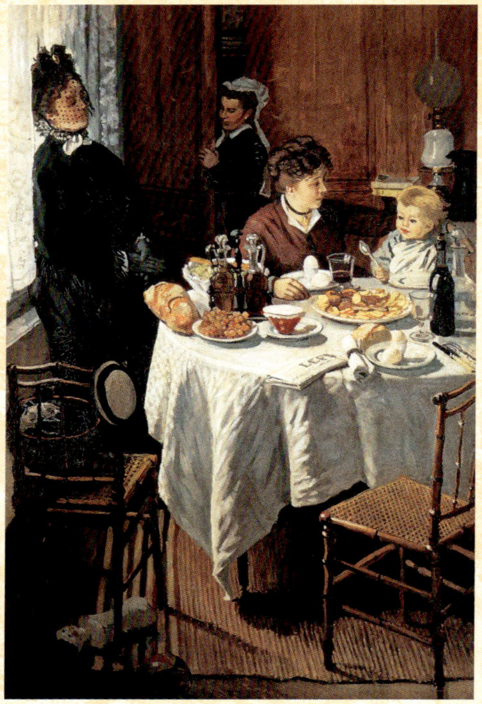

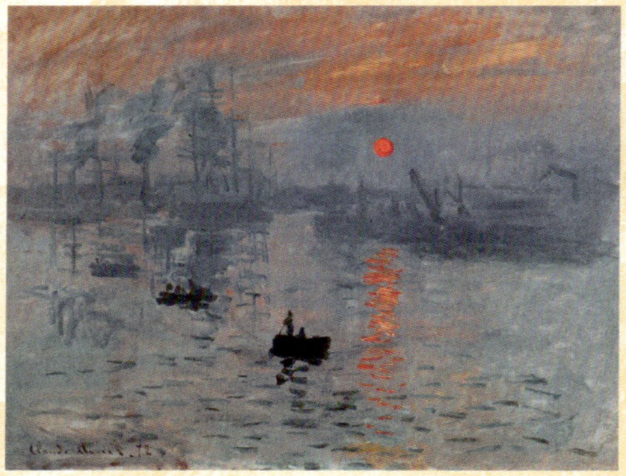

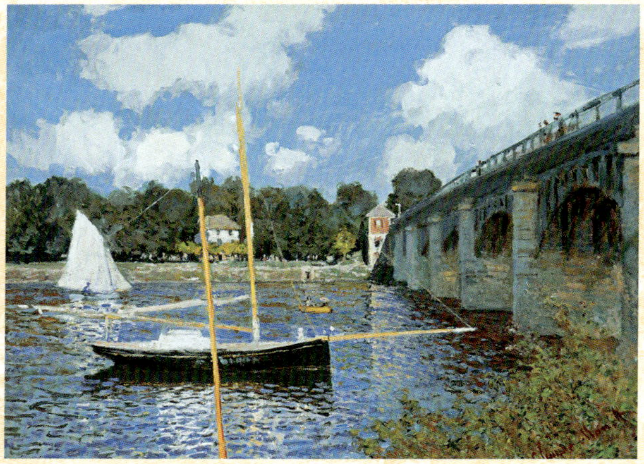

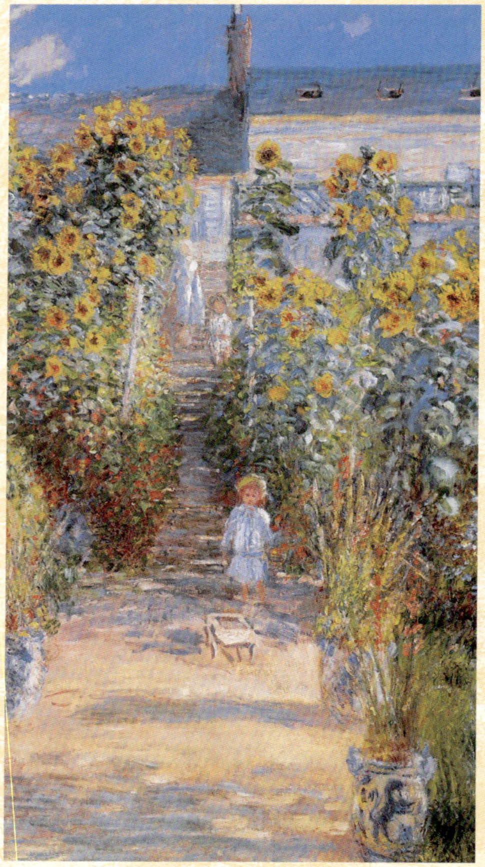

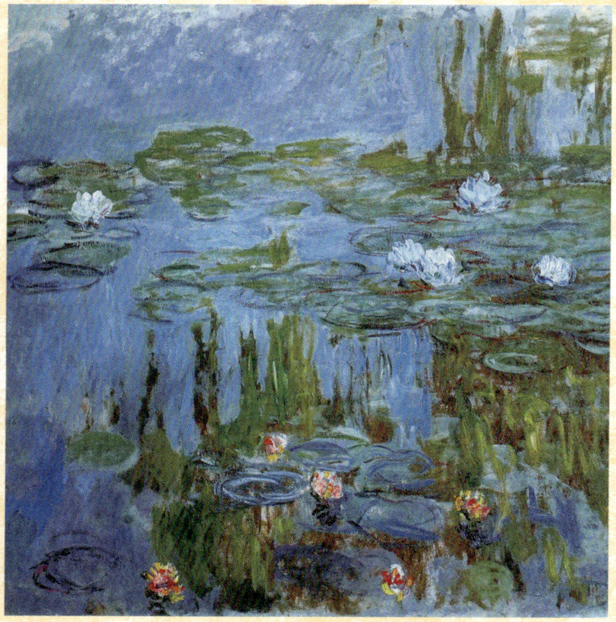

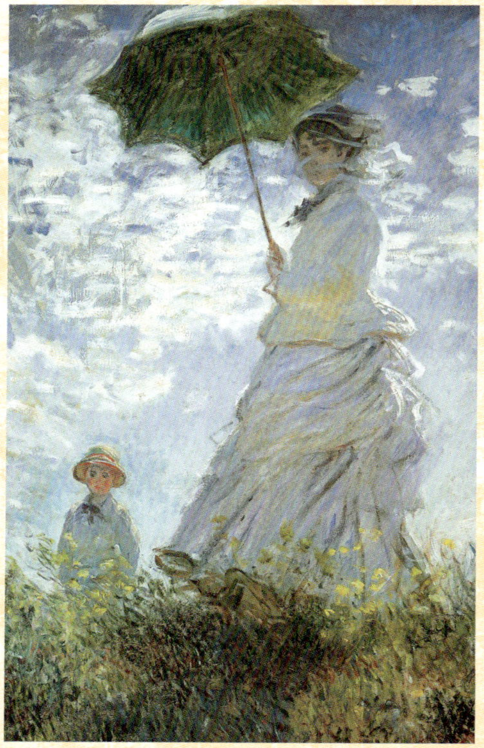

Sommaire

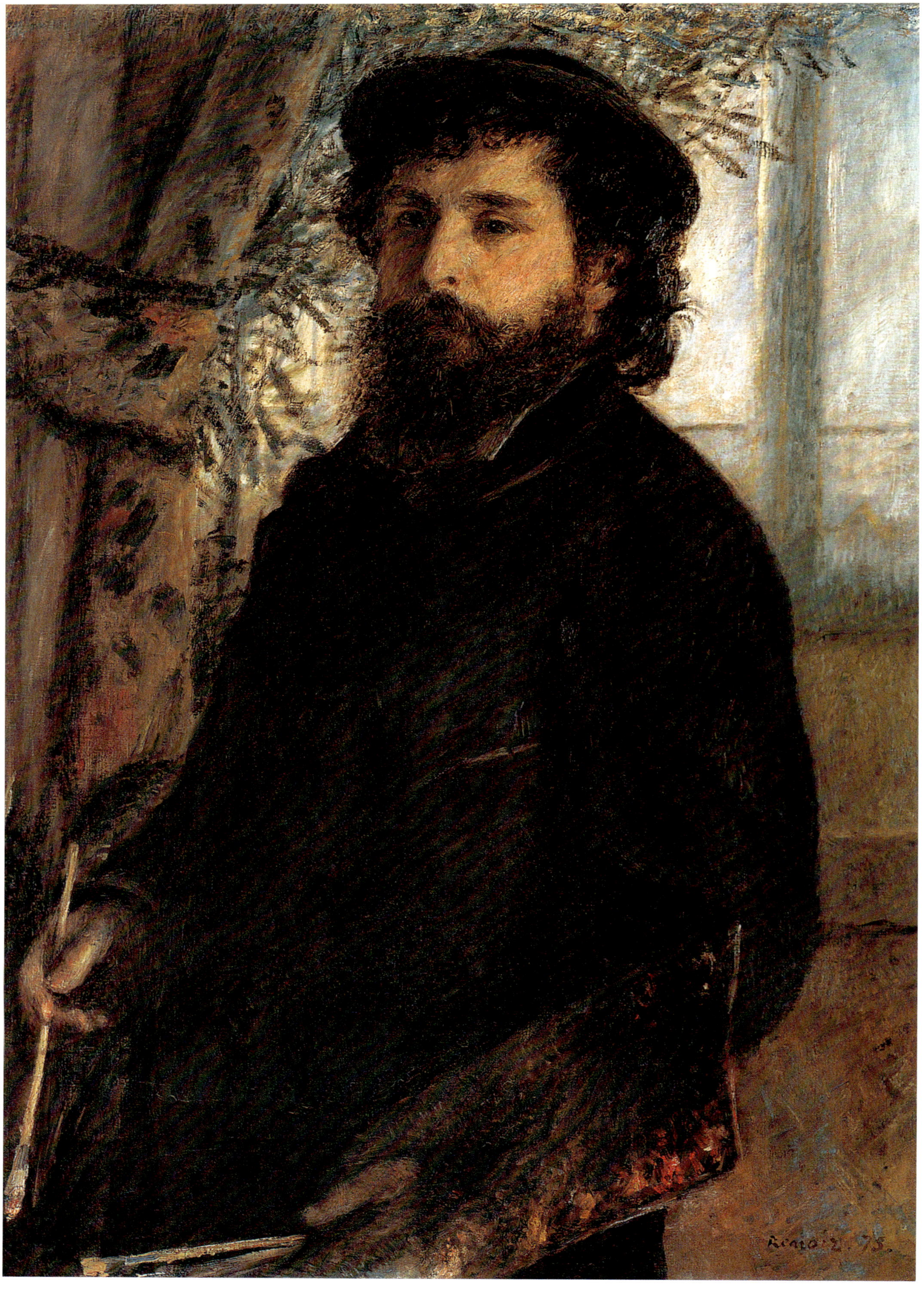
Renoir. 75.

I. La Leçon d'une vie

C'est une opinion généralement acceptée que l'exemple des « hommes supérieurs » est le meilleur enseignement de la vie. Il est moins facile qu'on ne pourrait croire de donner une bonne définition de « l'homme supérieur ». On a imaginé des rubans pour cela, mais la marque n'est peut-être pas infaillible. Claude Monet avait un gros rire content quand on lui demandait pourquoi il n'était pas décoré.

Au vrai, les humains se classent eux-mêmes, bien ou mal, d'après leurs œuvres, et à chacun de tirer la leçon de la bonne ou de la mauvaise rencontre, selon l'occasion. Notre véritable enseignement des activités de l'homme se fait au hasard des circonstances. Il n'est pas de vie, petite ou grande, qui ne puisse être pour nous une leçon dans l'extrémité même de l'indulgence avec laquelle nous nous regardons vivre.

Pour nous aider dans nos jugements, les moralistes ont pris l'habitude de nous exposer, à titre d'exemple, la biographie des « hommes illustres ». Je n'en médirai pas, bien qu'il soit, dans notre vie courante, très peu de cas où nous ayons à nous inspirer de Thémistocle ou d'Épaminondas. Notre Plutarque n'y a pas regardé de si près, et ses grands hommes n'ont pas toujours donné le bon exemple. Si j'avais à écrire la vie de Plutarque lui-même, je lui reprocherais ses faiblesses pour Alcibiade, et son incroyable méconnaissance d'Aristote, et de Phidias, qui fut, d'abord, celle de ses contemporains.

Il est assurément un choix à faire parmi les favoris de la renommée. La philosophie et l'art furent les grands champs de bataille où l'hellénisme assura son hégémonie. Le Chéronéen ne leur a donné qu'une parole en passant, et, de ce fait, nous échappent les deux figures les plus hautement représentatives d'un idéalisme d'humanité. En dépit des louanges de Philippe, qui l'accabla du poids de son élève, Aristote nous offre d'étonnantes condensations d'idées. Phidias, à travers le prestigieux développement de la sculpture hellénique, jusqu'aux déviations de la statuaire chryséléphantine, est peut-être le seul maître dont on puisse dire qu'il ait atteint les limites de son art, dans l'excellence duquel il ne sera pas dépassé. Un mot sur le Stagyrite, à propos de ce fou d'Alexandre, qui ne sut que brasser l'Orient. Un autre sur le Maître de marbre parce qu'il a côtoyé Périclès - beau parleur - ce qui ne l'empêcha pas de mourir en prison. Nous trouvons les deux hommes à peine proposés pour la renommée. Il était plus facile de dire le soldat.

Que le lecteur m'excuse donc si je me laisse tenter par l'entreprise, peut-être vaine, de donner le bon exemple en parlant avec sincérité de ce que j'ai senti, de ce que j'ai vu, de ce que j'ai aimé, d'une grande figure qui n'est plus.

Il se pourrait qu'aux infinies diversités de l'espèce humaine, un examen attentif nous découvrît beaucoup plus de grandes existences qu'il n'est généralement supposé. L'incertitude est de la mesure, et la difficulté de la cote de valeurs hiérarchiquement déterminées.

Je ne sais point de drame qui soit d'une émotion plus haute que le spectacle d'une vie humaine toute subordonnée à des fins d'idéal par un irrépressible débordement

Pierre-Auguste Renoir,
Claude Monet, 1875.
Huile sur toile, 85 x 60,5 cm.
Musée d'Orsay, Paris.

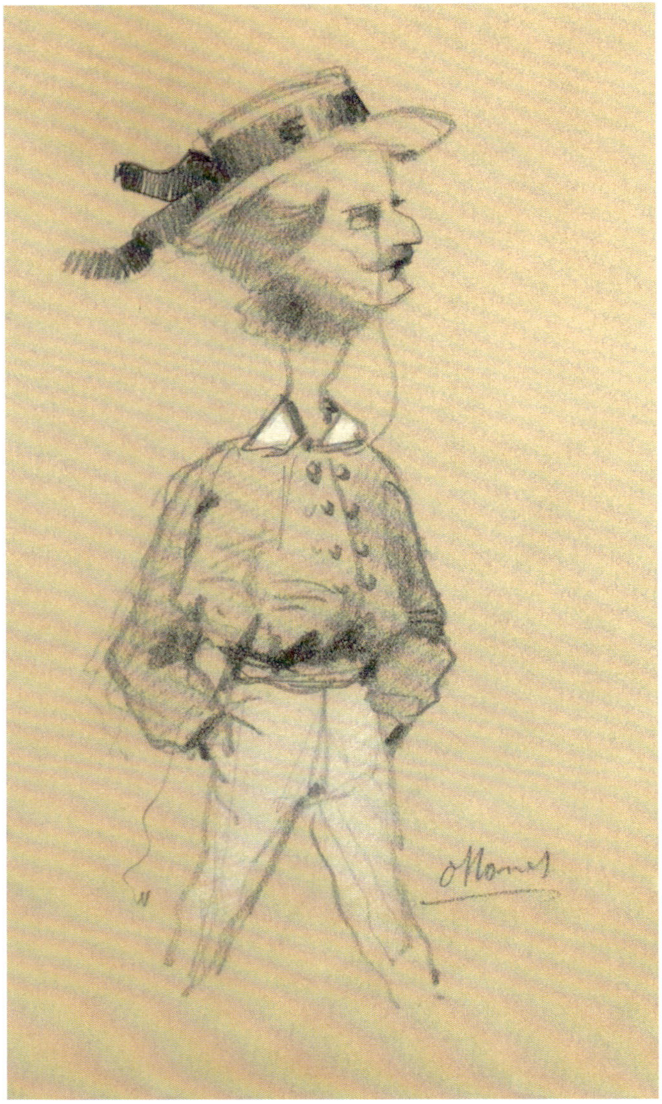 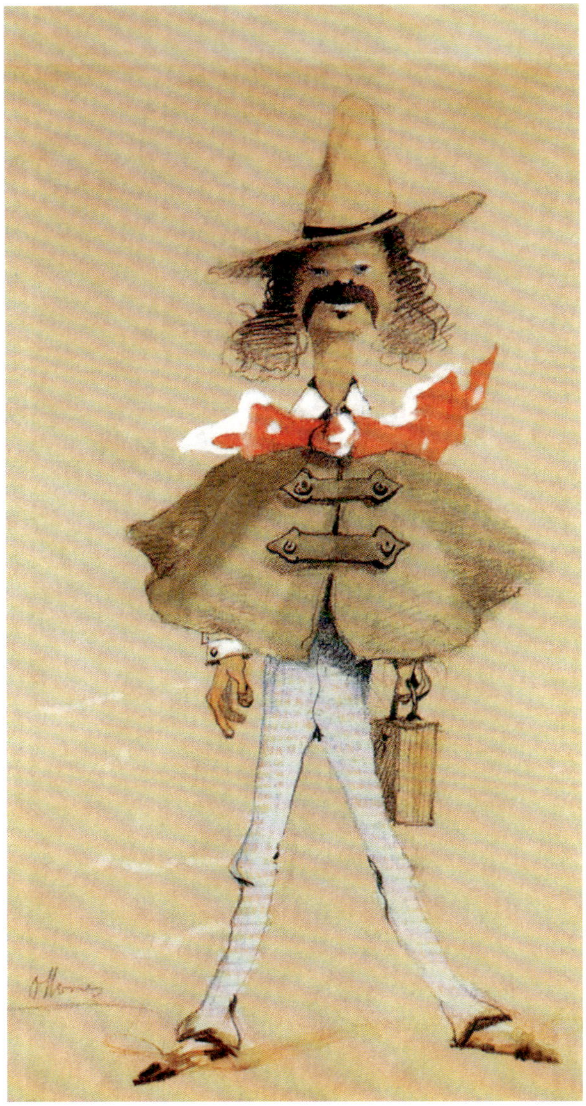

Homme au chapeau (caricature), vers 1857. Crayon noir sur papier beige avec rehauts de gouache. Musée Marmottan, Paris.

Le Peintre au chapeau pointu (caricature), vers 1857. Crayon noir rehaussé de gouache. Collection privé, Paris.

Femme noire coiffée d'un madras (caricature), vers 1857. Crayon noir rehaussé de gouache. Musée Marmottan, Paris.

d'enthousiasme, sous la bonne règle d'un ordre continu de volontés. Quand un sceptique railleur nous annonça « *l'homme divers* », nous avions déjà pu considérer, depuis beaucoup de siècles, les impulsions changeantes de nos émotivités discordantes, tenues en échec par les résistances d'un atavisme ankylosé. Cependant, les jeunes aspirations d'une évolution de connaissances relatives en direction de l'Infini, avec les activités qui s'ensuivent, n'ont cessé de déterminer, selon les chances, les enchaînements et les ruptures d'activités organiques dont nous nous plaisons à composer « l'unité » de notre personnage.

Pour juger d'un peintre, il semble qu'il suffise de regarder. Nous pourrions même en rester là, si nous n'avions trop de raisons de savoir que les sensibilités sont différentes dans chaque exemplaire d'humanité. Nous entendons vivre socialement, mais en sauvant de la contrainte le plus possible de notre personnalité – ce qui suppose un ensemble de qualités contraires variablement associées. C'est le problème par excellence où se rencontrent l'heur et le malheur de l'espèce humaine. Dans l'ordre des connaissances acquises, nous en sommes encore aux questions primordiales, et le

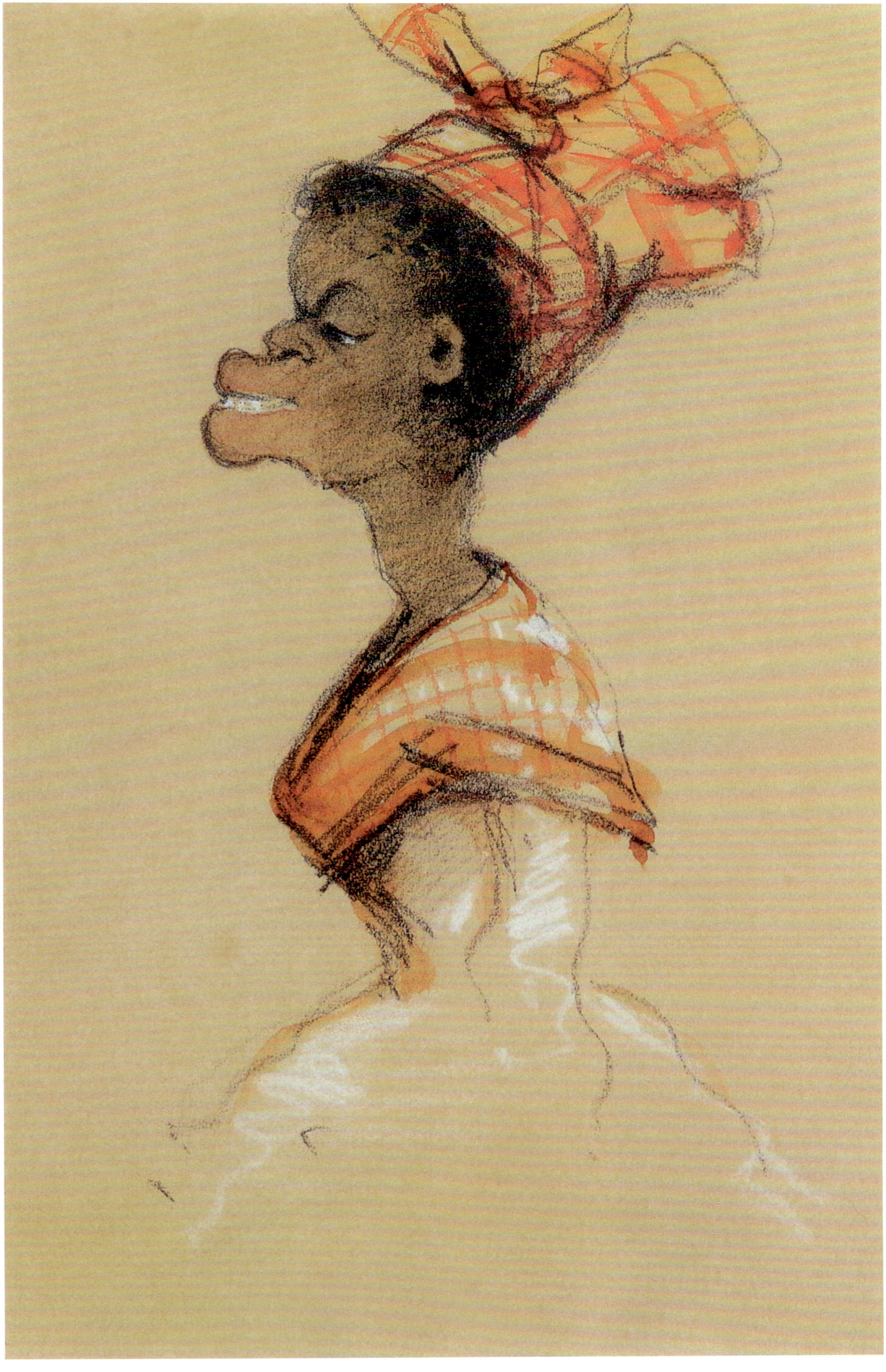

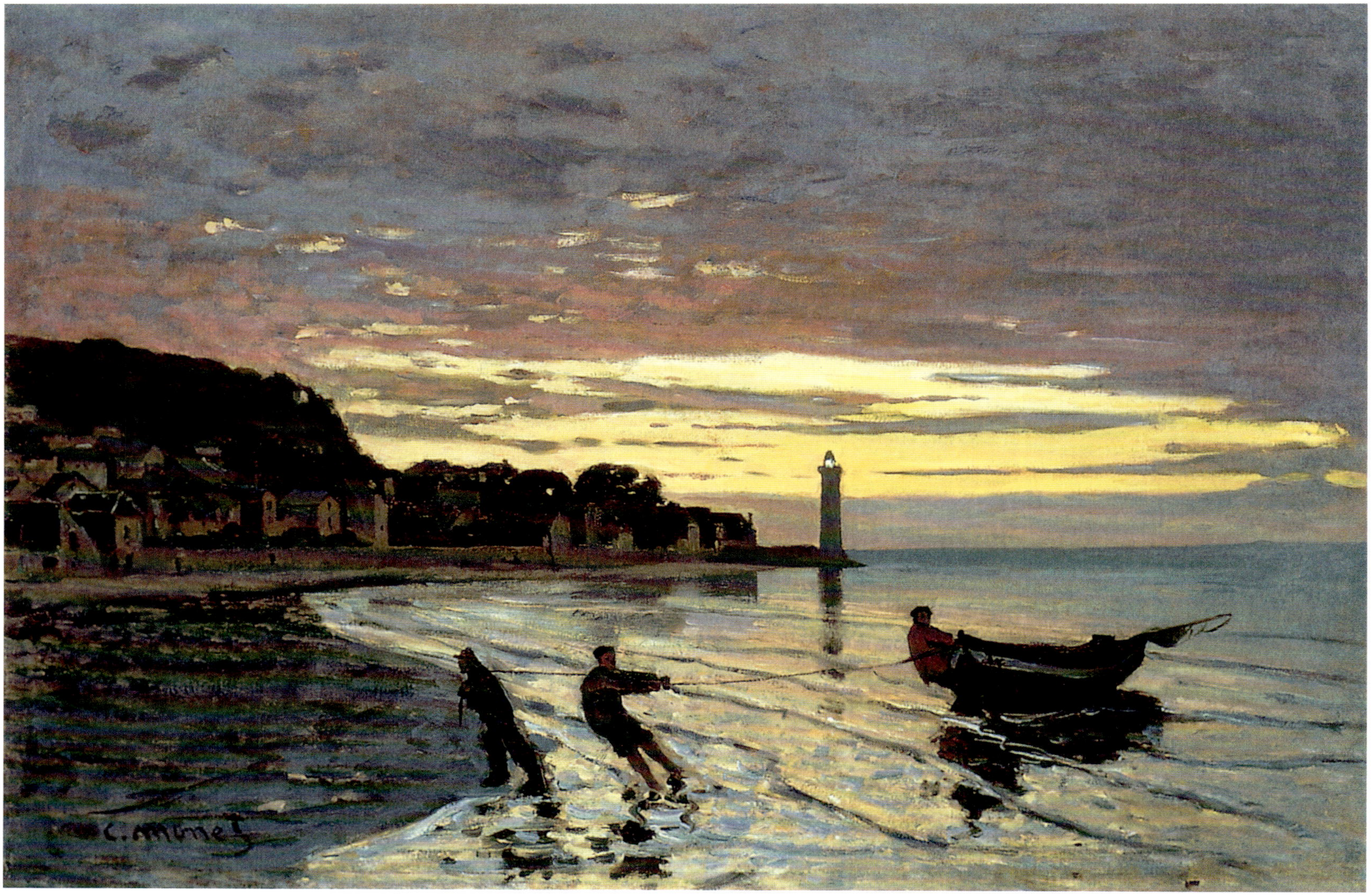
C. Monet

principal progrès est peut-être que nous n'envoyons plus personne en place de Grève pour un oui ou un non mal placés dans l'opinion du plus grand nombre.

Sur les questions d'art, où l'émotion seule paraît en cause, les jugements ne semblent pas moins propres à nous égarer selon les qualifications organiques de chacun. C'est qu'il s'agit toujours là d'états changeants de sensibilités particulières, en réaction de nos prises de contact avec le monde extérieur. Et, dans ce cadre mental l'artiste rejoindra ou même dépassera le savant, avec la prétention de s'élever au-dessus d'une simple machine à connaître, dans l'apogée de la sensation.

L'art serait ainsi l'achèvement de l'homme par excellence, en ses rapports mouvants avec le monde planétaire, aussi bien qu'avec le ciel infini. Mieux l'art rejoindra, soudera, toutes les parties des réactions de la sensibilité humaine, plus l'homme qui aura pris en main l'œuvre suprême d'une assimilation personnelle, profitable à ses compagnons de planète, sera près d'avoir réalisé l'un des plus beaux accomplissements de l'être passager dans l'univers permanent.

Ami lecteur, voilà pourquoi l'audace m'est venue de te soumettre quelques aspects de Claude Monet. L'artiste a vécu un moment supérieur de l'art, et, par là même, de la vie. Il ne manquera pas de bons juges pour le dire. Mais c'est l'être humain que je cherche au-delà de l'artiste, l'homme qui, livré tout entier à ses impulsions les plus hautes, a osé regarder en face les problèmes de l'univers pour les aborder d'ensemble et les fondre dans le bloc esthétique d'une sensibilité affinée, sous l'impulsion d'une énergie de vouloir que rien n'a pu faire dévier. Je prends le ciel à témoin qu'un tel accomplissement n'est pas de l'ordinaire. D'où l'idée m'est venue d'ajouter quelques touches au portrait de Monet par lui-même, pour caractériser autant que possible la grande figure d'un homme qui fait honneur à son temps, à son pays, à sa planète.

Ce n'est pas que je me décide sans peine à risquer de nécessité quelques brèves remarques sur les diffusions de lumière qui caractérisent les *Nymphéas* du « *jardin d'eau* ». Je ne suis ni peintre, ni critique d'art, pas même poète. Tout au plus, puis-je alléguer que j'appartiens à la congrégation anonyme du public, de ce public français à l'intention de qui ces tableaux furent peints et à qui Monet lui-même en a fait don.

Un redoutable honneur, ainsi, nous est échu. Je voudrais essayer de m'en montrer digne en acceptant le legs tel qu'il m'est fait, c'est-à-dire comme une représentation d'un état d'émotivité qui nous permet de nous assimiler de nouveaux aspects des énergies universelles, partant, de mieux comprendre le monde et nous-mêmes avec lui. Aussi bien cela, dans l'intérêt de notre évolution d'esthétique, que pour notre développement général, puisqu'il n'est pas d'accroissement d'une de nos facultés qui ne soit en correspondance inévitable avec l'évolution de l'organisme tout entier.

Ce n'est pas pour « la gloire » de Monet que j'entreprends le siège de ceux qui accepteront le risque de me lire. Il a trop bien connu l'âcre misère de cette fumée. Mort, il est étranger désormais aux préoccupations de son passage. Mais parce qu'il a vécu, il nous a laissé quelque chose de lui-même qu'il nous importe encore de reconnaître dans l'intérêt – et pour l'honneur – de nos évolutions à venir. Voilà ce que

Halage d'un bateau, Honfleur, 1864.
Huile sur toile, 55,2 x 82,1 cm.
Memorial Art Gallery of the
University of Rochester, Rochester.

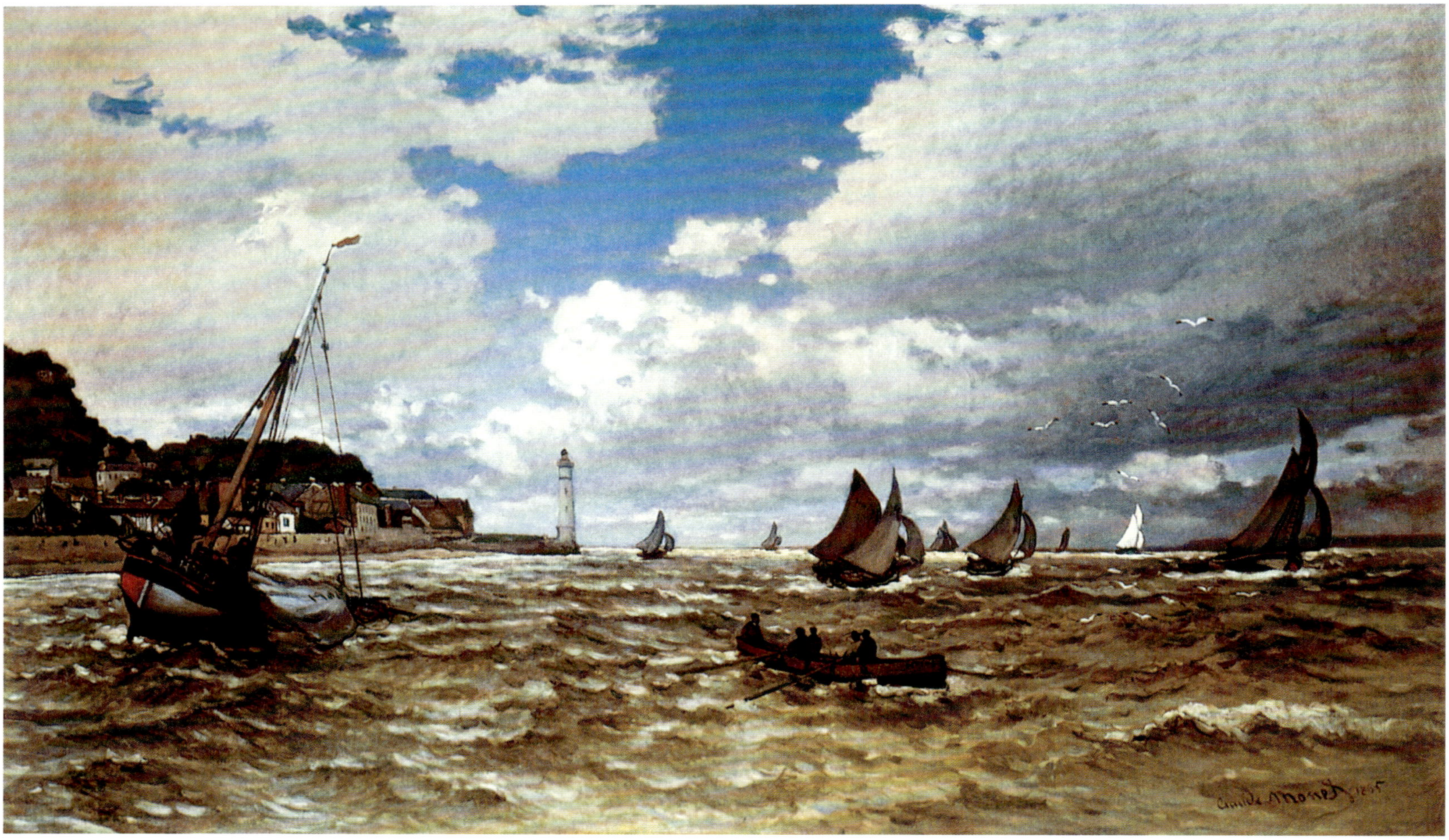

L'Embouchure de la Seine à Honfleur,
1865.
Huile sur toile, 90 x 150 cm.
Norton Simon Museum, Pasadena.

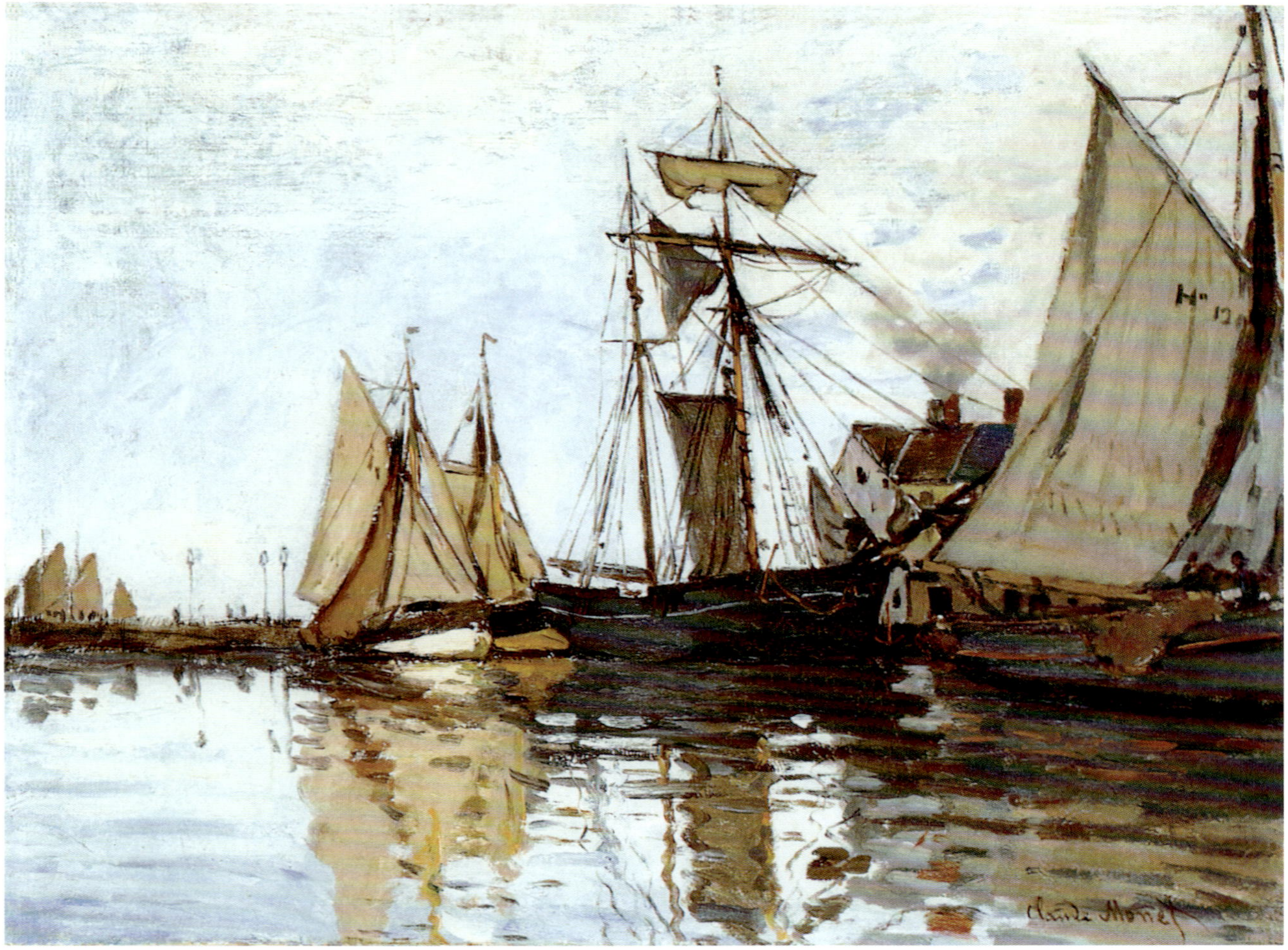

Bateaux dans le port de Honfleur,
1866. Huile sur toile.
Collection privée.

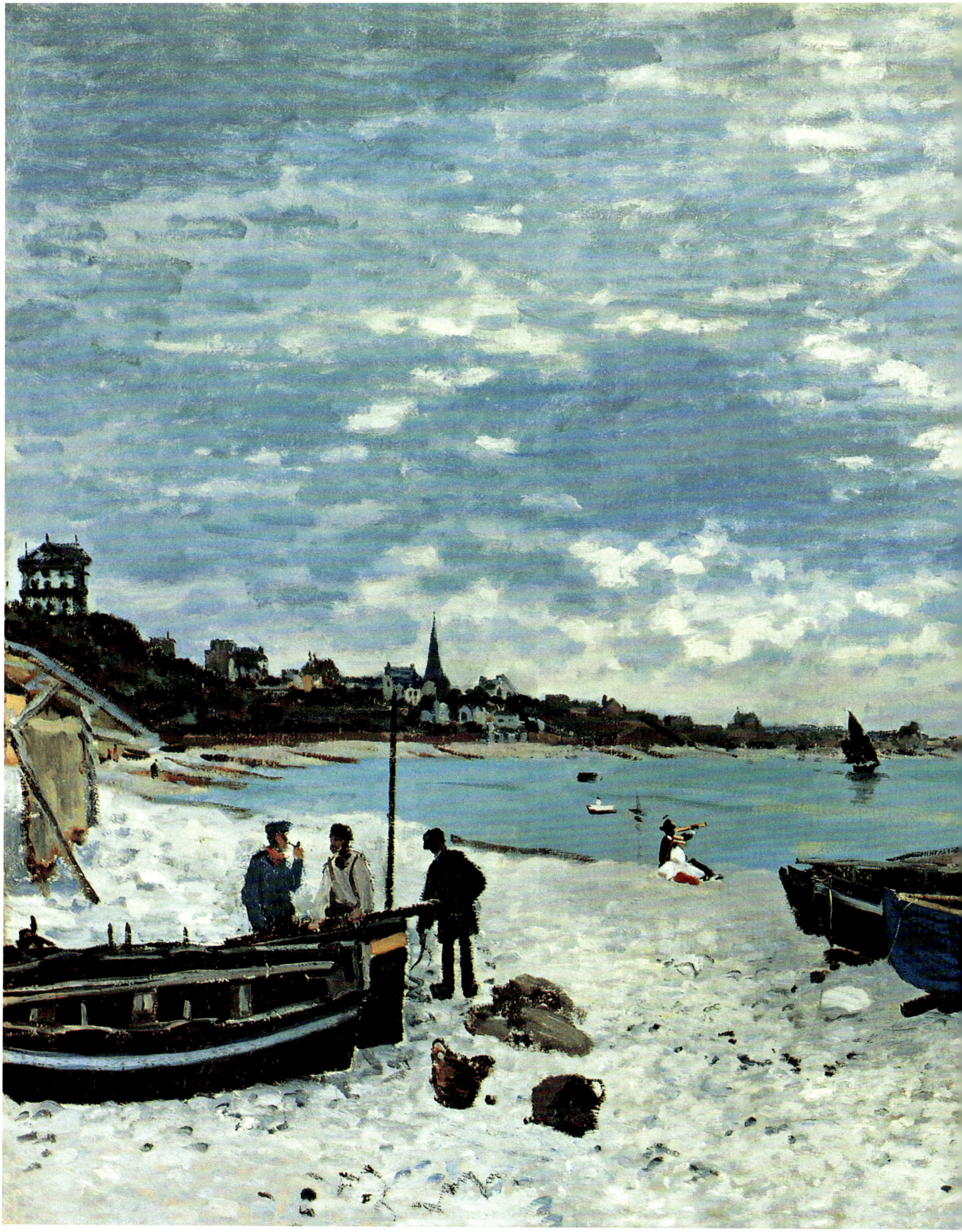

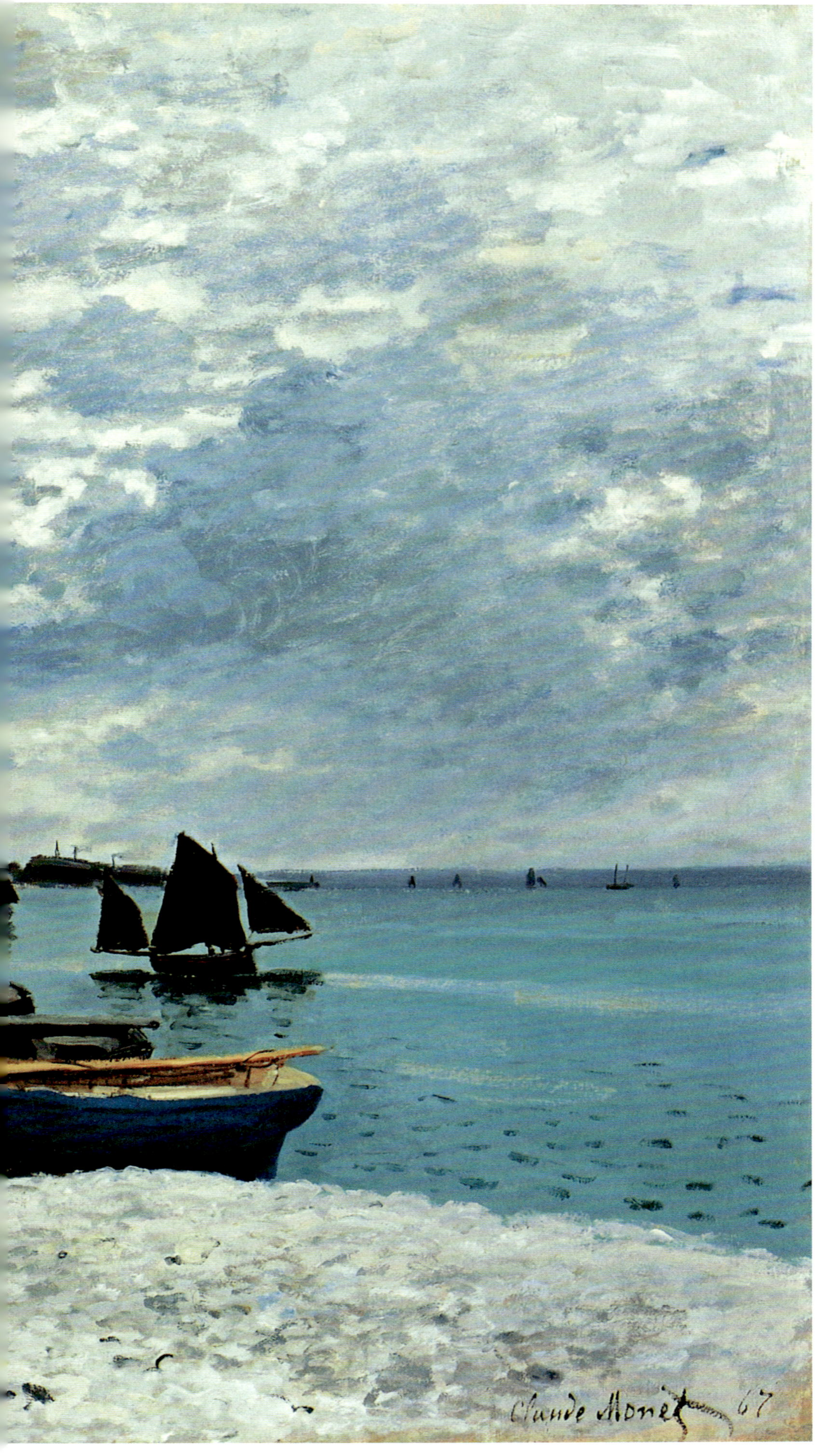

La Plage de Sainte-Adresse, 1867.
Huile sur toile, 75,8 x 102,5 cm.
Art Institute of Chicago, Chicago.

je voudrais chercher. Une leçon se dégage, ai-je dit, de toute vie humaine. Quel est l'enseignement de la vie de Monet ? Question d'art. Question d'humanité par excellence, puisque tout l'art se ramène, comme notre connaissance elle-même, à des expressions de sensibilité.

Monet fut un lyrique supérieur, et ce lyrique fut un homme d'action. Les deux qualités ne sont pas nécessairement un titre de recommandation auprès de nos contemporains. Rien n'est plus propre, même, à susciter les résistances de la foule moderne que des nouveautés qui demandent des réalisations. Monet n'annonça point de doctrine. On peut même dire qu'il se calfeutra de silence pour laisser aux fougues de sa brosse virile toute leur liberté. Confiant dans l'inaltérable droiture de sa vision, il s'obstina farouchement à peindre ce qu'il voyait, et comme il le voyait, en dehors des conventions d'atelier qui, jusque-là, avaient régi son art.

Assailli d'une implacable violence, il douta de sa main, à certaines heures, mais jamais de son œil, et par une héroïque application d'efforts toujours mieux soutenus, agrandit son domaine au-delà de ce qu'il avait rêvé, pour mourir dans le plus vif éclat d'un incomparable succès. Triomphale gageure contre l'ordinaire des destinées. Quand les siècles auront passé sur cette aventure, l'auréole ne manquera pas de s'en trouver accrue. Contentons-nous, pour aujourd'hui, de préparations.

II. Claude Monet, peintre

Je ne puis éviter de présenter l'homme au lecteur.

De taille moyenne, avec le bel aplomb d'une robuste charpente bien emmanchée, l'œil d'agression souriante dans la fermeté d'une voix sonore, cela ne suffit-il pas à dire « un esprit sain dans un corps sain », un caractère de droite volonté ? Harmonieux développement de toutes les énergies en direction du but que l'organisme lui-même s'est spontanément assigné ! Prométhée, le titan supplicié, vola le feu divin, caché dans le creux d'une férule. Monet, simple exemplaire d'humanité, a formé le dessein de conquérir la lumière du ciel pour nous faire une vision enchanteresse des choses, en créant de nouvelles interprétations de la vie changeante à nous assimiler.

Pour le demi-dieu, il y aura les fioritures de la légende, l'engendrement du merveilleux. Pour la simple démonstration d'un homme en œuvre humaine, ce n'est pas assez des défigurations du miracle. Il ne nous faut pas moins que la vérité. Regardez le puissant modelé de ce crâne. On dirait du travail de Vauban. Mais d'un Vauban d'offensive, qui ne protège son donjon d'énergie que pour mieux canonner les semonces du monde extérieur nous interrogeant en vue de se dérober. Ciel, plaines, vallées, montagnes, eaux, forêts, la vie universellement répandue, tout l'univers changeant s'offre à nous, à la seule condition de se reprendre aussitôt que nous prétendons le fixer. D'éblouissantes étapes dans les chemins d'une interprétation qui, même géniale, ne sera jamais qu'approchée.

Le Pavé de Chailly dans la forêt de Fontainebleau, 1865.
Huile sur toile, 97 x 130,5 cm.
Ordrupgaard, Copenhague.

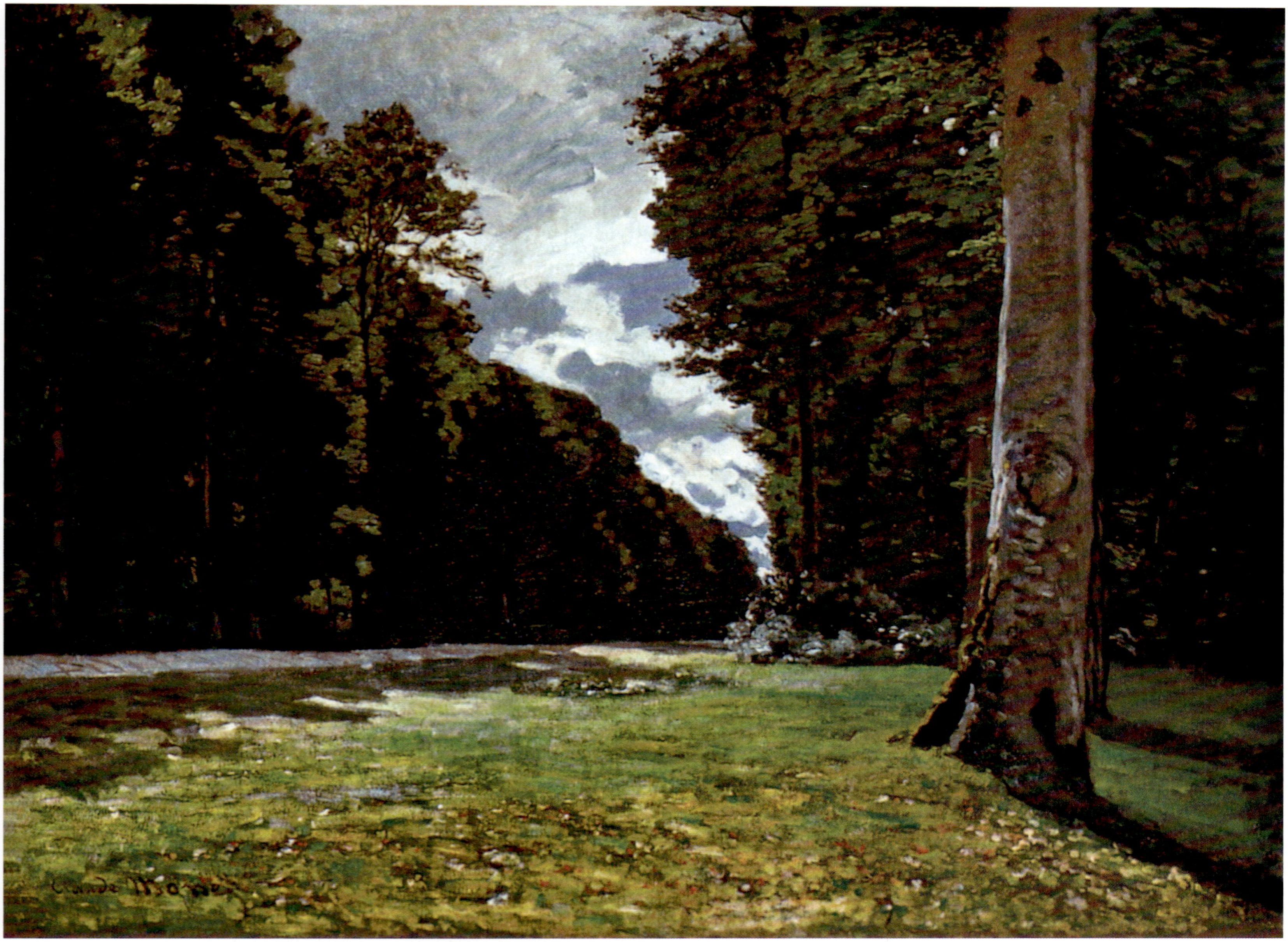

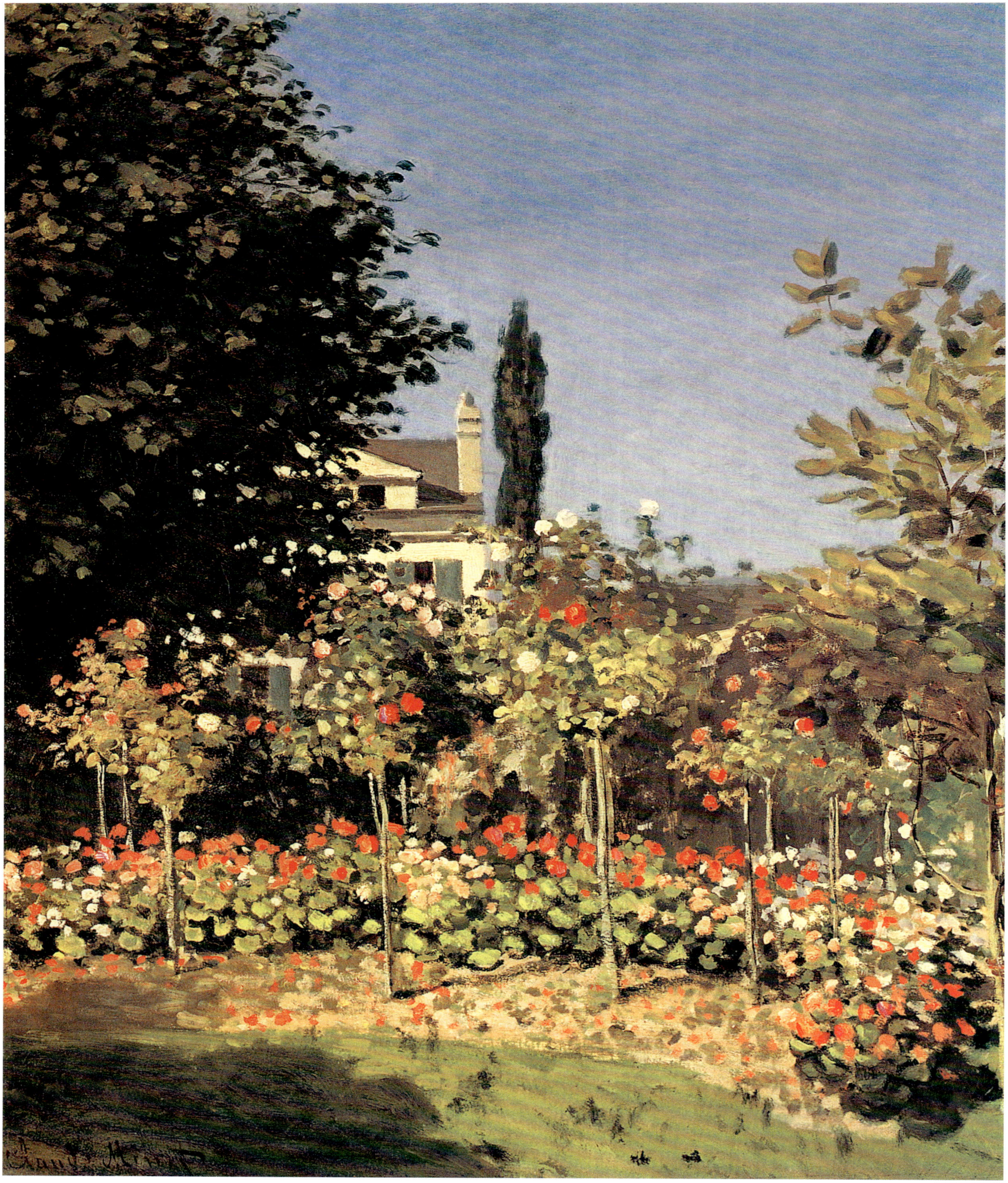

Quand j'aurai dit que Claude Monet naquit à Paris, rue Laffitte, c'est-à-dire dans le quartier des marchands de tableaux – signe éventuel d'une prédestination – je n'aurai pas beaucoup avancé nos affaires. Mais si j'ajoute qu'il passa toute sa jeunesse au Havre, et là, s'éprit des brassements de lumière que l'océan tumultueux des côtes reçoit de l'espace infini, peut-être s'expliquera-t-on cette familiarité de l'œil avec les gymnastiques lumineuses d'une atmosphère affolée qui jette toutes les nuances de tous les tons au gaspillage des vagues et des vents.

Dès sa première jeunesse, Monet s'éprend des grands horizons de la mer. Pour un léger profit, il fait prosaïquement des croquis, des charges de son entourage. L'homme n'était pas né pour la caricature. « J'avais la passion du dessin, » écrit-il cependant, et voici, en effet, que son crayon lui permet d'économiser, à quinze ans, les frais d'un voyage à Paris.

Il fait, à Sainte-Adresse, la connaissance de Boudin qui l'emmène peindre dans les champs. Ici, Monet rencontre la palette de la nature. Une flamme a jailli des profondeurs. Il se découvre une raison d'être. Il ne lui reste plus qu'à préciser la marge de ce qu'il veut à ce qu'il peut. Troyon, qu'il rencontre, lui conseille bizarrement d'entrer à l'atelier de Couture. Il préfère une académie libre où il fait la connaissance de Pissarro. À Paris, il se reproche ingénûment d'avoir trop fréquenté la *Brasserie des Martyrs*. Là, pourtant, il fit la connaissance d'Albert Glatigny, de l'inoubliable Théodore Pelloquet qui se battit en duel à l'épée pour les fleurs de l'*Olympia*[1], d'Édouard Manet, d'autres personnages encore : Alph. Duchêne, Castagnary, Delveaux, Daudet, Courbet, avec qui il se lia, plus tard, d'une étroite amitié.

En 1860, le tirage au sort l'envoie, pour deux ans, aux chasseurs d'Afrique – ce qui, déclare-t-il, lui fit moralement le plus grand bien. Utilisant ses ressources d'art, il faisait le portrait de son capitaine pour obtenir des permissions. Survient un congé de convalescence. Le père, vaincu par l'ardeur de son fils au travail, se décide à lui acheter un remplaçant. Et voilà Claude Monet follement dirigé sur l'atelier de Gleyre, mais s'attachant à suivre Jongkind et Boudin dans la campagne, pour voir les choses comme elles sont. 1864, Renoir, Bazille, Sisley, répondent au cri de ralliement. « Aux Salons de 1865 et de 1866, mes premiers essais sont reçus avec succès » écrit Monet. Et voilà Courbet qui arrive pour voir « *le Déjeuner sur l'herbe* », grand tableau de plein air par un jeune homme « *qui peint autre chose que des anges* ». Ils demeurent amis, et Monet tient à dire que Courbet lui « *a prêté de l'argent dans les moments difficiles* ».

L'Afrique est oubliée. L'artiste dit le pays admirable, mais la palette des couleurs ne l'a point retenu, comme Eugène Delacroix. Déjà, pourtant, s'agite en lui le monstre divin qui va prendre possession de sa chair, de son sang, de sa vie. Il semble que le sort en soit jeté, pour lui, de demander toujours et toujours des comptes aux envolées de lumière, et de ne jamais se lasser d'obtenir quelque révélation du grand secret.

Les panneaux de *Nymphéas* nous le montreront éperdûment tendu vers des réalisations de l'impossible. De sa main frémissante s'élancent des fusées de transparences lumineuses qui font jaillir, en pleine pâte, de nouveaux flamboiements de clartés. Le génie n'est pas

Jardin en fleurs, à Sainte-Adresse, vers 1866.
Huile sur toile, 65 x 54 cm.
Musée d'Orsay, Paris.

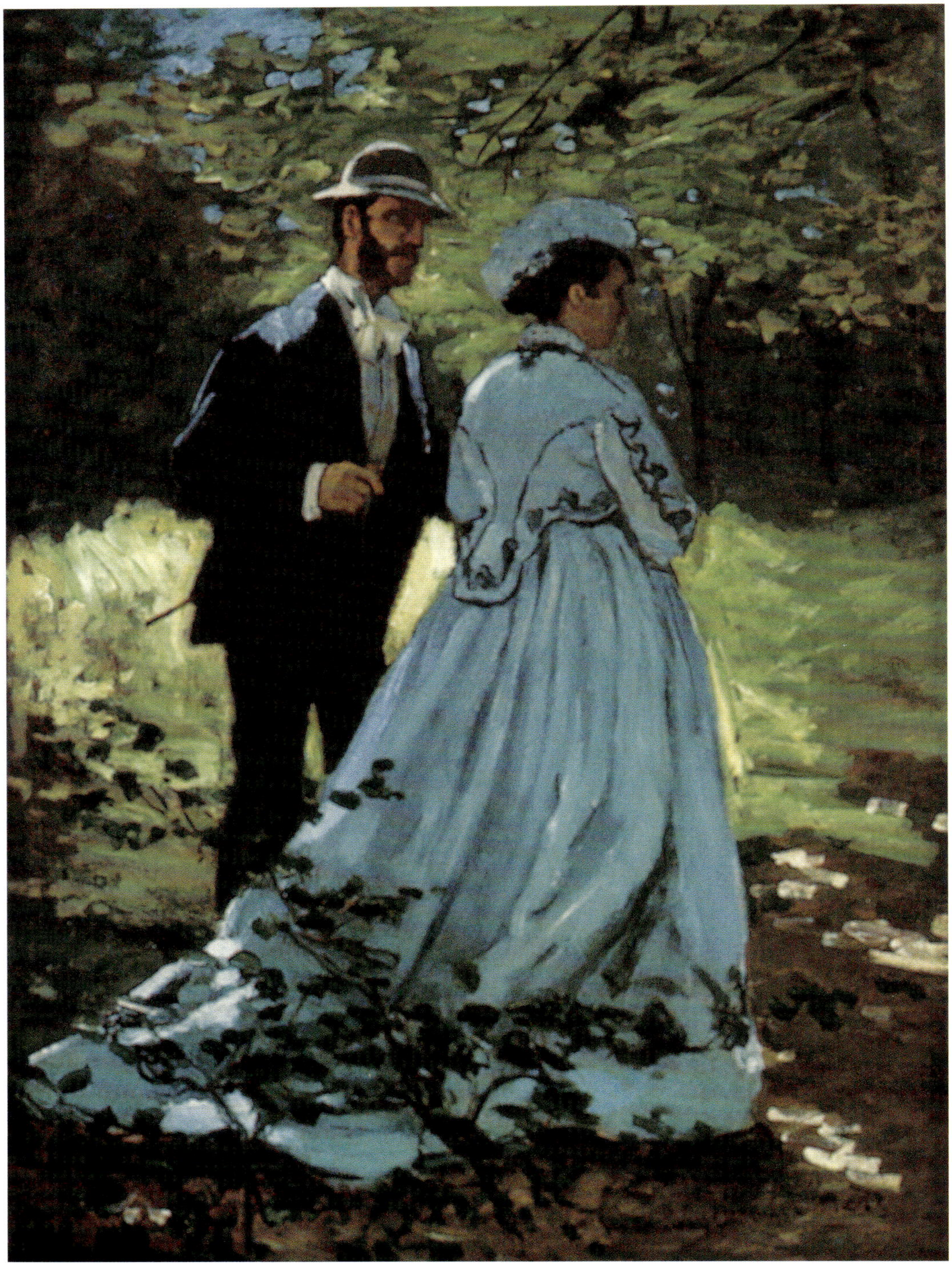

Les Promeneurs (Bazille et Camille)
(étude pour *Le Déjeuner sur l'herbe*),
1865. Huile sur toile, 93 x 68,9 cm.
National Gallery of Art,
Washington, D. C.

Femmes au jardin, vers 1866.
Huile sur toile, 255 x 205 cm.
Musée d'Orsay, Paris.

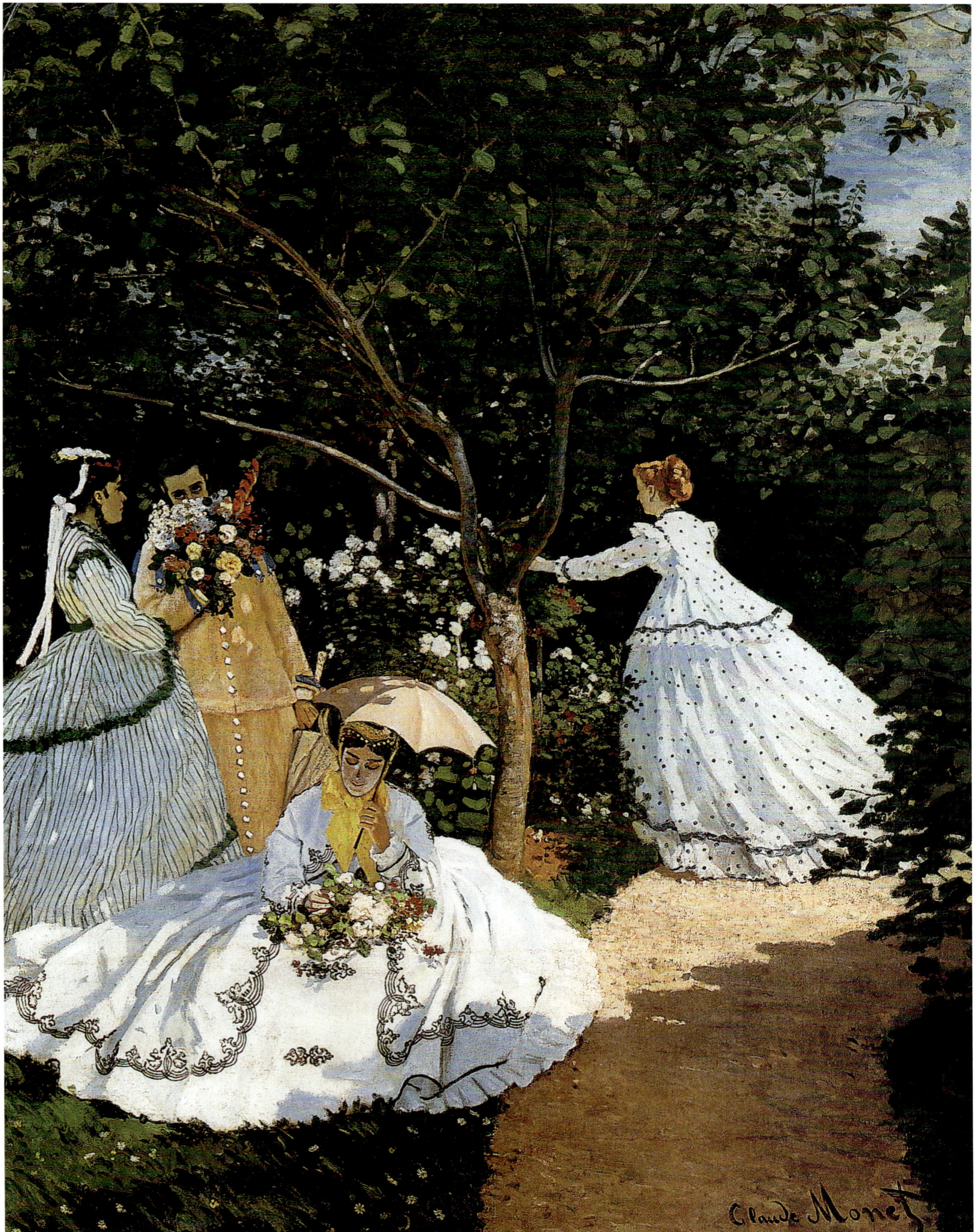
Claude Monet

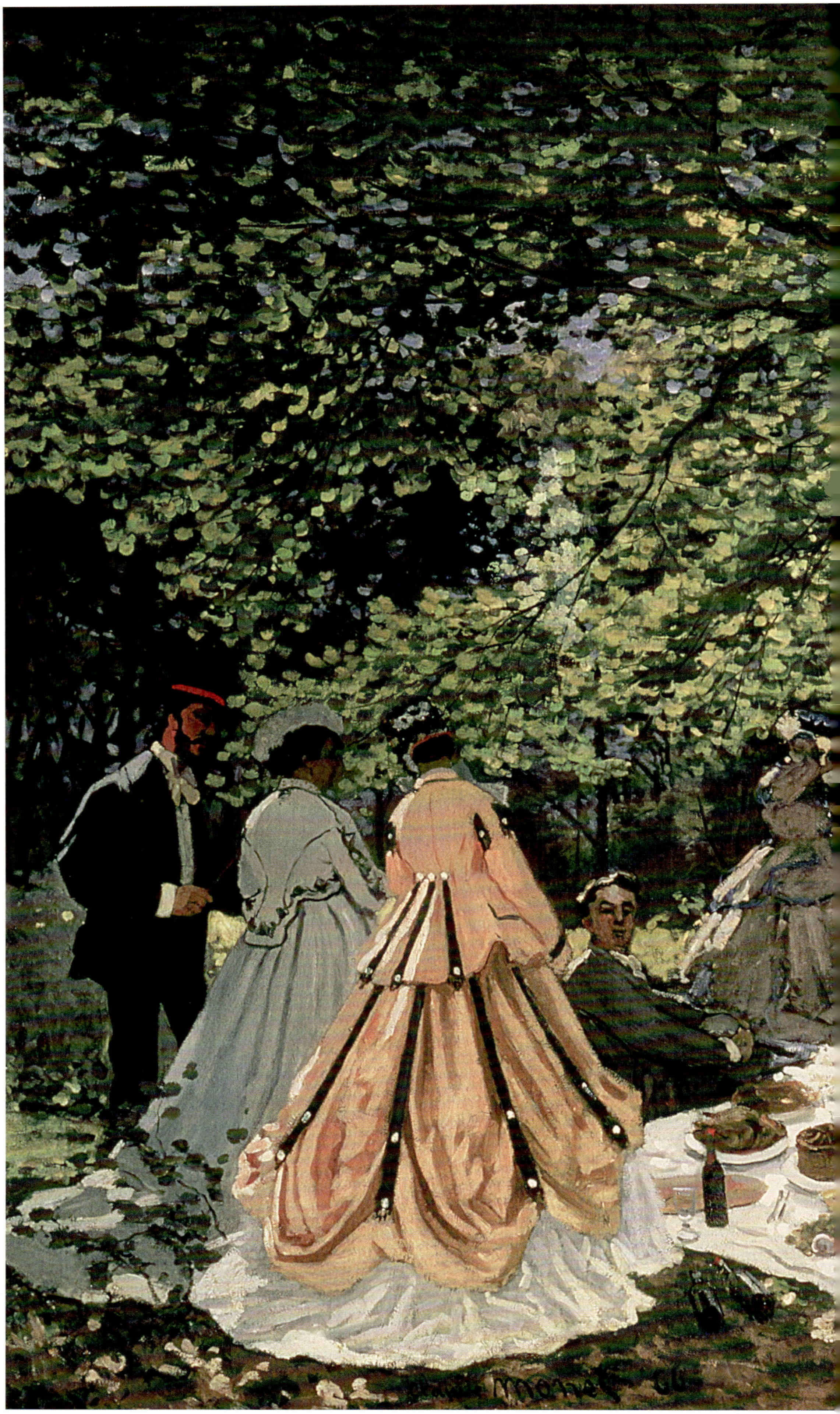

Le Déjeuner sur l'herbe, 1865-1866.
Huile sur toile, 130 x 181 cm.
Musée des Beaux-Arts Pouchkine,
Moscou.

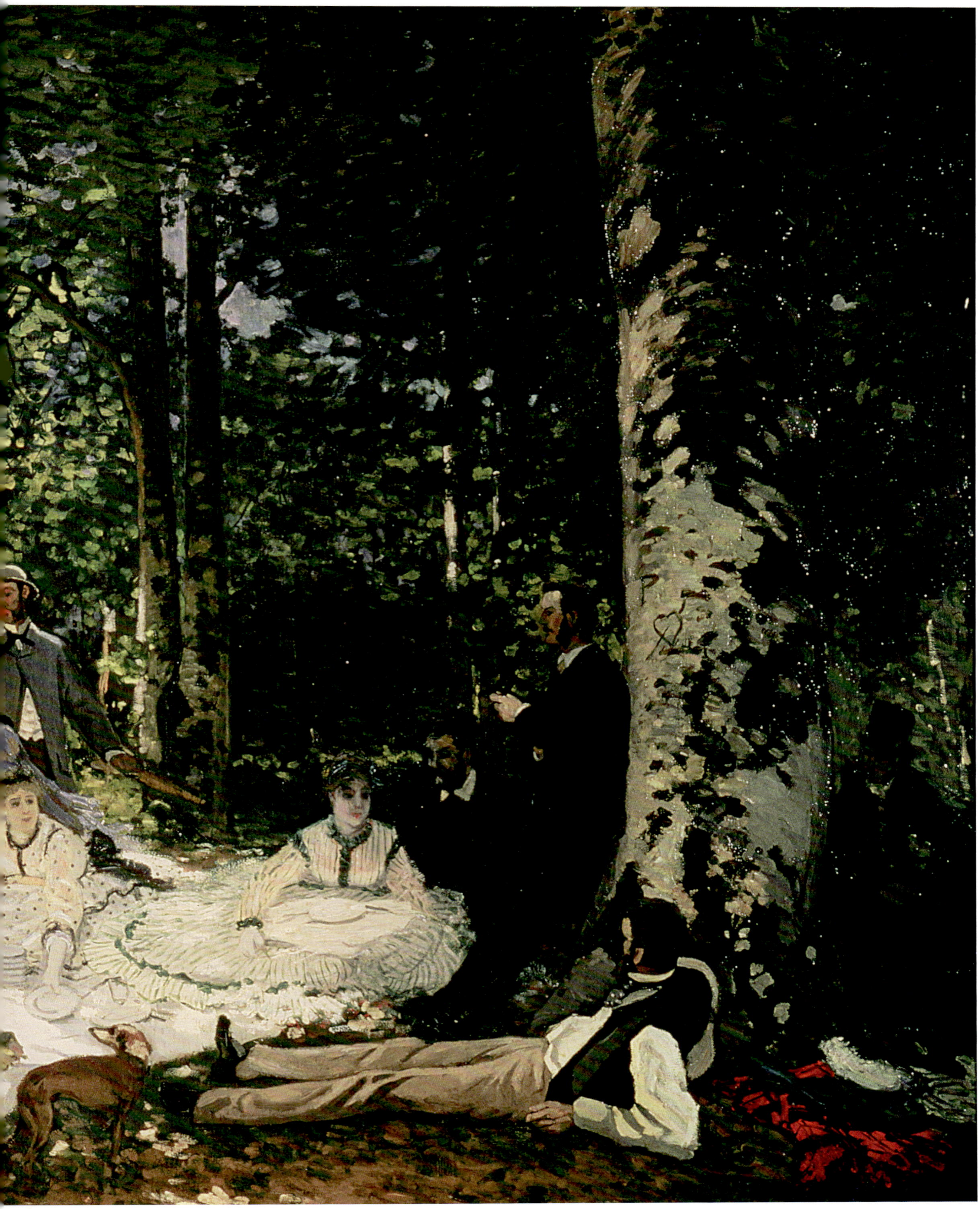

moins dans l'offensive des pinceaux sur la toile que dans les brassements de la palette multicolore où Monet cueillera tout à coup, d'un geste résolu, les gouttes d'une rosée de lumière dont il fera l'aumône aux éléments qui n'ont souci de les garder. De près, la toile paraît en proie à une bacchanale de couleurs incongrues, qui, du juste point de vue, s'ordonnent, se rangent, s'associent pour une délicate construction de formes interprétatives dans la justesse et la sûreté de l'ordre lumineux. Nous aurons à reparler de ce prodige.

Un jour, je disais à Monet : « C'est humiliant pour moi. Nous ne voyons pas du tout les choses de la même façon. J'ouvre les yeux et je vois des formes, des nuances de colorations, que je tiens, jusqu'à preuve du contraire, pour l'aspect passager des choses comme elles sont. Mon œil s'arrête à la surface réfléchissante et ne va pas plus loin. Avec vous, c'est une autre affaire. L'acier de votre rayon visuel brise l'écorce des apparences, et vous pénétrez la substance profonde pour la décomposer en des véhicules de lumières que vous recomposez du pinceau, afin de rétablir subtilement, au plus près de sa vigueur, sur nos surfaces rétiniennes l'effet des sensations. Et tandis qu'en regardant un arbre, je ne vois rien qu'un arbre, vous, les yeux mi-clos, vous pensez : « Combien de tons de combien de couleurs aux transitions lumineuses de cette simple tige ? » Sur quoi, vous voilà désagrégeant toutes valeurs pour reconstituer et développer, à notre intention, l'harmonie finale de l'ensemble. Et vous vous tourmentez, à la recherche de la pénétrante analyse qui vous donnera la meilleure approximation de la synthèse interprétative. Et vous doutez de vous-même, sans vouloir comprendre que vous êtes lancé en projectile dans la direction de l'infini, et qu'il doit vous suffire d'approcher du but que vous n'atteindrez jamais complètement.

-Vous ne pouvez pas savoir, me répondit Monet, combien tout ce que vous venez de dire est véritable. C'est la hantise, la joie, le tourment de mes journées. À ce point qu'un jour, me trouvant au chevet d'une morte qui m'avait été et m'était toujours très chère, je me surpris, les yeux fixés sur la tempe tragique, dans l'acte de chercher machinalement la succession, l'appropriation des dégradations de coloris que la mort venait d'imposer à l'immobile visage. Des tons de bleu, de jaune, de gris, que sais-je ? Voilà où j'en étais venu. Bien naturel le désir de reproduire la dernière image de celle qui allait nous quitter pour toujours. Mais avant même que s'offrît l'idée de fixer des traits auxquels j'étais si profondément attaché, voilà que l'automatisme organique frémit d'abord aux chocs de la couleur, et que les réflexes m'engagent, en dépit de moi-même, dans une opération d'inconscience où se reprend le cours quotidien de ma vie. Ainsi de la bête qui tourne sa meule. Plaignez-moi, mon ami. »

L'œil de Monet, il n'était rien de moins que l'homme tout entier. Une heureuse table des plus délicates sensibilités rétiniennes ordonnait toutes réactions sensorielles pour des jeux de suprême harmonie où nous trouvons une interprétation des correspondances universelles. Ce phénomène est apparemment la qualité première chez tous les Maîtres de la peinture. Ce qui nous frappe en Monet, c'est que tous les mouvements de la vie viennent s'y subordonner.

Dame dans le jardin à Sainte-Adresse, 1867. Huile sur toile, 82 x 101 cm. Musée de l'Ermitage, Saint-Pétersbourg.

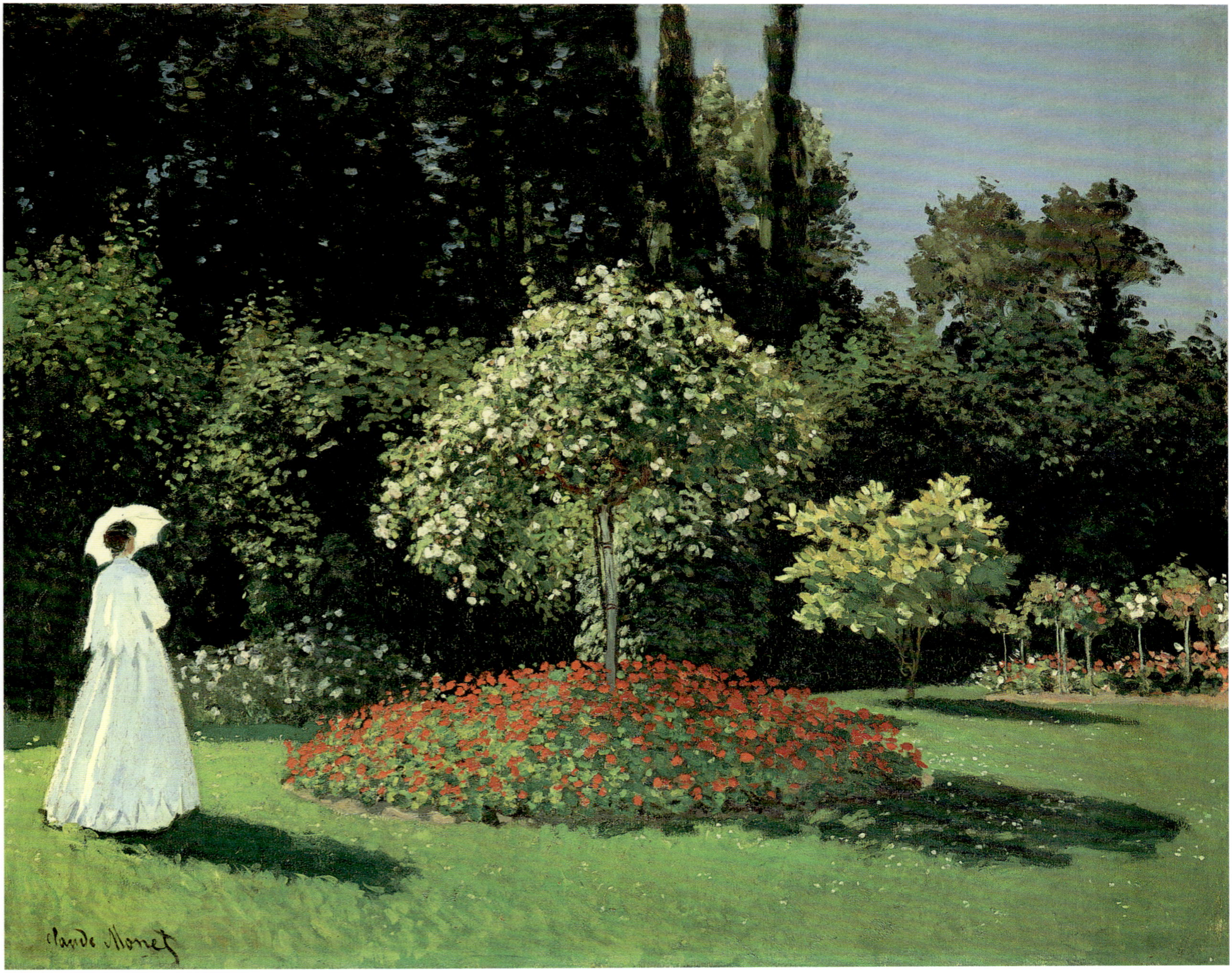
Claude Monet

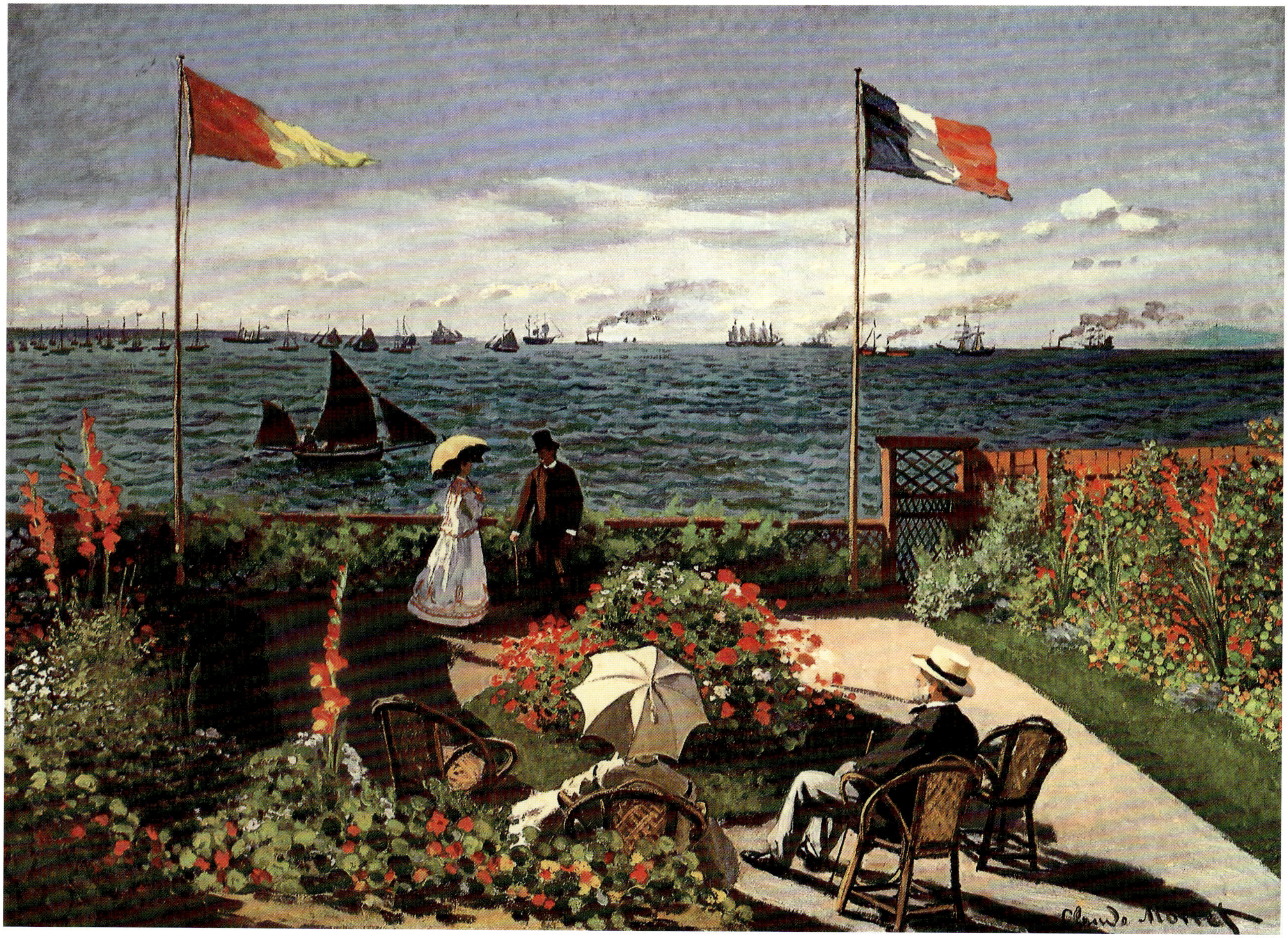

Tendrement attaché aux siens, dont sa joie fut d'étendre le cercle pour y répandre la manne de la plus généreuse amitié, il trouvait dans l'affection dévouée de ses fils, de Mme Blanche Monet, sa belle-fille, qui manie le pinceau à ses heures, toutes les attentions que pouvait commander l'ordonnance d'une vie brûlée. Dès que la brosse s'arrêtait, le peintre courait à ses fleurs, ou s'installait volontiers dans son fauteuil pour penser ses tableaux.

Yeux clos, bras abandonnés, immobile, il cherchait des mouvements de lumière qui lui avaient échappé, et sur la défaillance, peut-être imaginaire, s'exerçait une âpre méditation sur des thèmes de labeur. Une plaisanterie soudaine annonçait le contentement, ou, tout au moins, une espérance. La brutalité du propos disait l'inquiétude du lendemain. Et la vie allait ainsi, toutes les facultés de l'être éperdûment tendues vers l'anticipation indéfinie des caresses de la lumière attendues de toute sa sensibilité. Car l'œil n'était que l'arc triomphal ouvrant accès à tous les frémissements commandés du dehors par toutes les exaltations de l'être que le rêve emporte au-delà des réactions de ses facultés.

Je ne vois pas que Monet se soit jamais mis en tête d'expliquer sa peinture. Rien ne pouvait lui paraître moins nécessaire. Il était né palette en main, et ne concevait pas la vie autrement que devant une toile pour y inscrire les passages d'énergie lumineuse par lesquels l'univers protéiforme se résout, à son propre miroir, en des apparences de fixité. Sentir, penser, vouloir en peintre. Dans les voies du peintre, il n'était rien pour l'arrêter. L'arc bien tendu, la bonne flèche à l'encoche pour le déclic de volonté. Il voyait, comme doit voir un homme qui a besoin de rendre, d'exprimer le plus possible de sa sensation et qui ne sera jamais au bout de son émotivité.

Rien n'est plus beau, ai-je dit, que la parfaite convergence de toutes les diversités de l'homme vers l'idéalisme d'une réalisation supérieure où toutes les facultés de l'être se déploient en commune harmonie. C'est, sans doute, ce qu'on appelle le génie. Tout le mystère gît dans la totale convergence de nos synergies vers un complet épanouissement de grandeur et de beauté. Ce spectacle, nous gardons précieusement les noms de ceux qui nous en ont ébloui. Encore, souvent, le débat reste-t-il ouvert sur la valeur finale d'un effet de fortune dont se dérobe l'issue.

Le nombre des peintres de talent est incommensurable. Beaucoup même pourraient montrer leurs titres aux qualifications les plus enviées. Ce qui caractérise Monet, c'est qu'après avoir créé sa manière, il l'a développée, d'un progrès continu, jusqu'au prodige des *Nymphéas*, c'est-à-dire au-delà même de ce que meules, peupliers, cathédrales, Tamise, permettaient de prévoir.

Le danger, en cette aventure, est que dans un tel effort d'interprétation évolutive, l'éréthisme nerveux de l'interprète dépasse de trop loin les correspondances requises des sensibilités secondaires chez un public insuffisamment préparé. C'est ce que voulait dire Monet quand il répétait : « *On s'y fera, peut-être, mais je suis venu trop tôt.* » Il n'avait pas fini sa phrase que deux yeux d'acier noir, fermement enchâssés dans le mortier des orbites, mitraillaient tous les champs de l'espace, pour ouvrir aux visions humaines un

Terrasse à Sainte-Adresse, 1867.
Huile sur toile, 98 x 130 cm.
The Metropolitan Museum of Art, New York.

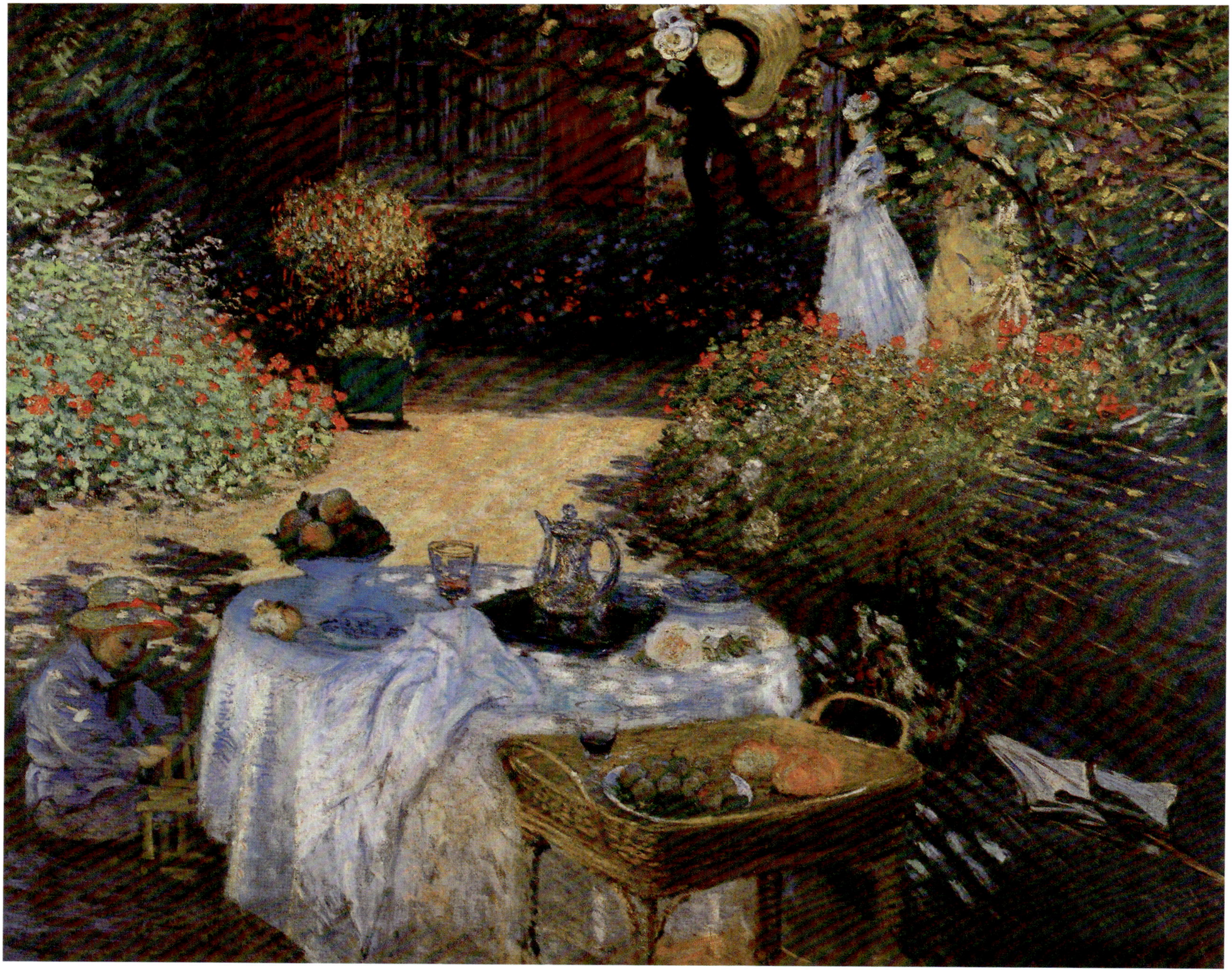

Le Déjeuner : panneau décoratif,
vers 1873.
Huile sur toile, 160 x 201 cm.
Musée d'Orsay, Paris.

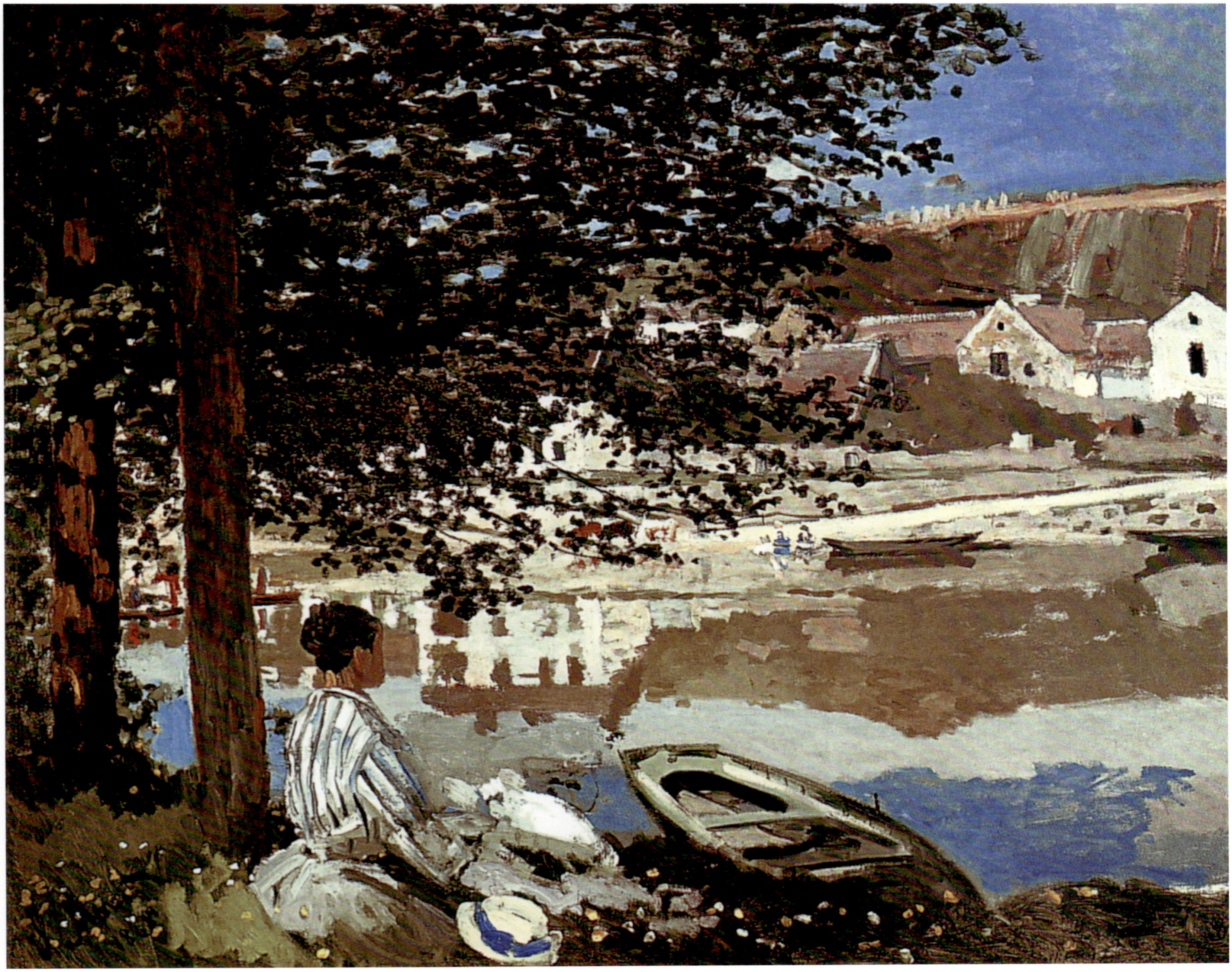

Au Bord de l'eau, Bennecourt, 1868.
Huile sur toile, 81,5 x 100,7 cm.
The Art Institute of Chicago, Chicago.

spectacle de trépidations lumineuses en voie de rapprocher de plus en plus, dans l'unité de la sensation, ce qui est et ce qui paraît être.

Sous toutes les formes de son activité d'art, c'est ce que n'a cessé de manifester Claude Monet.

À cette époque de sa vie, comment nous représenterons-nous le Monet au combat pour la conquête de la lumière ? Nous n'en sommes qu'aux premières marques d'attention, puisque Durand-Ruel, expert et marchand, n'est pas encore venu. Quel aspect de ce jeune lutteur sous l'étreinte d'une ambition ardente trop souvent bafouée ? Il n'y a de cette époque que le portrait de Claude Monet à dix-huit ans, par Déodat de Séverac. La figure est d'une dramatique énergie. Le front, qui se révélera si fermement modelé dans ses portraits trop rares, est ici dominateur. Le peintre commence par *penser sa peinture*, par la décomposer pour la reconstruire de ses yeux, en lui donnant une fermeté de transitions enchaînées. Tout le visage se subordonne à l'imposante audace du regard qui pousse droit au monde sans crainte et presque au-delà de l'espoir, tant l'idée le soutient et l'emporte loin des contingences. En somme, nous avons le sentiment de la prise de possession d'une puissance. C'est bien là l'événement.

Le « *Claude Monet poignant* » (de 1875), que nous a laissé Renoir, n'est pas moins significatif. Le corps n'est pas construit. Adoucie l'expression du visage. En revanche, l'attitude au travail est, elle, d'une jeune aisance que la virilité accentue déjà de résolution. La bouche n'est plus contractée. Les narines boivent l'air librement. Et les yeux, qui sont les flambées d'une interrogation débordante, se posent avec un irrésistible élan de pénétration sur des passages de lumière qui défendent leurs secrets. Ici, c'est vraiment le combat qui s'engage. La première impulsion d'offensive que rien ne pourra plus arrêter.

En 1884, nous avons un portrait de Monet par lui-même (quarante ans)[2], où l'homme se révèle dans toute l'éclatante force de sa simplicité. Rien de moins convenu, de moins apprêté, de moins « stylisé » que cette image de l'ouvrier à l'œuvre, tout au développement des sensations personnelles qu'il prétend exprimer. Puisqu'il ne demande la juste interprétation du monde qu'à l'ultime activité des ondes lumineuses, il ne saurait se départir d'une suprême conscience de rendement quand il se place lui-même au cœur du drame de l'interprétation. D'une ingénuité qui s'impose par la ferme détermination du regard, le bon « voyant » se présente, tranquille et sûr, pour une vision d'au-delà. Elle emporte tout l'être, imprégné d'une flamme sacrée, à la conquête d'un monde éperdu de lumière. Les plis du front disent l'irrésistible élan de toute une vie sans défaillance. Aucune indication de geste. L'homme est en pleine possession de lui-même, aux préliminaires de l'action. Il a vu, il a compris, il a résolu, il est en marche vers une fin souveraine. Voilà notre Monet, plus simple et mieux équilibré que jamais, prêt au débordement de l'action. Confiant dans la palette amie, ramassé sur lui-même pour le bond de maîtrise, tout au bord du départ de volonté, il est là vraiment dans toute l'intensité, dans l'ardeur ingénue d'un maître de la Vision au combat pour la conquête de la lumière qui l'attire irrésistiblement et qu'il a résolu de dompter.

Le Pont de Bougival, 1870.
Huile sur toile, 63,5 x 91,5 cm.
The Currier Gallery of Art, Manchester.

Le Déjeuner, 1868.
Huile sur toile, 232 x 151 cm.
Städelsches Kunstinstitut und Städtische Galerie, Francfort-sur-le-Main.

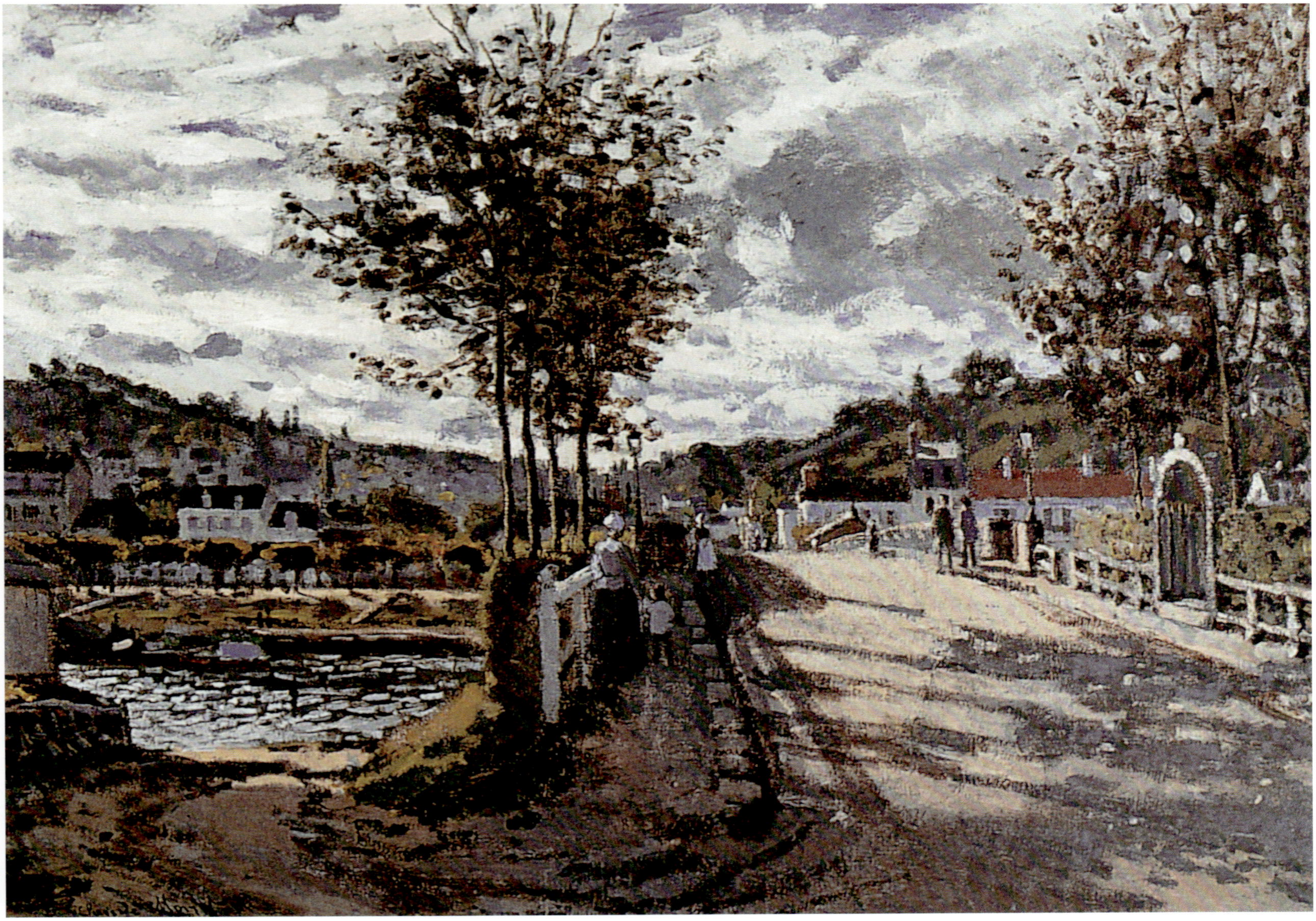

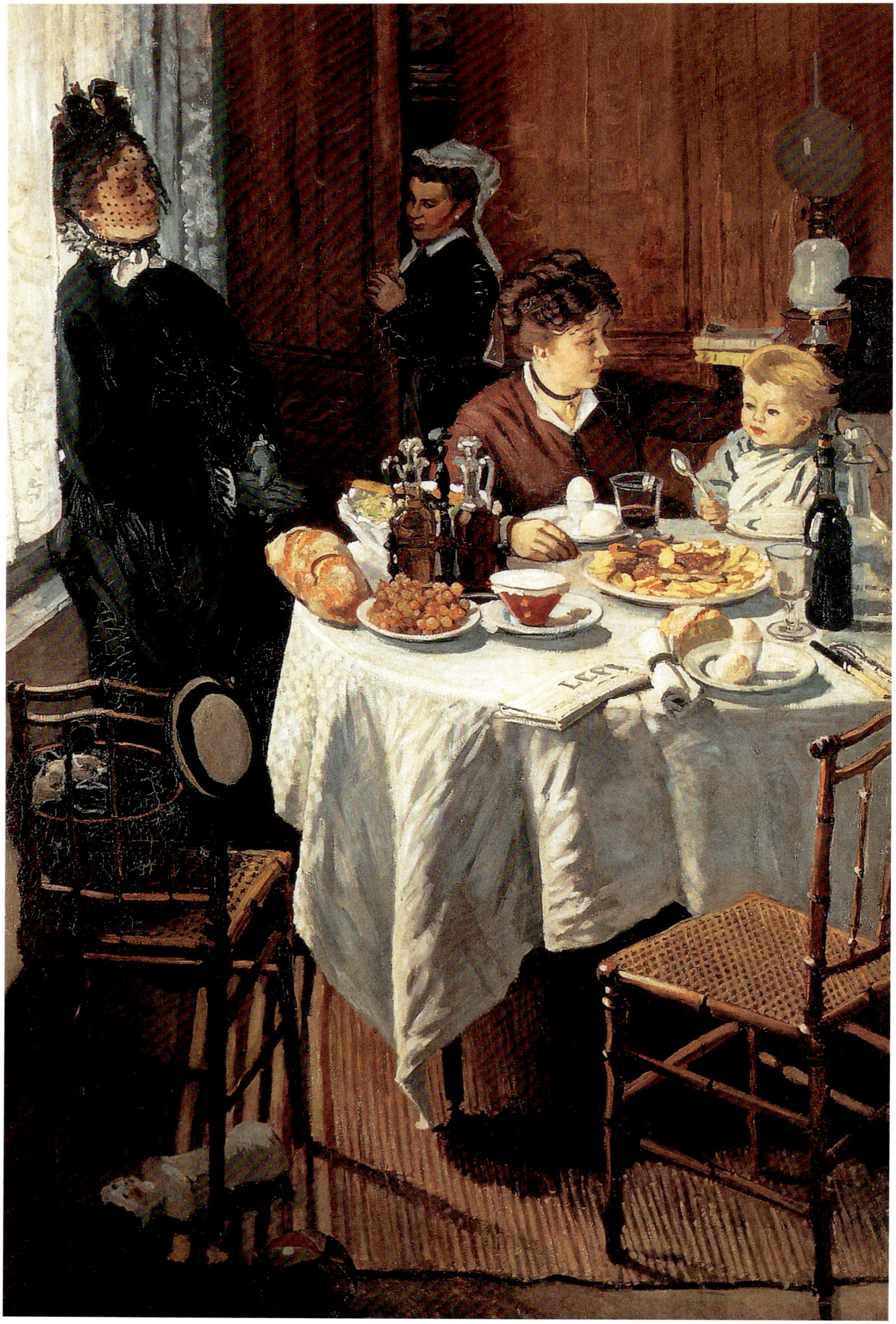

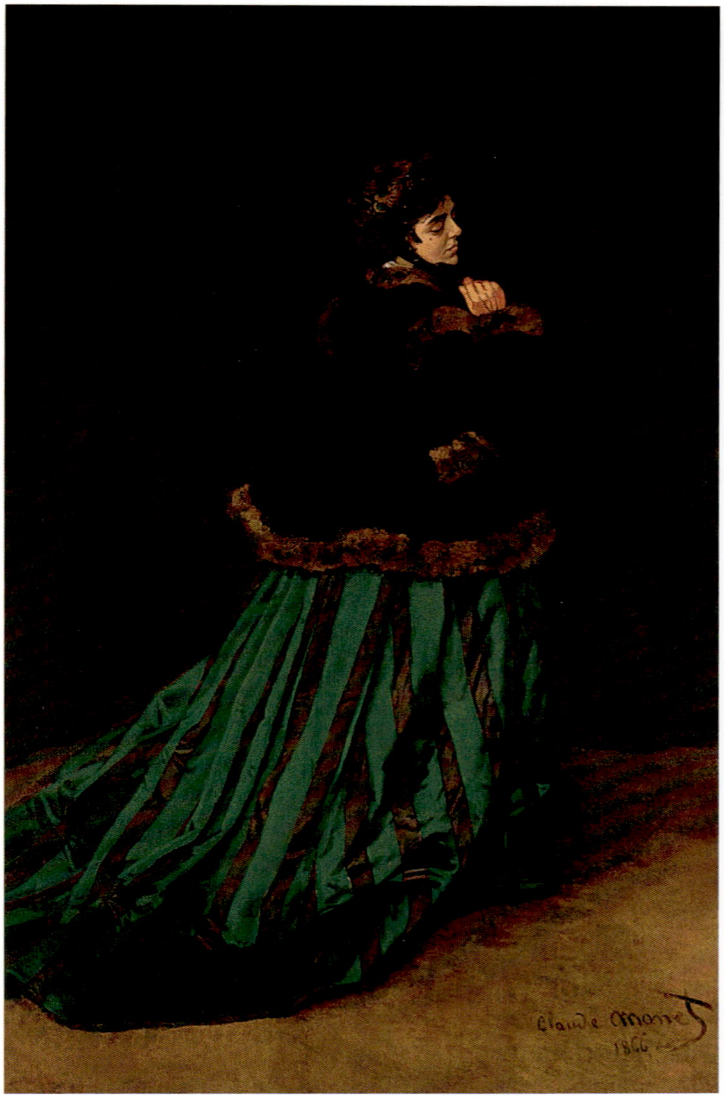

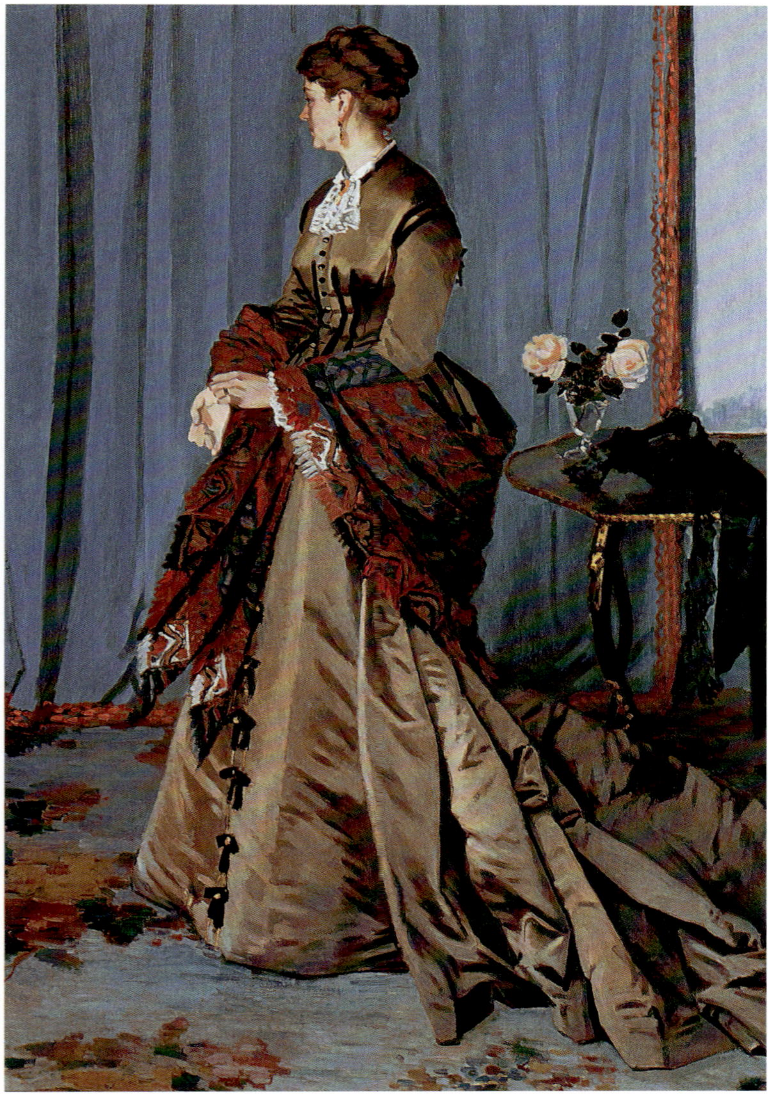

Camille (La Femme à la robe verte), 1866.
Huile sur toile, 231 x 151 cm.
Kunsthalle, Brême.

Madame Louis Joachim Gaudibert, 1868.
Huile sur toile, 217 x 138,5 cm.
Musée d'Orsay, Paris.

À ce moment, les premières formations de jeunesse sont accomplies. Toutes les puissances d'une humanité harmonieuse se sont définitivement agrégées, combinées pour des effets acquis. Le vainqueur du prochain jour n'a pas encore en main le plein de sa victoire, mais l'œil, assuré de puissance, a déjà pris la mesure du champ de bataille où va se développer, se couronner, le génie d'un accomplissement achevé. Il fallut l'approche de la mort pour apprendre à Auguste que « la comédie » était jouée. Monet, sans comédie, toujours doutant de lui-même (ce qui est le luxe de l'homme achevé), put voir le succès définitif de son drame tout en refusant de livrer ses *Nymphéas* au public avant sa mort. Dernier geste d'une géniale incertitude de lui-même, qui achève, dans sa noble candeur, le faste d'une énergie désintéressée.

Avant les *Nymphéas*, il avait fait trois autres portraits de lui-même (en 1917) dont il ne parlait qu'avec hésitation, peut-être parce qu'il y voyait le plus haut trait de sa vision dernière, et ne jugeait pas qu'au cours de ce qui lui restait de vie, il lui fût possible de le dépasser. Deux de ces toiles montraient le visage en pleine lumière, émergeant sous un grand chapeau de paille. Quand il me les fit voir il se donna la joie d'en parler méchamment :

- Je pourrais faire autre chose que ça, s'écriait-il avec dédain. Mais le temps ne m'en sera pas donné.

Je prévoyais trop bien ce qui arriva. Il avait pris depuis longtemps la redoutable habitude de lacérer à coups de râcloir, de déchirer à coups de pieds, les morceaux qui ne lui donnaient pas satisfaction. Des ébauches de panneaux, dans son atelier, nous offrent encore les blessures distribuées en des accès de fureur où il ne s'épargnait à lui-même aucune injure.

Le dernier portrait (celui qui est au Louvre), je n'en puis parler de sang-froid, tant il rend à miracle le suprême état d'âme de Monet épanoui en vue du triomphe entrevu, avant que s'abattît tragiquement sur lui l'effroyable menace de la cécité. Pour qui a connu la vie profonde de Monet, dans la pleine intensité de ses terreurs d'un insuccès final, et de ses explosions de joie quand lui venait la sensation de la difficulté vaincue, le doute est impossible. C'est la consécration intérieure du sursaut d'art qui va s'achever dans l'envolée des *Nymphéas*. Les deux portraits détruits doivent compter surtout comme des préparations, très poussées, du morceau triomphal. Ici, la victoire s'assure avant la bataille même. Fanfare anticipée du soldat maître de sa journée.

La solide construction de ce front que les catapultes des « Philistins » ne purent entamer, dit toute la tragédie de cette vie glorieuse. Entre deux larges tempes haut montées, les énergies crâniennes ont fixé l'empreinte des grandes luttes pour l'idéal. C'est l'assise du commandement, le siège impérieux de l'idée, de l'autorité. Les yeux mi-clos pour mieux savourer le rêve intérieur. Les narines trépidantes, la gorge convulsée d'une explosion irrépressible, le maître-ouvrier vient de découvrir tout au fond de lui-même la claire conscience d'un achèvement ultime, annoncée jusque dans le nimbe des reflets printaniers de la « barbe fleurie », *labarum* de Charlemagne, empereur d'un monde nouveau.

Avec tout le monde, j'ai déjà noté qu'à la distance où Monet se place nécessairement pour peindre, le spectateur n'aperçoit sur la toile qu'une tempête de couleurs follement brassées. Quelques pas de recul et voici que sur ce même panneau, la nature se recompose et s'ordonne à miracle, au travers de l'inextricable fouillis des taches multicolores qui nous déconcertaient à première vue. Une prestigieuse symphonie de tons succède aux broussailles de couleurs emmêlées.

Comment Monet, qui ne se déplaçait pas, pouvait-il saisir, du même point de vue, la décomposition et la recomposition des tons qui lui permettaient d'obtenir l'effet cherché ? Il s'agit là, sans doute, d'un état de sensibilité infiniment délicate, prompte à toutes réactions d'activités correspondantes qui font se succéder sur la rétine des séries d'instantanés par une agilité d'adaptations appropriées. C'est le don du peintre qu'il accepte le corps à corps avec la lumière, et se trouve capable de porter le poids du combat.

Il va sans dire que Monet n'entrait dans aucune considération de théorie à ce sujet. Il avait reçu de la nature un œil à la mesure de sa tâche, et n'acceptait pas d'autre arbitrage que celui de sa propre rétine dans les jugements qui le déterminaient. N'est-ce pas la première condition de l'heureuse journée ?

La Grenouillère, 1869.
Huile sur toile, 74,6 x 99,7 cm.
The Metropolitan Museum of Art,
New York.

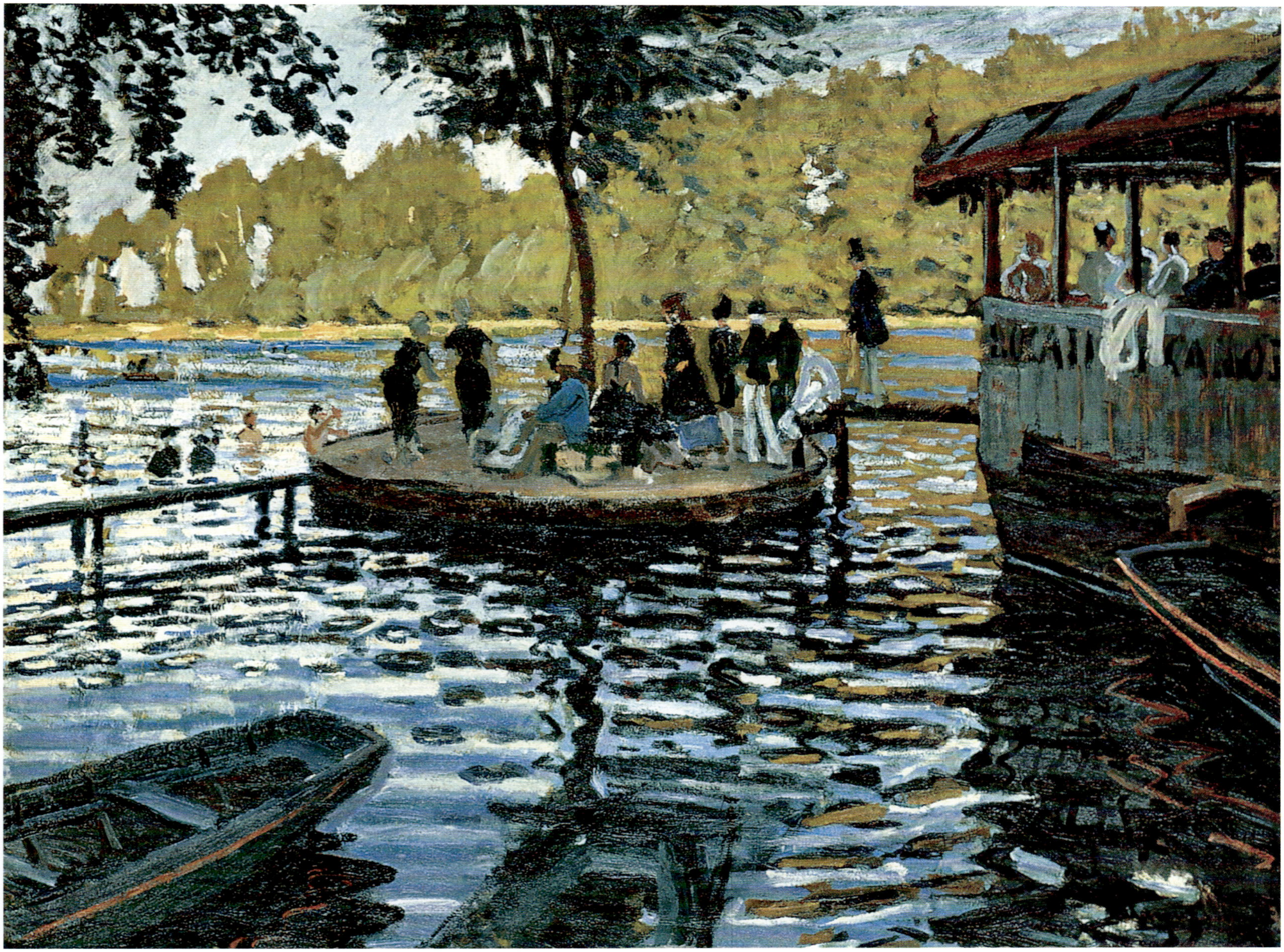

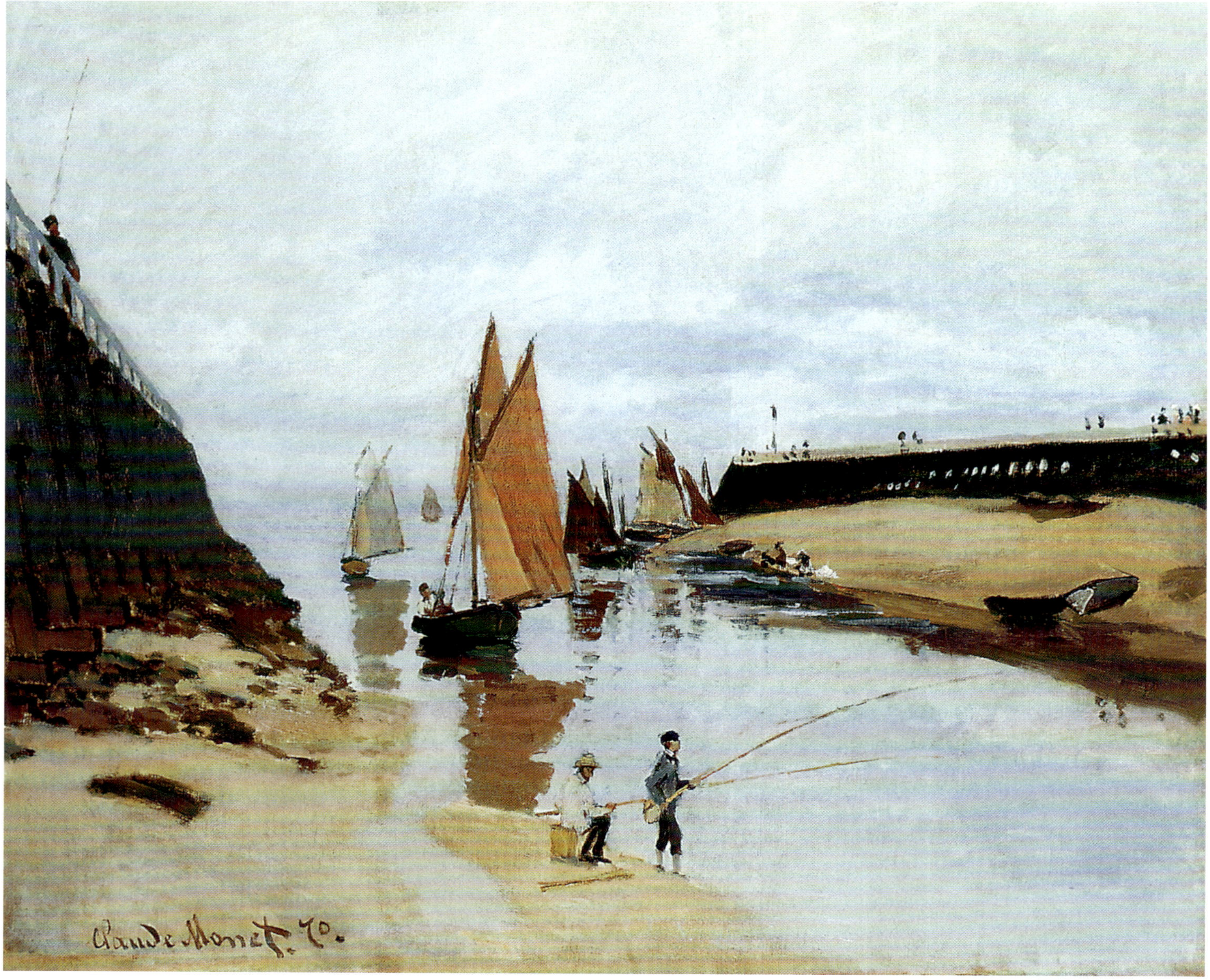

L'Entrée du port de Trouville, 1870.
Huile sur toile, 54 x 66 cm.
Szépművészeti Múzeum, Budapest.

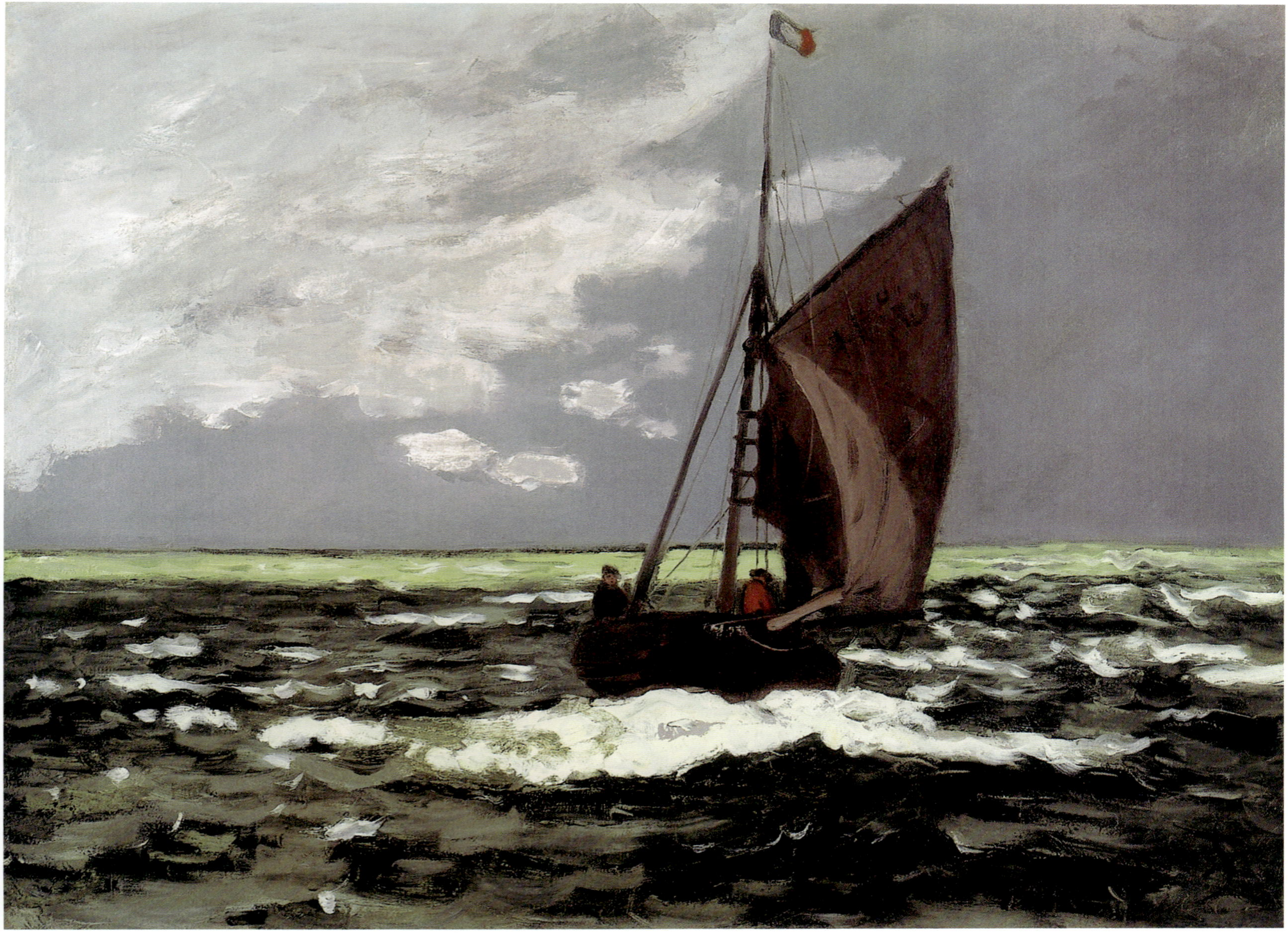

Marine : tempête, 1866-1867.
Huile sur toile, 48,7 x 64,7 cm.
Sterling and Francine Clark Art
Institute, Williamstown.

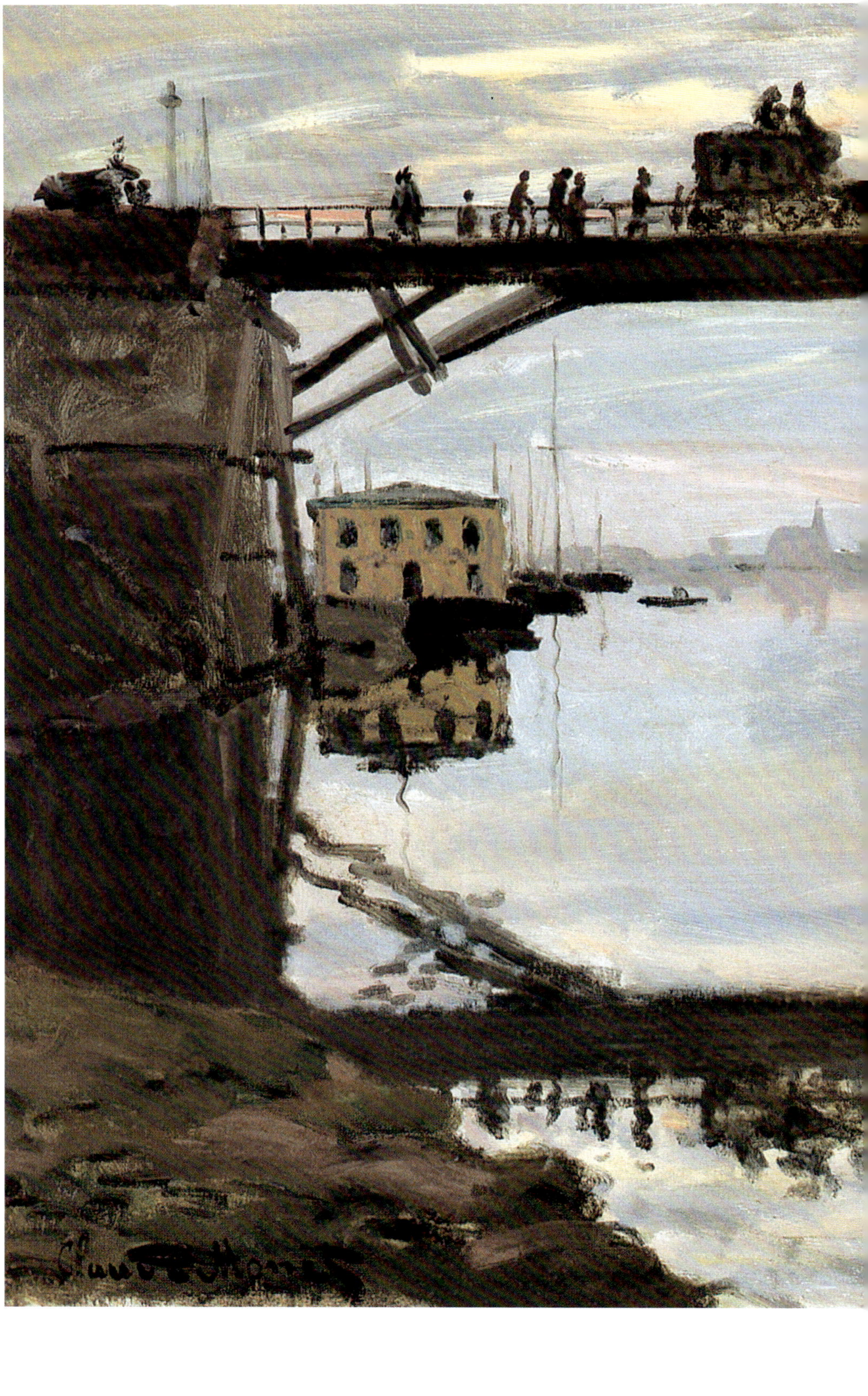

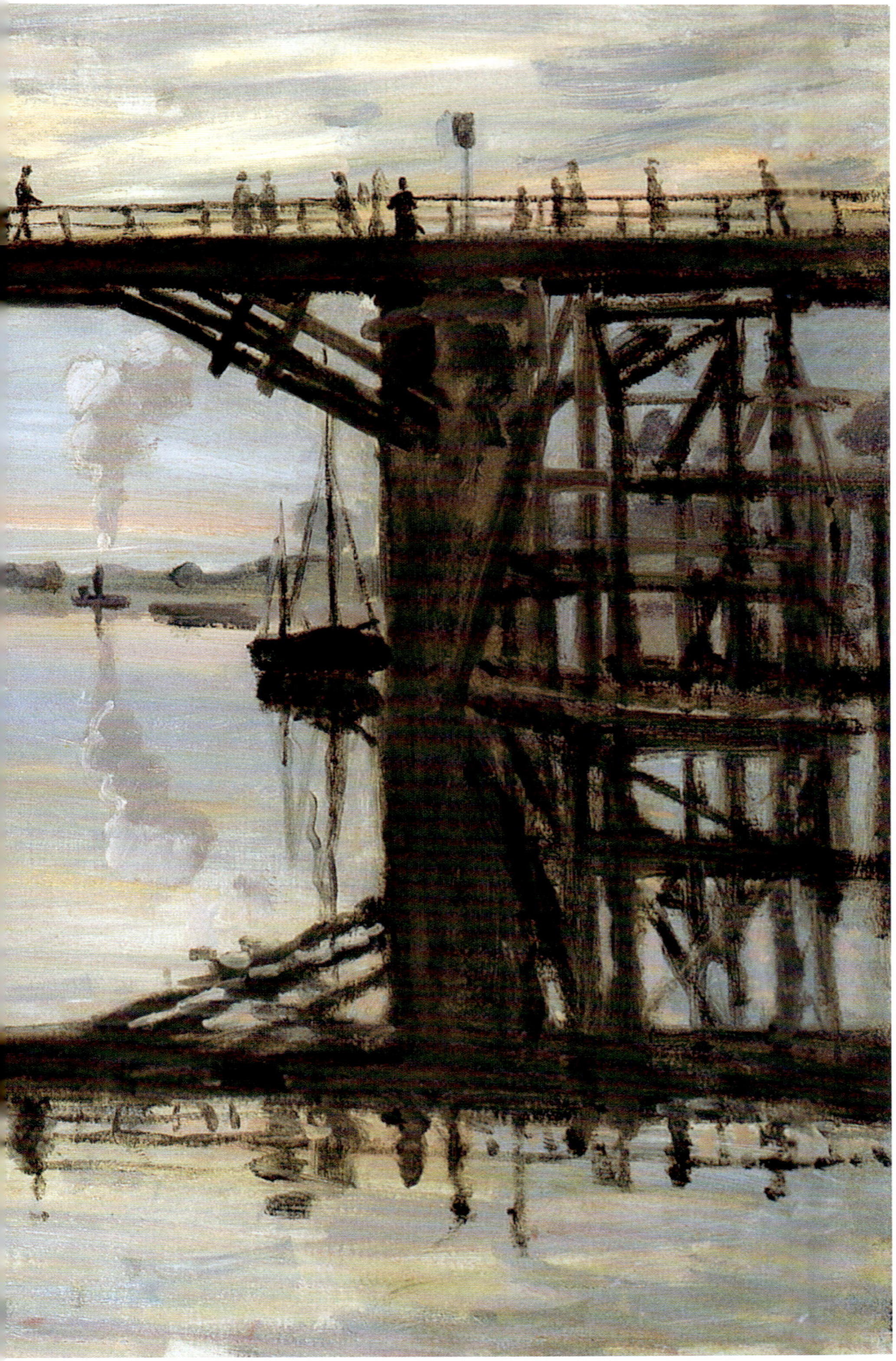

Le Pont de bois, 1872.
Huile sur toile, 54 x 73 cm.
Fondation Rau pour le Tiers-Monde,
Zurich.

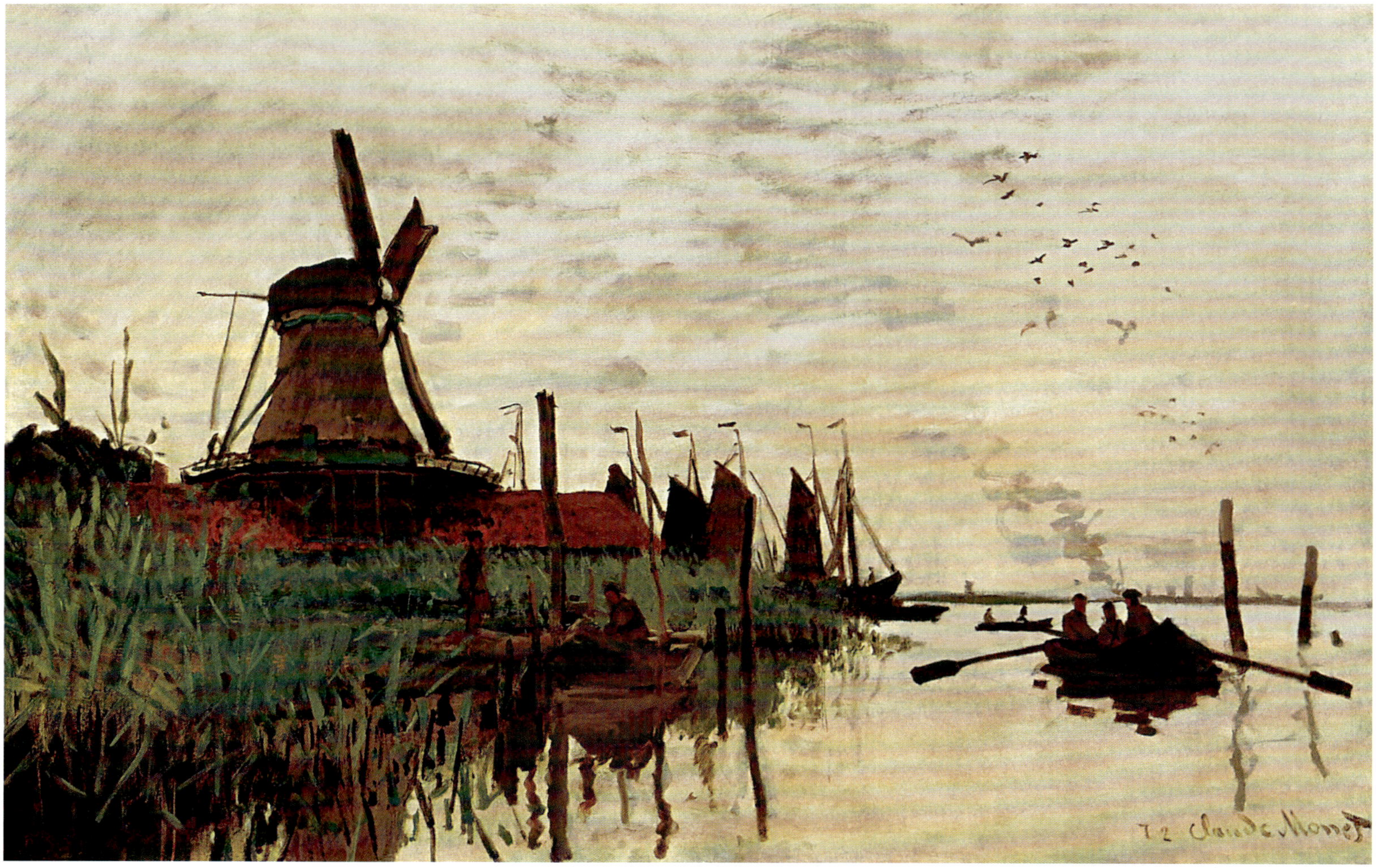

Moulin à Zaandam, 1871.
Huile sur toile, 48 x 73,5 cm.
Ny Carlsberg Glyptotek, Copenhague.

Il s'installait en silence devant le modèle que ses yeux poignardaient d'interrogations, tandis que de légères contractions du visage accompagnaient le trajet de la pupille à l'objet, pour le vif retour à la palette et le bond de la brosse à l'écran. En cette heure du drame, il ne parlait pas vainement. Quelquefois une question à sa belle-fille, Mme Jean Monet, qui ne le quittait pas. Il s'agissait bien plus de s'interroger lui-même que d'attendre une réponse dont il faisait rarement cas. Comme à l'avion qui *décolle*, il fallait à l'artiste une certaine coordination d'efforts pour « gagner l'air » et entrer superbement dans l'action. C'était alors la soudaine détente de la brosse, comme l'épée qui pousse droit au corps dès que l'affaire est engagée.

Sans pièges de reflets, le portrait du Louvre, à mon sens, doit être tenu pour le dernier mot de Monet. Un éclair de joie triomphante a passé sur lui quand ses suprêmes essais ont montré qu'ayant pu concevoir au plus haut de lui-même, il serait en état d'exécuter. C'est cet éclair d'ambition surhumaine, que l'admirable portrait de la dernière heure a fixé.

L'intérêt historique de cette toile, c'est qu'elle nous montre, dans un ouragan de passion heureuse, l'homme de l'achèvement rêvé. Tout l'éclat du labeur triomphant

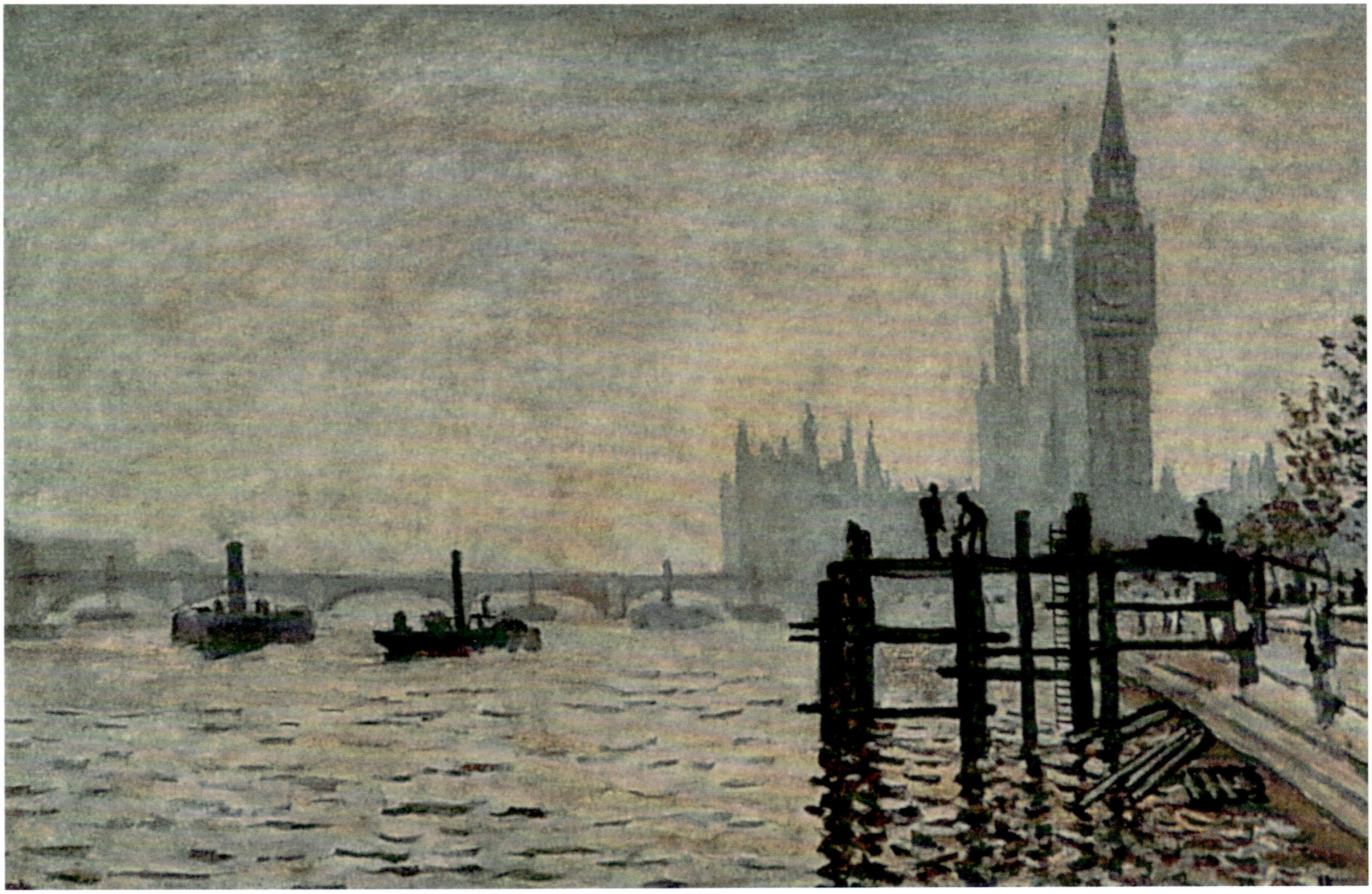

s'inscrit en ce visage, convulsé dans l'éblouissement de la vision intérieure d'où semble enfin bannie la terreur d'un succès qui ne serait pas à la mesure de ce qu'il a voulu. Et la destinée a permis que cet éclat triomphal du plus beau jour nous fût transmis dans la plus haute exaltation de lumières où rayonnât jamais le pinceau de Monet.

L'idée des *Nymphéas* tenait Monet depuis longtemps. Silencieux, chaque matin, au bord de son étang, il passait des heures à regarder nuages et carreaux de ciel bleu passer en féeriques processions, au travers de son « *jardin d'eau et de feu* ». D'une tension ardente, il interrogeait les contours, les rencontres, les divers degrés de pénétration dans le tumulte des fusées lumineuses. Ce qu'il avait pu conquérir d'assimilation personnelle en vue d'une interprétation plus compréhensive, il cherchait à en fixer des moments par la détermination des aspects, à peine sensibles, d'une lumière des choses irradiée dans l'univers sans fin.

De ce magnifique effort, attesté par des études émouvantes, sont sortis les *Nymphéas* des Tuileries. C'est après les avoir longtemps regardés, critiqués, confrontés en mille façons, dans son « *jardin d'eau* », que Monet prit la résolution de tenter définitivement l'aventure des panneaux, et commença par faire bâtir son grand atelier (1916). Quand

La Tamise et le Parlement, 1871.
Huile sur toile, 47 x 73 cm.
The National Gallery, Londres.

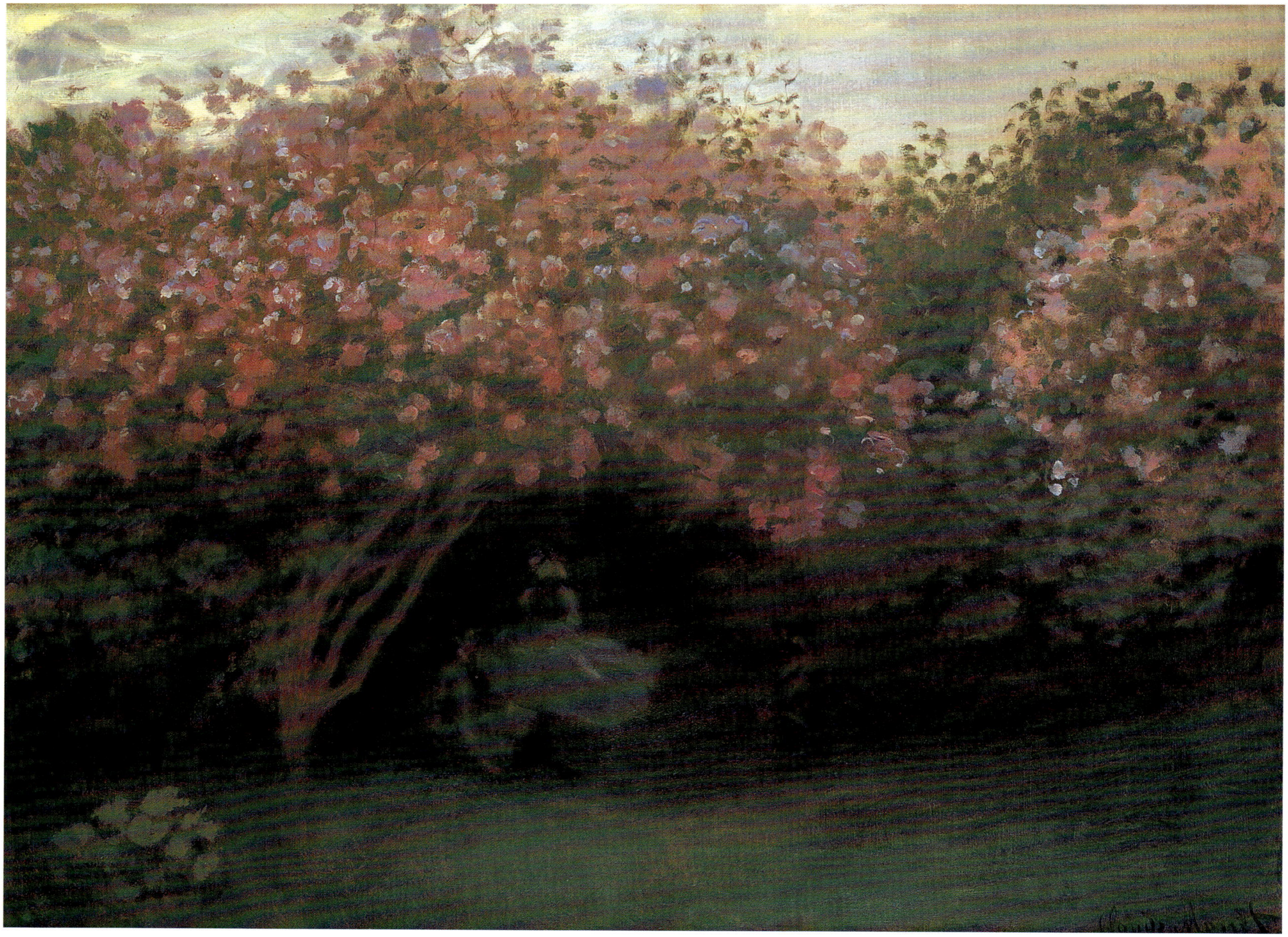

l'ordre fut donné, c'est que la résolution était prise, et pour que la résolution fût prise, il fallait que le peintre eût passé, non seulement par l'épreuve de sa plus sévère critique, mais encore par la finale pierre de touche de l'exécution.

De nombreuses toiles où s'inscrivirent les premiers nymphéas inaugurèrent la série des « *Miroirs d'eau* », qui allait prendre son plein essor dans le « lâchez-tout » des Tuileries. Pour tout dire, les panneaux actuels attestent un degré d'accomplissement très supérieur aux premiers essais qui virent le jour dans le grand atelier. Il y en eut de fort beaux, et des plus caractérisés, qui ont· été malheureusement détruits dans les trahisons des débuts. Inévitablement, il arriva parfois qu'un effet cherché ne parut pas complètement obtenu. Comme l'amitié permet tout, il m'arrivait présomptueusement de risquer un avis. J'obtenais quelquefois un grognement de réponse, qui voulait dire : c'est à voir. D'autres fois le silence. D'une visite à l'autre j'observais néanmoins que des effets laborieux où le pinceau s'obstinait, s'étaient merveilleusement « aérés ».

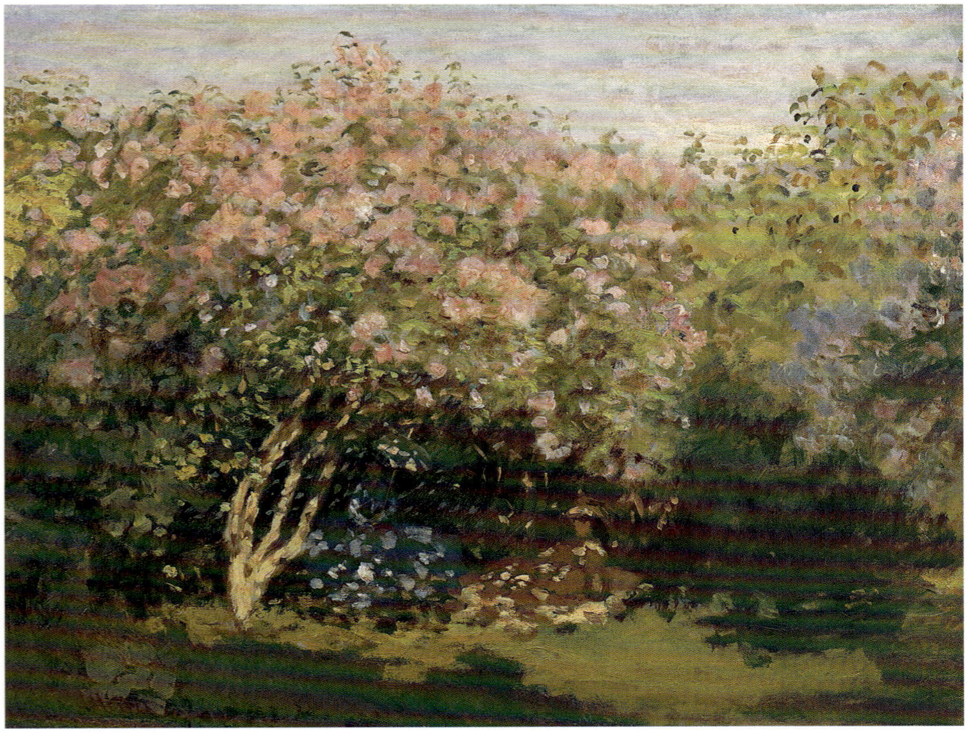

Ma critique informulée fut longtemps des nuages dont quelques parties me paraissaient lourdes. Je n'osais rien dire. Un jour, quelle surprise ! Une irruption de nuages tout de légères vapeurs. Point de discours. Puis, je vis peu à peu se volatiliser de capricieuses nuées effilochées par les vents. Monet regardait si intensément qu'il ne se rendait pas volontiers aux critiques d'autrui. Mais il ne cessait pas de reconsidérer, de corriger, d'affiner son texte de son propre fond. Par raffinement de scrupule, n'a-t-il pas lâché dans ses nuages des formes animales vaguement ébauchées, comme celles que faisait défiler Hamlet aux yeux de Polonius effaré. On ne peut pas pousser la conscience plus loin.

Loin de céder à l'attirance du premier jet, Monet ne cessait de reprendre ses inspirations originelles, trouvant toujours quelque manière de maudire ses prétendues insuffisances. Car, de se gourmer violemment, il ne se faisait jamais faute, à toute heure, jurant que sa vie était une faillite, et qu'il ne lui restait plus qu'à crever toutes ses toiles avant de disparaître. Des études de premier ordre ont ainsi sombré dans ces accès de fureur. Beaucoup, qui sont montées très haut dans l'estime publique, furent chanceusement sauvées grâce aux efforts de Mme Monet. J'ai déjà dit que deux très beaux portraits de lui-même, en plein soleil, périrent ainsi en une malheureuse journée. La chance permit que celui qui est au Louvre fût sauvé. Un jour où quelques mauvais

Lilas, temps gris ou *Le Repos sous les lilas,* 1872-1873.
Huile sur toile, 50 x 65,5 cm.
Musée d'Orsay, Paris.

Lilas au soleil, 1872.
Huile sur toile, 50 x 65 cm.
Musée des Beaux-Arts Pouchkine, Moscou.

propos avaient été proférés par lui contre cette œuvre incomparable, il alla chercher la toile, au moment de mon départ, et la jetant dans ma voiture : « Emportez-le, dit-il d'un ton bourru, et qu'on ne m'en reparle plus. »

On eût dit qu'il cherchait à se prémunir contre la folie d'une nouvelle exécution sommaire. Et comme je lui annonçais que le jour de l'inauguration des panneaux nous irions, bras dessus, bras dessous, voir cette toile au Louvre :

- S'il faut attendre jusque-là, répliqua-t-il, je lui dis adieu pour jamais. Hélas ! Il fallut bien renoncer à cette visite heureuse, puisqu'il refusa de livrer les *Nymphéas* avant sa mort. Il nous reste ainsi deux portraits de sa main aux deux dates qui marquent les deux bonds du peintre à l'apogée de sa vision : les *Meules*, les *Nymphéas*.

Alors survint l'affreuse catastrophe de la double cataracte. Drame indicible ! Grâce à une opération suivie d'habiles soins médicaux, l'effroyable tragédie de la cécité absolue put être provisoirement évitée. J'aurais voulu un traitement radical, mais Monet n'acceptait pas le risque de perdre la lumière. Il demeura donc dans un état de demi-vision qui lui permit d'en finir avec les *Nymphéas*.

Ce n'était pas beaucoup moins qu'un miracle, car tous les rapports d'éclairage inscrits sur une rétine profondément modifiée, se trouvaient différents de ce qu'ils étaient lorsque la besogne fut mise sur le chantier. Je n'avais qu'une crainte, c'est qu'une toile fût totalement perdue. Pour des causes inexpliquées, le travail s'acheva le plus heureusement sans que le passage d'un état rétinien à l'autre eût amené des malfaçons. Il arriva que la fortune chanceuse qui contracte des dettes envers toutes les grandes existences, s'acquitta, par mégarde, de son dû. Monet, ici, me paraît avoir été le bénéficiaire d'une « providentielle » inadvertance.

Encore un prodige supérieur devait-il s'accomplir. Tout le monde autour de Monet le suppliait de tenir pour achevé le travail des panneaux, car il y avait vraiment trop lieu de craindre un malheureux coup de brosse qui pouvait tout gâter. Mais il nous laissait dire, secouant la tête sans répondre.

Le temps passe, et voici qu'un jour il me prend par la main et m'amène devant l'une des toiles où se déroule l'infini des spectacles de la lumière dans l'étendue d'une eau dormante, coupée de reflets bleuâtres perdus dans des champs de teintes rosées.

- Eh bien, que, dites-vous de ceci, s'écria-t-il, railleur. Vous n'avez pas osé me faire de critiques. Mais moi, je savais bien que cette eau était pâteuse. On l'aurait dite coupée au couteau. Tout l'ensemble des lumières était à reprendre. Je n'osais pas. Et puis je me suis décidé. Ce sera mon dernier mot. Vous aviez peur que je ne gâtasse ma toile. Et moi aussi. Mais je ne sais comment une confiance m'est venue dans mon malheur, et je voyais si bien, en dépit de mes voiles, ce qu'il fallait faire pour rester dans l'enchaînement des rapports, que la confiance m'a soutenu... Maintenant, regardez. Est-ce meilleur ou pire ?

- J'avais tort. Vous êtes si parfaitement peintre que vous achevez, avec des yeux désaccordés, les harmonies de vision où vous avaient conduit vos yeux ouverts aux suprêmes accords des couleurs.

Coquelicots, 1873.
Huile sur toile, 50 x 65,3 cm.
Musée d'Orsay, Paris.

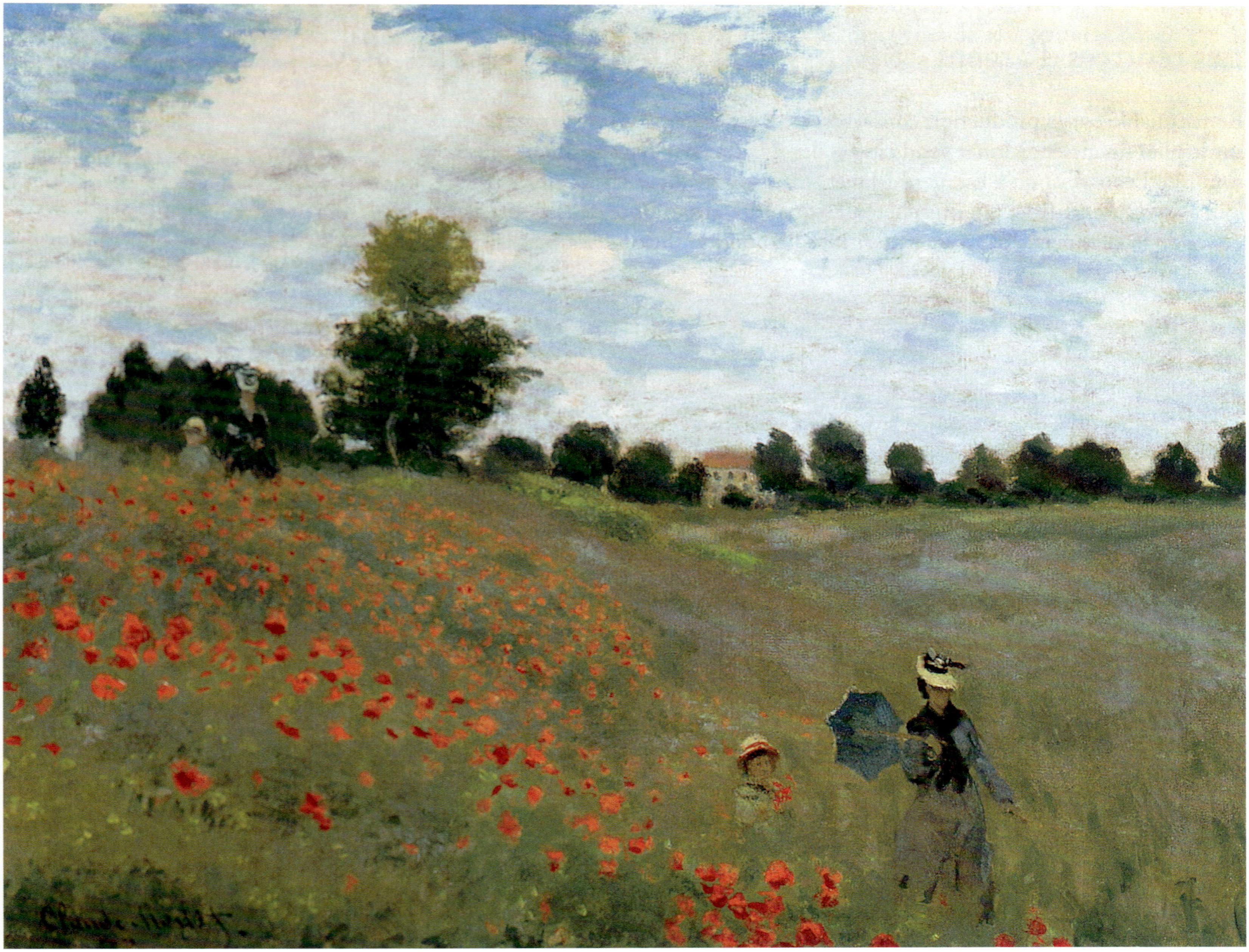

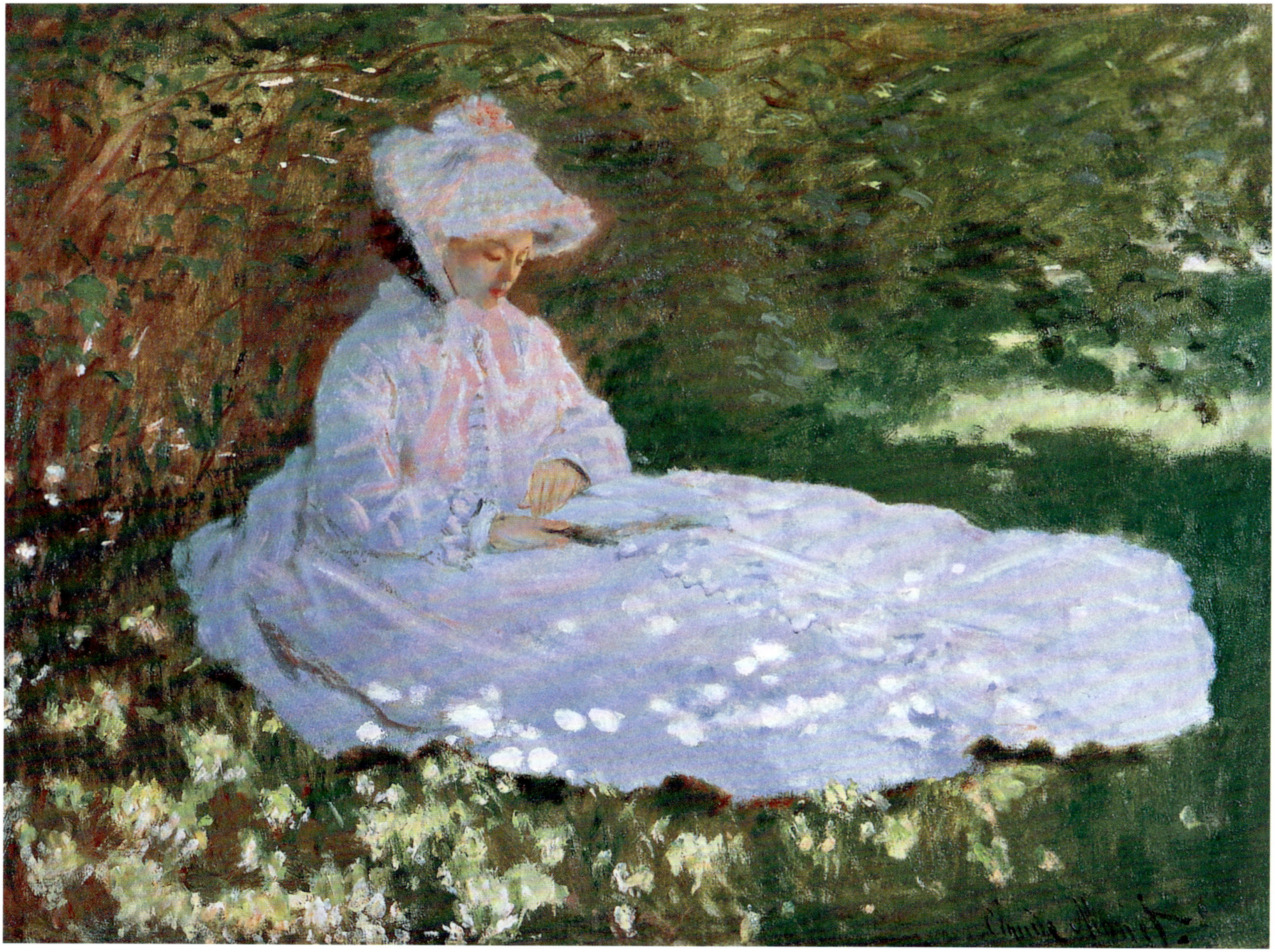

- C'est un accident.

- Un accident que n'a pas connu le malheureux Turner.

- C'est fini. Je suis aveugle. Je n'ai plus de raison de vivre. Cependant, vous m'entendez bien, tant que je serai, vivant, je n'accepterai pas que ces panneaux sortent d'ici. Je suis arrivé à un point où je redoute mes propres critiques plus que celles des yeux les plus qualifiés. Il y a toutes les chances pour que ma tentative soit au-delà de mes forces. Eh bien, j'accepte de mourir sans savoir l'issue de la fortune qui peut m'être réservée. J'ai donné mes toiles à mon pays. Je m'en remets à lui du jugement.

III. Le Monde, l'homme, la lumière

Le sujet de l'art, aussi bien que de la connaissance humaine, est nécessairement l'univers en ses manifestations – homme compris – à exprimer par des réactions de sensibilité, comparables à celles de l'enclume sous le marteau. Des défigurations d'une imagerie religieuse, plus ou moins raffinée, nous furent longtemps offertes pour répondre aux appels simultanés de notre besoin de connaître et de nos joies d'émotivités. Voyez l'incroyable pauvreté des sujets de tableaux où s'ankylose la Renaissance. Polythéisme et christianisme apportent leurs légendes qui deviendront de « l'histoire ». La nature est ignorée. Seul le portrait s'impose parce qu'il est impossible de se soustraire au rayonnement humain. Le *Balthasar* de Raphaël, l'*Isabelle d'Este* de Léonard sont là pour dire l'humanité. Rembrandt, plus tard, faute d'amitiés princières, n'aura d'autre ressource que de s'affubler diversement pour chercher l'homme dans son miroir.

Cependant, nous sommes arrivés aujourd'hui à l'état de connaissance où la science et l'art, profondément différenciés, ont, pour point commun de départ, une intense culture des réactions sensorielles. Le savant ordonne ses sensations d'expérience pour en tirer le droit de généraliser. L'artiste s'en tient à ses émotions d'harmonies pour réaliser, jusqu'aux limites du possible, les pénétrations de sa sensibilité.

Dans l'homme, réceptacle de cette sensibilité organique, une réaction s'établit de vibrations émotives dans la mesure des chocs du dehors. Je ne fais état ici que des activités lumineuses, c'est-à-dire réalisées par l'organisme en un ordre de sensations particulièrement déterminées. Tout le monde sait que l'art de peindre cherche la représentation du monde visible par des accords de tons, comme nous obtenons une symphonie musicale par des accords de sonorités. Voilà dans quelles conditions, avant d'avoir construit aucune théorie, les hommes des cavernes ont tracé leurs premières images, et les pasteurs des âges primitifs confié leurs chants au vent qui passe, pour rassembler leurs troupeaux.

Ce que nous appelons *lumière* n'est que la transmission d'un état vibratoire des éléments qui se propage à une vitesse déterminée. L'univers nous apparaît ainsi comme une tempête d'ondes qui s'opposent ou s'intensifient pour des résultats fugitifs, guettés

La Liseuse (Camille) ou *Le Printemps, Argenteuil,* 1872.
Huile sur toile, 50 x 65,5 cm.
The Walters Art Museum, Baltimore.

du bienfaisant Léthé pour le perpétuel écoulement des espérances perdues et des déceptions sans retour. Cependant, puisque tout arrive, des discordances profondes aux aménagements d'harmonie, il peut advenir aussi que d'heureuses correspondances organiques disposent temporairement dans l'individu un ensemble de préparations vers des fins d'activités supérieures où se conjugueront toutes les valeurs de la personnalité. Cela se voit dans les légendes où l'imagination maîtrise l'événement. Aussi dans les chants lointains de l'humanité primitive où la poésie dicte la fortune des heures. Aussi même – et ce n'est pas la moindre merveille – dans l'humaine réalité. Soit, parmi d'autres, l'exemple de Claude Monet.

Pourquoi donc ici mettre Claude Monet en cause ? Pourquoi pas Léonard de Vinci, Michel-Ange, Rembrandt, par exemple, plus familiers parce que plus anciens, avec cet avantage que leur souveraine maîtrise n'est plus contestée ? C'est que, Claude Monet, je l'ai connu, c'est que j'ai pu prendre et surprendre sa mesure à tous moments dans l'incomparable véhémence de sa simplicité, c'est que je l'ai aimé, c'est que je l'aime encore, et que je voudrais le faire revivre aux frémissements de lumière dans la sphère desquels il s'est développé, comme un maître qui a voulu et fait.

Léonard a tout vu, tout connu, tout compris, presque tout réalisé. Mais il ne semble pas que la lumière l'ait affecté jusqu'au suprême enchantement du regard. Suivant le commun exemple, il choisit le moment où le jour va tomber, pour caresser de sa plus fine brosse les précieux contours du visage de Mona Lisa. Ajoutez que la patine du temps a obscurci les parties de clartés. Le visage, de plein air, est dans la pénombre. Un jour, comme nous regardions *la Femme à la mandoline*, de Corot, l'une des plus belles choses qui soient, Monet, après s'être assuré qu'on ne nous écoutait pas, me dit à l'oreille :

- J'aime mieux cela que la *Joconde*.

C'est que tout le génie de l'Italien ne l'a pas suffisamment affranchi du classique éclairage de l'atelier, tandis que le rustique Français, sans théorie, sans préceptes, je n'ose pas dire sans recherches, s'en est tenu aux naturelles distributions de la lumière du ciel fidèlement représentées. Une assez belle revanche, pour Léonard, il est vrai, dans l'*Isabelle d'Este*, un prodigieux dessin, où, je ne sais comment, la lumière, absente, semble intégrée.

Il y a sans doute présomption à parler de tels maîtres avec tant de liberté. On m'excusera si je n'invoque, à l'appui de mon opinion, que ma seule qualité de spectateur. Je suis du public, après tout. C'est pour moi, comme pour nous tous, que Phidias, Michel-Ange, Raphaël, Léonard, Rembrandt, Velasquez, Franz Hals, Goya et les plus grands maîtres, se sont efforcés. Chacun est soumis au jugement de tout le monde. Tous les grands hommes de tous les temps nous ont fait confiance en nous soumettant leurs travaux. Quel plus grand hommage peut leur venir de nous que notre sincérité ?

Michel-Ange est ingénieur, poète, sculpteur, peintre. Génie incomparable, il recherche l'effort qu'il est parfois tout près de dépasser. Son *Moïse* ne doit rien à l'hellénisme. Le choc reçu du « Monstre » ne peut être oublié. Et quel jugement porter sur l'œuvre de la chapelle Sixtine qui ne soit défaillance et misère au spectacle de cette envolée de figures

Camille à la fenêtre, Argenteuil, 1873.
Huile sur toile, 60 x 50 cm.
Virginia Museum of Fine Arts,
Collection Mr and Mrs Paul Mellon,
Richmond.

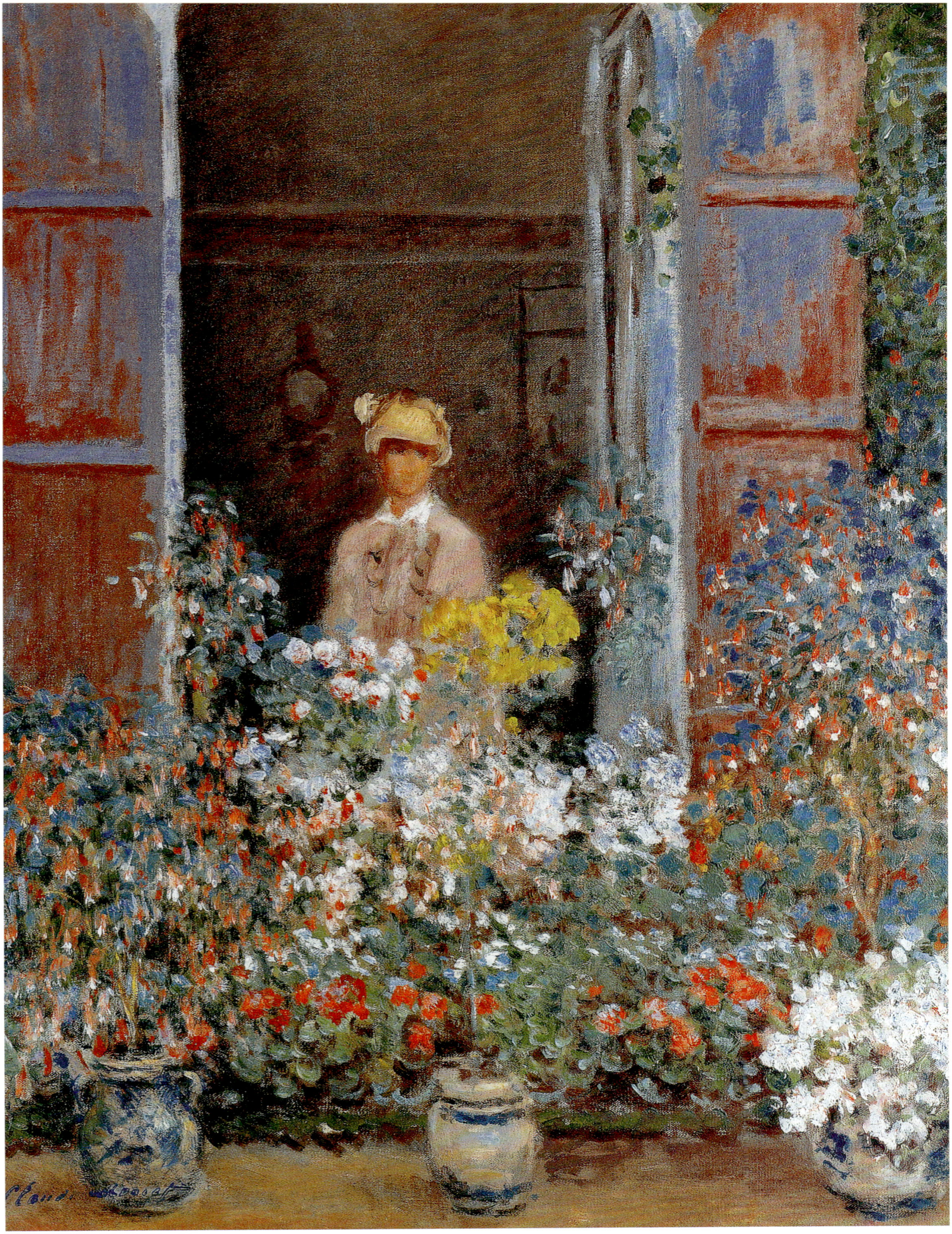

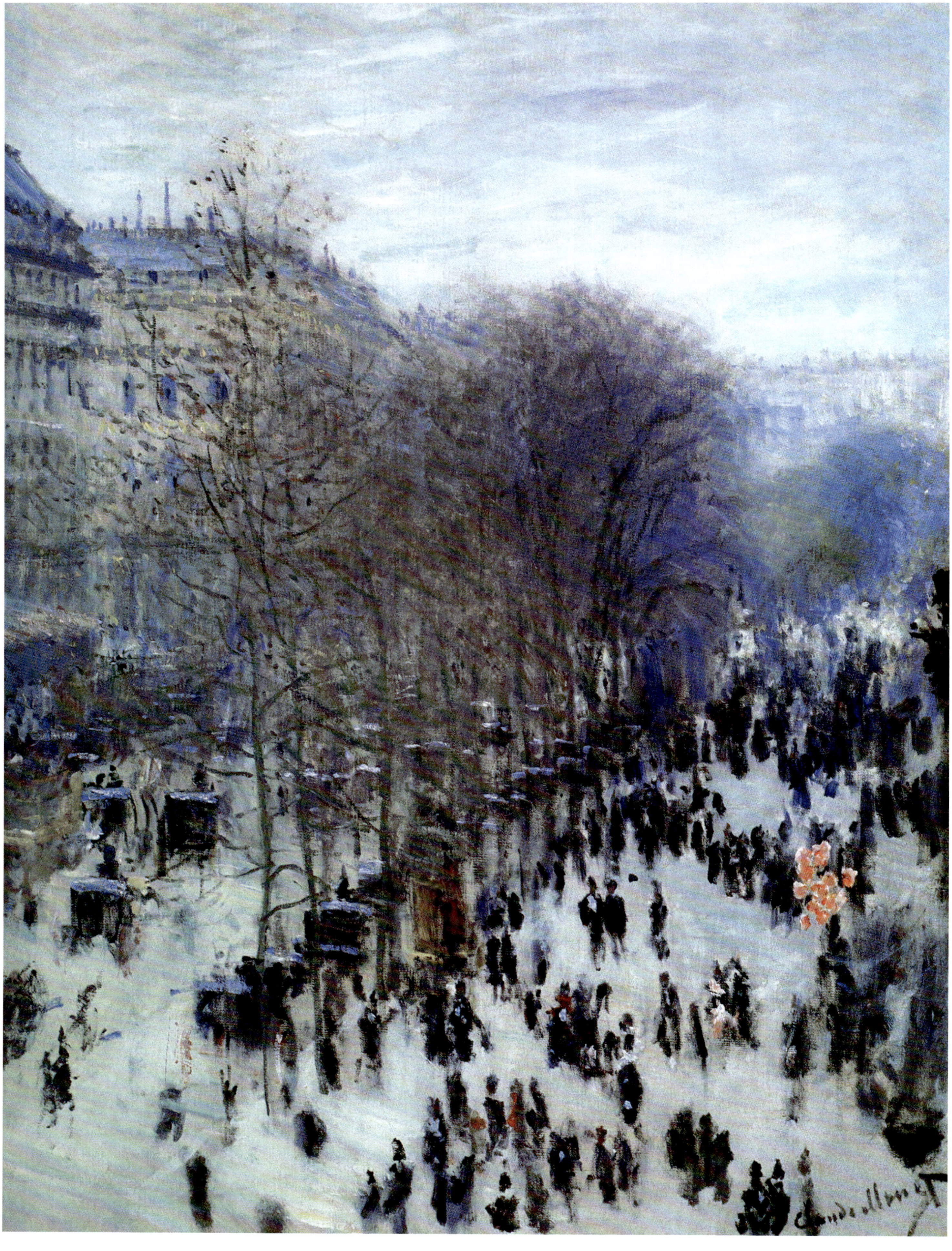

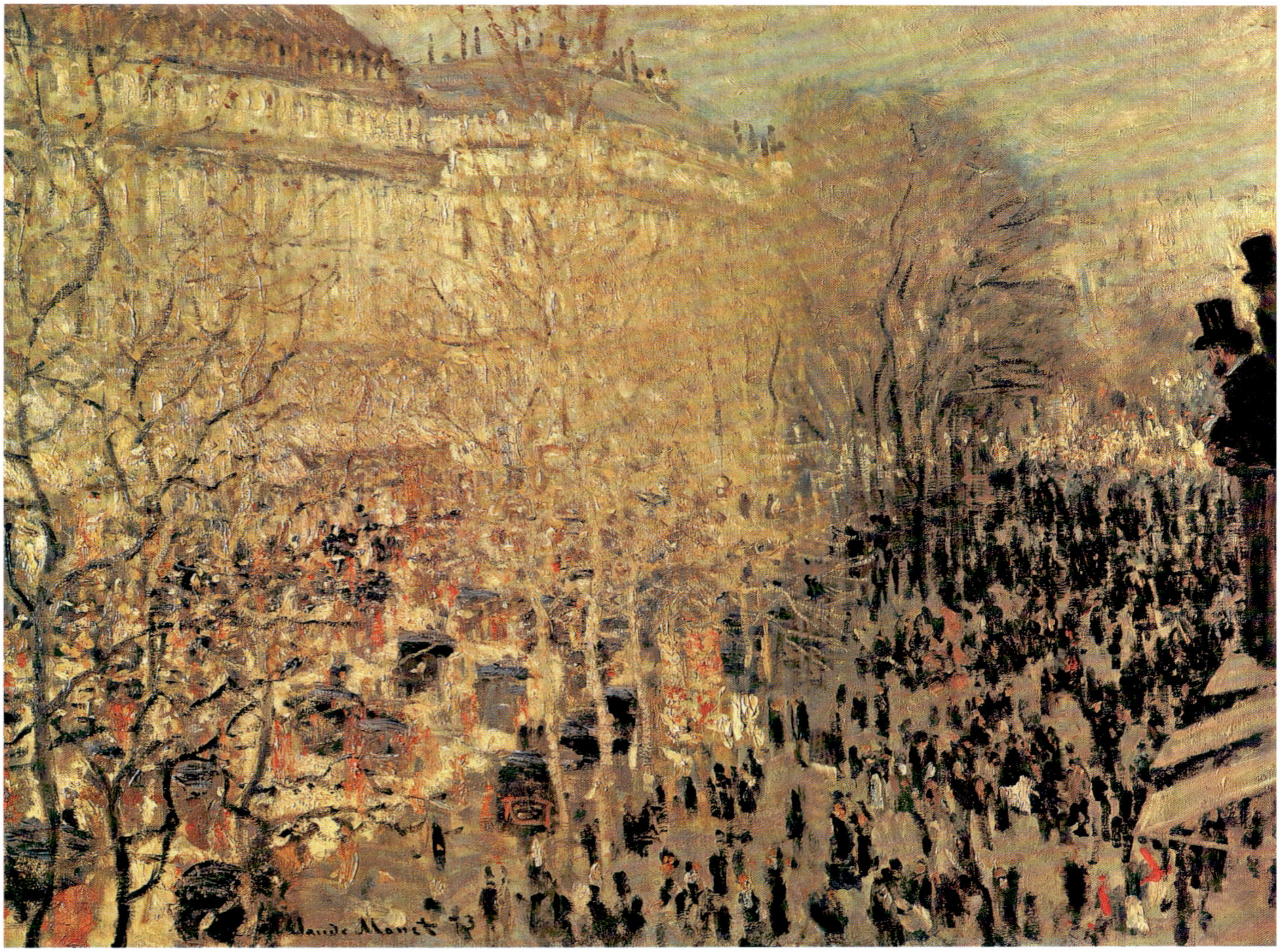

surhumaines qu'un souille irrépressible emporte à la sublimité des prophéties ! L'homme s'est magnifiquement dispersé dans tous les domaines. Il a régné de toutes parts. Plus qu'un roi. Presque divin. Rembrandt, de même, avec l'auréole du Dieu méconnu, a spontanément rassemblé le plus vif d'une vision exaspérée, ainsi que les partis pris d'interprétation les plus propres à les exprimer. Le musée de Cassel nous offre une suite d'ébauches où l'on cherche, où l'on trouve parfois l'étincelle destinée aux prochains éblouissements de l'éclair. Le portrait du bourgmestre Six, les syndics, sont les étapes d'un géant, maître du prisme astral, qui sème du soleil au-dedans comme au-dehors des choses pour des éclats de foudre.

Faute de modèles, le peintre va prendre bientôt sa propre figure au premier miroir, pour se jouer, brosse ou burin, à toutes dispositions d'éclairage. Le « génie étonné » du Hollandais ne tremble pas devant l'inépuisable émerveillement de l'infinité. Comme Monet fera plus tard, il a répondu tout droit aux appels de la lumière, et dans un magnifique corps à corps, il a su dompter l'indomptable. Mais il ne semble pas, pour cela, qu'il soit au bout de son rêve, et le voilà pétrissant l'ombre de sa main

Le Boulevard des Capucines, 1873.
Huile sur toile, 80,3 x 60,3 cm.
Musée des Beaux-Arts Pouchkine, Moscou.

Le Boulevard des Capucines, 1873.
Huile sur toile, 61 x 80 cm.
Musée des Beaux-Arts Pouchkine, Moscou.

titanesque pour la heurter aux fulgurances de la flambée solaire dont il a trouvé le secret dans les oppositions de son pinceau, pour fondre les frémissements d'une rétine émerveillée. Et puisque du plus violent contraste a jailli la pleine ardeur de la fournaise, toutes les transparences de lumières, distinctes ou confondues, vont fuser en de subtiles ondes d'éclairage pour des achèvements de sensations que la peinture, à ce jour, n'avait pas connues.

C'est un miracle, comme le miracle des *Nymphéas* de Monet, dans le miroir du jardin d'eau qui les endort voluptueusement au sein des nuées. La rencontre d'un monde renversé qui, par des contrastes de rapports, sollicite de l'œil un affinement des ondes colorées symphoniquement fondues. Une nouvelle gymnastique oculaire nous donnera le plus fin réseau de sensations lumineuses par l'effort duquel s'enrichira la puissance de nos pénétrations.

Dans le coup de foudre de ses oppositions, Rembrandt a mis plus de sa personnalité. Pour le prodige des *Nymphéas*, Monet a osé suivre la droite pente de l'observation la plus serrée qui l'a conduit de l'éclairage changeant des meules aux peupliers, aux cathédrales, aux Westminster, jusqu'au jour où les méditations de Giverny lui ont fait découvrir, dans l'eau de l'Epte apaisée, des transpositions de lumières qui lui ont permis son suprême effort d'interprétation.

Aux derniers jours, mortellement atteint, gardant pour ultime consolation les derniers rayons de clair-obscur où son imagination mettait encore de la couleur, évoqua-t-il son œuvre, et osa-t-il, enfin, se juger ? Je ne sais. Il était trop sincère pour avoir l'audace d'écarter les angoisses du doute. Il était trop grand, pour être jamais satisfait. Tout au plus se voyait-il parfois déconcerté par les incohérences de la foule.

Un jour je lui racontais que, traversant Vitré, j'arrêtai, sur le trottoir, un jeune bourgeois élégamment vêtu pour lui demander le chemin des *Rochers*, le château de Mme de Sévigné.

- Vous devez vous tromper, monsieur, *nous n'avons pas ça ici*, fut la réponse inattendue.

- Pardonnez-moi, monsieur, mais je croirai plutôt que c'est vous qui faites erreur, *car je sais* que Mme de Sévigné a sa statue à Vitré.

- Ah ! Vous parlez de cette femme en bronze qui est au jardin des Plantes ? Eh bien, pour aller au jardin des Plantes, il faut prendre à droite...

- La gloire, c'est ça, hein ? s'exclama Monet.

- Oui, c'est ça. Est-ce qu'il vous faut des récompenses ?

Il éclata de rire, et le chat de porcelaine chinoise, endormi sur son coussin, comprit qu'il n'était pas besoin de se réveiller pour si peu. Les pinceaux étaient bientôt repris, et l'ascension aux cimes lointaines reprenait son cours.

Après l'évocation de l'œuvre immense où s'est lentement formée l'éducation de notre rétine moderne, comment ne pas nous reporter vers le maître ouvrier ? L'homme a dépensé peut-être le meilleur de lui-même à s'exprimer par des images. À ces images de nous rendre, de lui, ce qu'elles en ont gardé. Car si nous pouvons

Impression, soleil levant, 1873.
Huile sur toile, 48 x 63 cm.
Musée Marmottan, Paris.

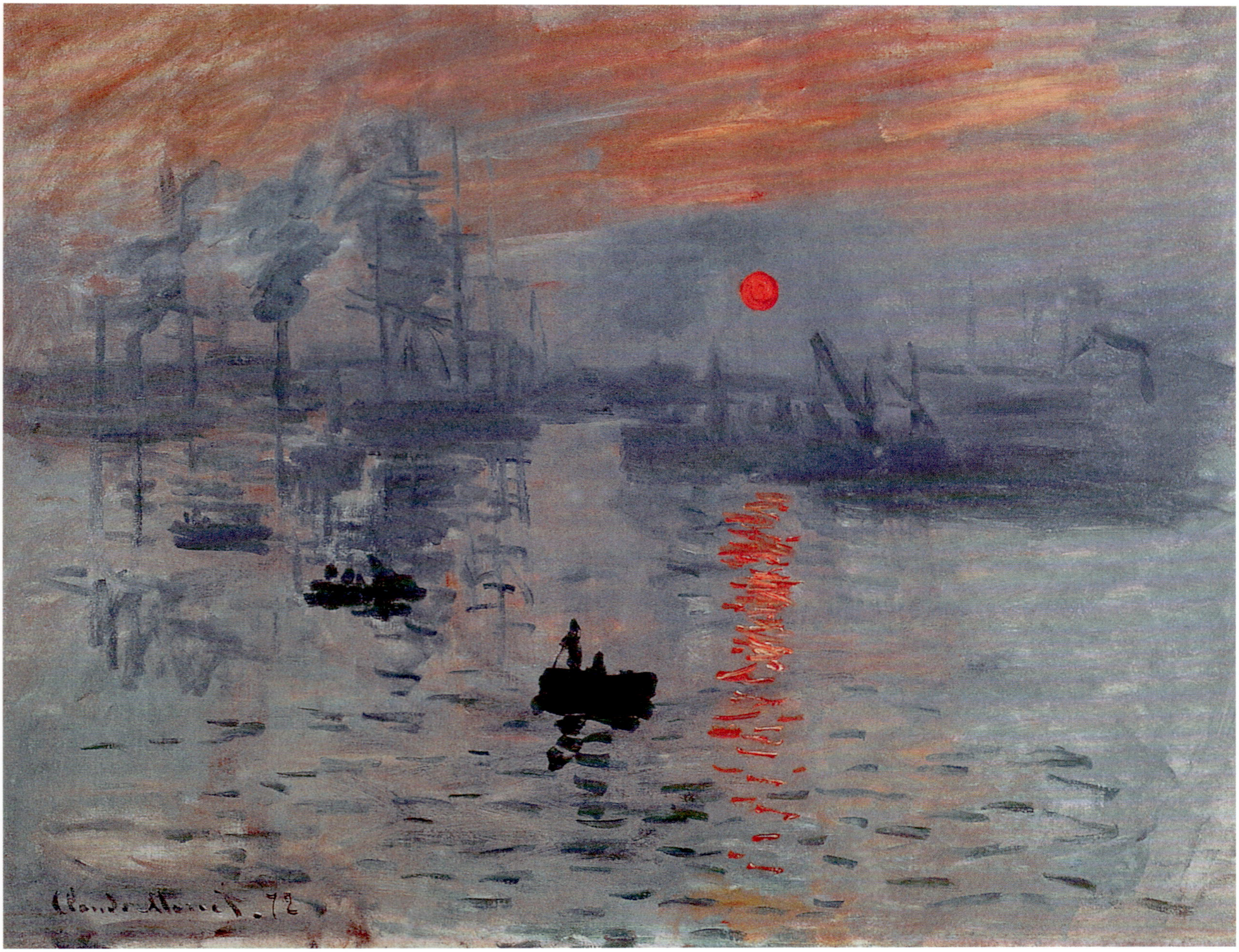

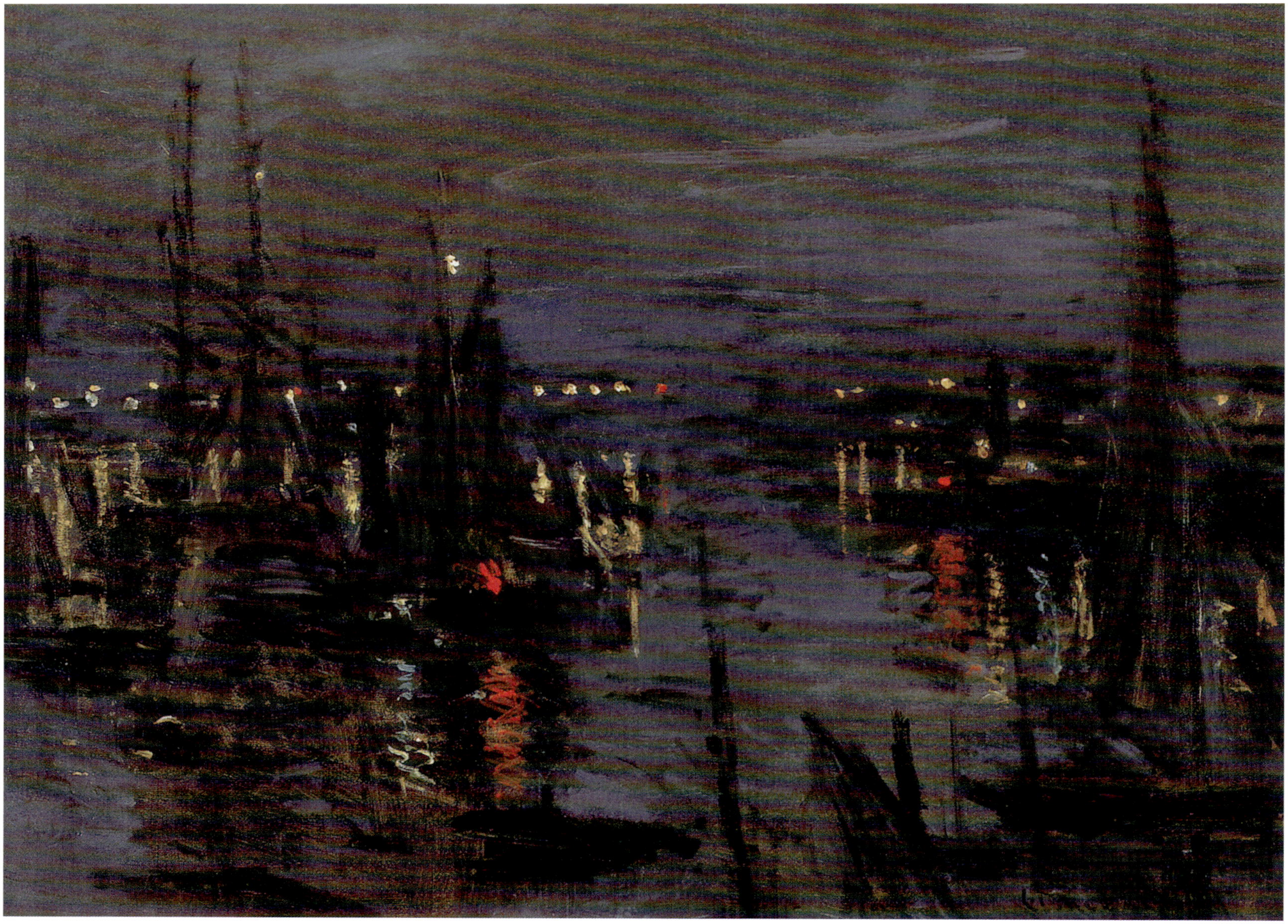

inscrire notre passage, pour un temps, dans les tourmentes planétaires, où nous nous trouvons à la fois spectateurs et parties, rien ne saurait nous être plus précieux, pour nos déterminations de nous-mêmes, que les épreuves de gestes et de pensées où nos compagnons d'existence ont marqué les étapes des communes émotivités.

Du monde, nous ne connaissons que des résonances d'ondes aux tentacules de notre sensibilité. Pour ce qui est de nos essais de fixations des lumières mouvantes, ils remontent, comme chacun sait, aux dessins originels de la Préhistoire. Ce fut une de nos premières appropriations du monde extérieur, et, depuis ce jour, nous n'avons pas cessé d'étendre, de développer nos conquêtes dans les invitations sans fin de l'espace et du temps.

Puisque ces tableaux qui passent à tous moments devant nos yeux sont la source vive de nos sensations du monde, et de nous-mêmes en retour, nous ne cessons d'y puiser les émotions subtiles d'une harmonie universelle qui couronne notre connaissance d'une auréole de beauté.

Cependant, des états de lumière se succéderont de toutes parts, grâce aux décompositions et recompositions du spectre des couleurs. Et l'interprétation sensorielle du peintre acceptera le corps à corps avec les spectacles du monde pour exprimer des formes par le moyen de lignes qui n'existent pas dans la nature, et des états de lumière par des juxtapositions ou des superpositions de couleurs qui ne seront jamais que de fuyantes compositions.

Sous quelque aspect que ce soit, les relativités de l'homme seront éternellement aux prises avec ce monstre d'absolu que notre plus haut accomplissement est de dire, sinon de nous assimiler. Pour que cette prétention fût justifiée, faudrait-il, en effet, que nous puissions la réaliser autrement que par un simple verbe indicateur, qui trop souvent nous abuse, au point de nous faire accepter une interprétation de relativité pour une dogmatique représentation d'absolu. Quelle somme de réalités, connues et inconnues, nous faut-il pour une construction d'apparence ?

Je prie qu'on veuille bien excuser ces indications au passage, que Monet n'était pas tenu d'envisager parce qu'elles n'étaient pas de son domaine, et qui n'en incombent pas moins à quiconque tentera de mettre les labeurs de l'art à leur juste place dans l'ensemble de la production idéaliste de l'humanité.

IV. Le Jardin de Monet – L'Étang du « jardin d'eau »

L'eau attirait la brosse de Monet. La mer, la Seine, la limpide surface sommeillante où la corolle rose et blanche des nymphéas apporte des essaims de feux follets. Il y arrêta quelque temps son pinceau après le défilé, que nous verrons en son lieu, des meules, des peupliers, des cathédrales, des Tamise, par séries. À la cimaise, aujourd'hui, les premiers nymphéas de Monet, de séductions singulières, paraissent bien sages auprès de l'apothéose des Tuileries. Un jour, il fut question d'élargir le cadre de ces eaux

Le Port du Havre, la nuit, 1873.
Huile sur toile.
Collection privée.

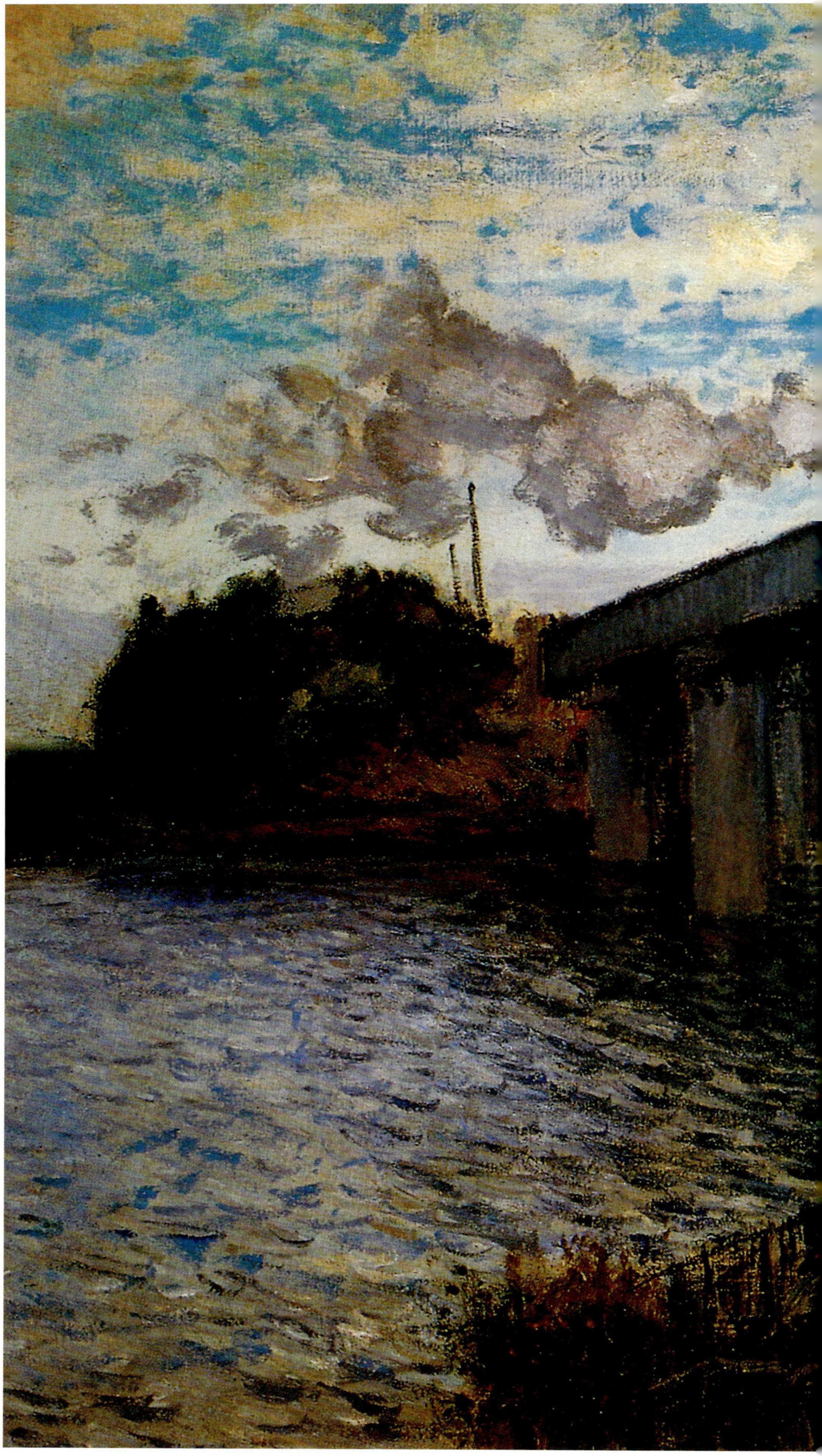

Le Pont du chemin de fer à Argenteuil,
1873-1874.
Huile sur toile, 55 x 72 cm.
Musée d'Orsay, Paris.

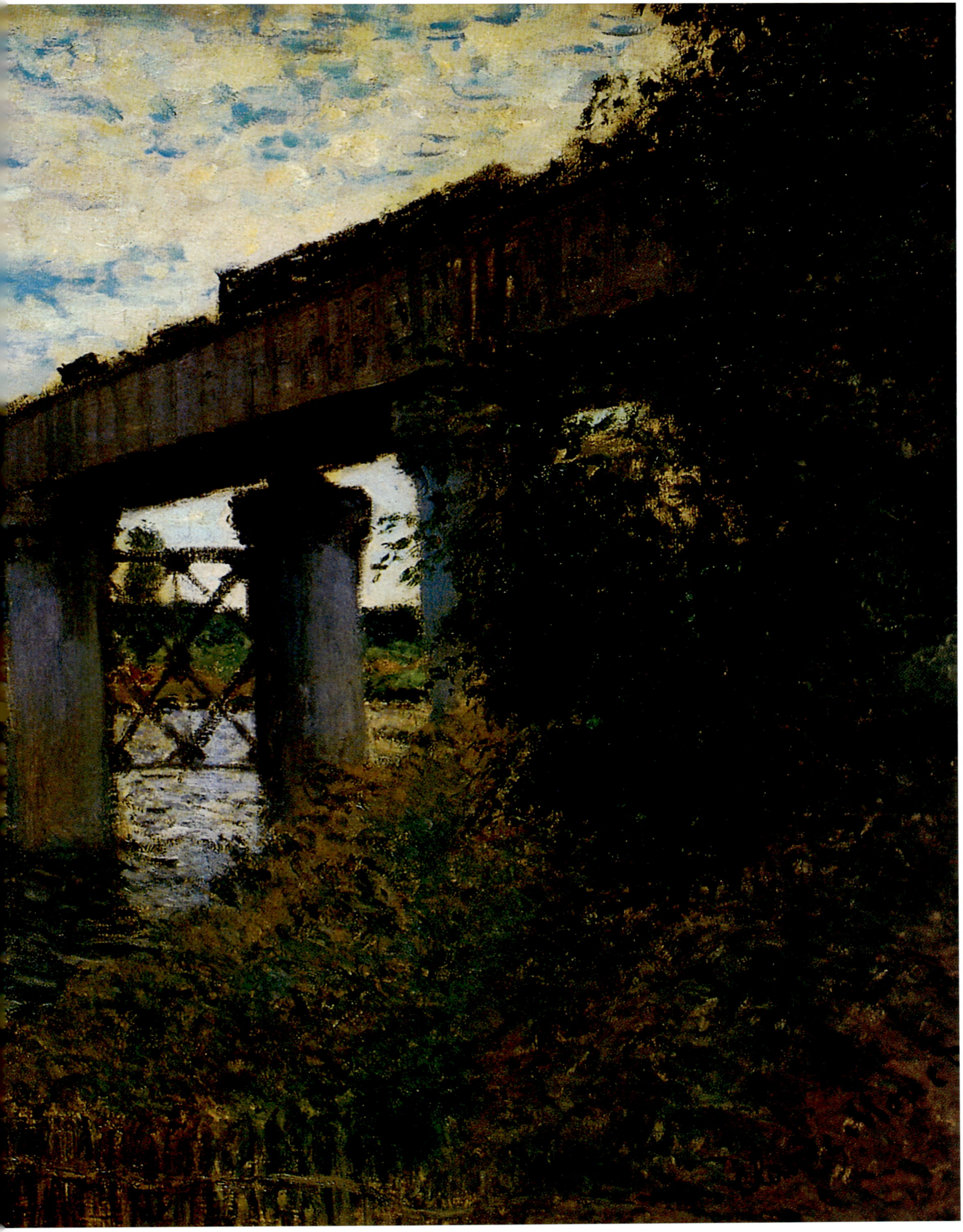

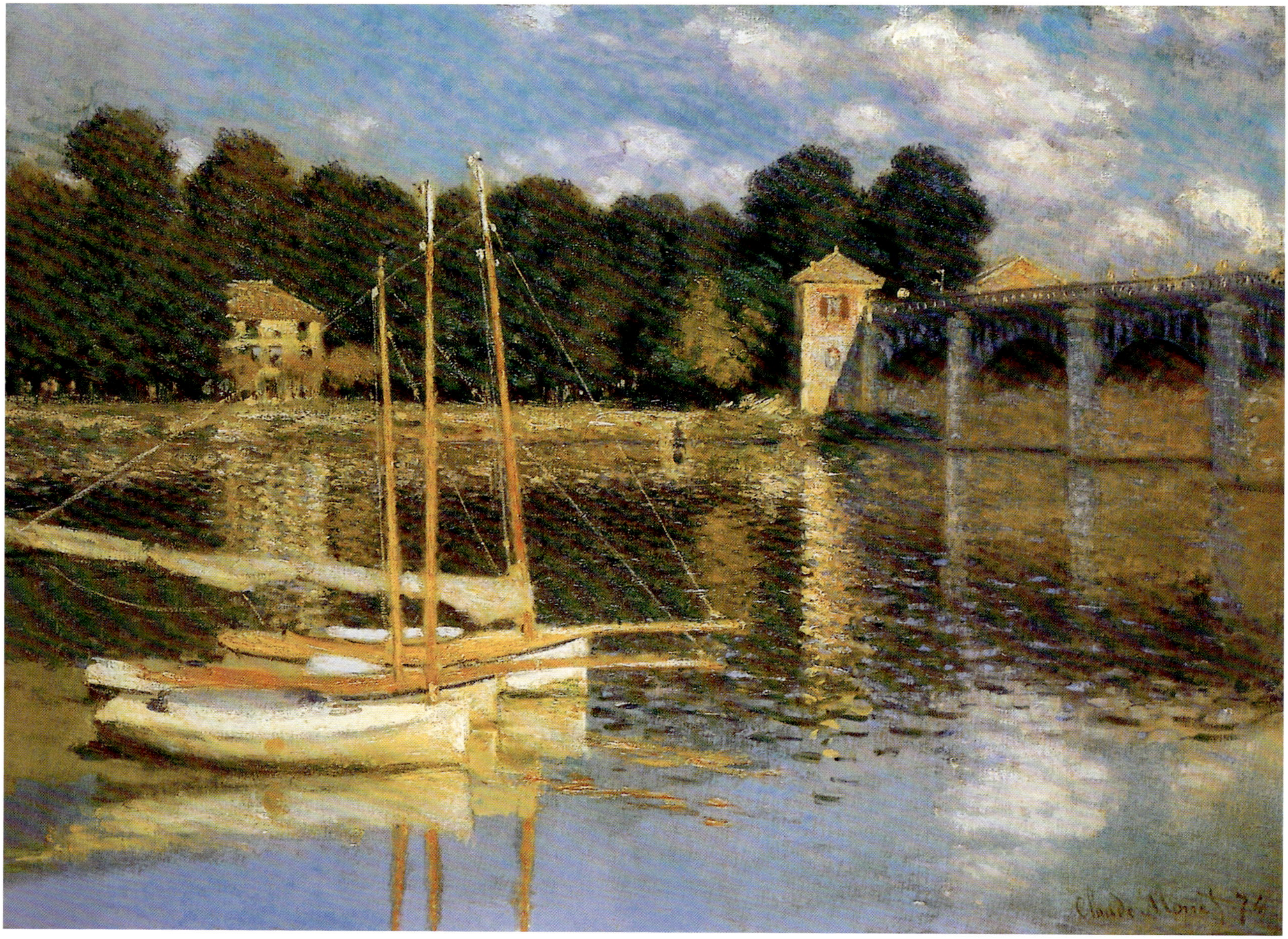

Le Pont d'Argenteuil, 1874.
Huile sur toile, 60,3 x 80 cm.
Musée d'Orsay, Paris.

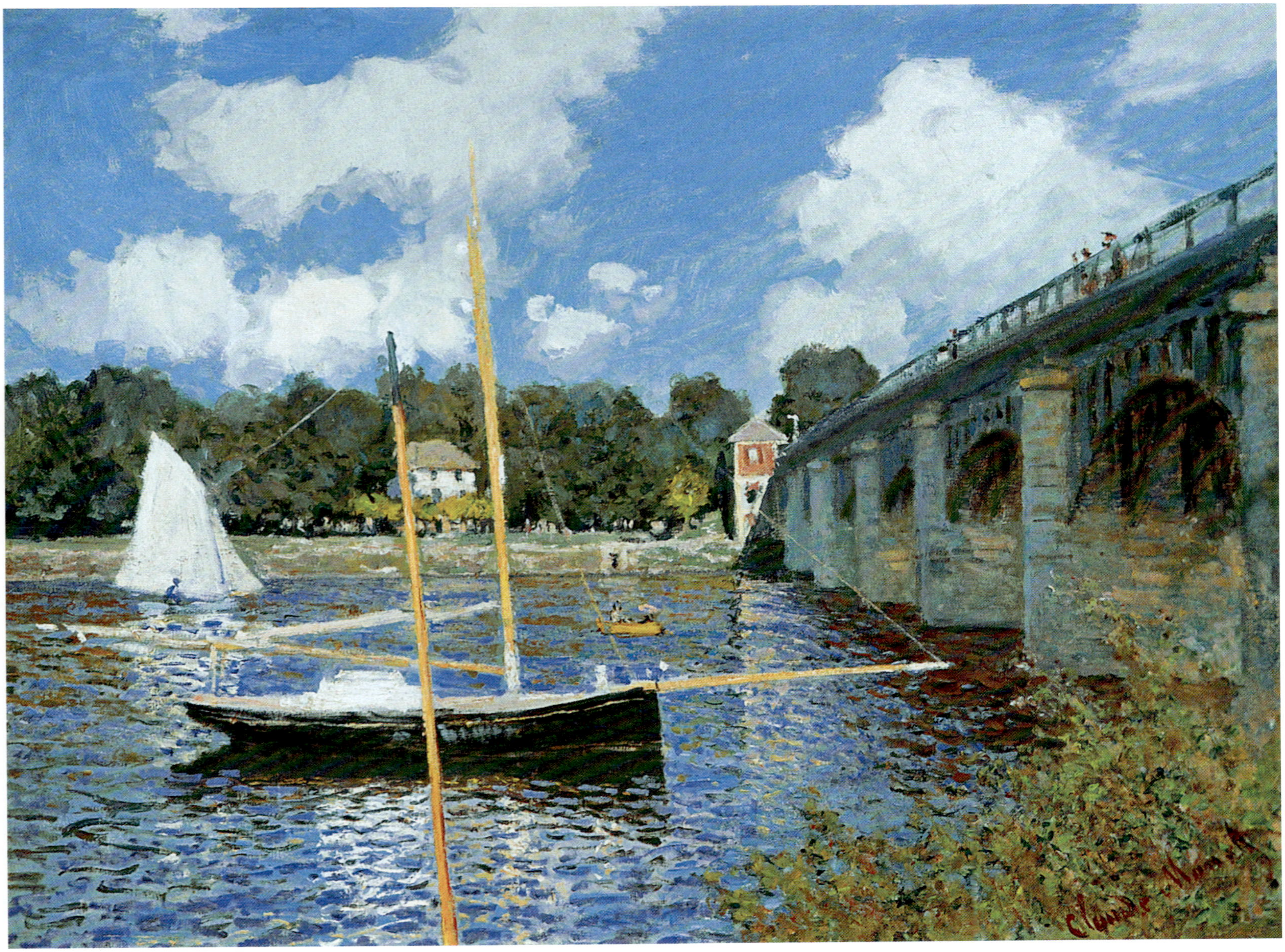

Le Pont à Argenteuil, 1874.
Huile sur toile, 60 x 79,7 cm.
National Gallery of Art,
Washington, D. C.

fleuries jusqu'aux proportions de panneaux pour quelque salle de fête. Monet regardait, écoutait, ne disait rien, méditait, assiégé d'obsédantes tentations.

Déjà il avait fait son jardin dont la plus importante partie était d'un étang de nymphéas. La bordure d'une grande prairie, avec dérivation d'une branche de l'Epte, avait fourni l'étendue nécessaire, et Monet y avait apporté l'ardeur d'une imagination résolue. Bientôt les succès d'horticulture dépassèrent toutes les espérances. Les indifférents même venaient s'émerveiller au miracle ne fût-ce que pour dire : « J'ai vu le jardin de Monet. »

Le jardin de Monet compte parmi ses œuvres, réalisant le charme d'une adaptation de la nature aux travaux du peintre de la lumière. Un prolongement d'atelier en plein air, avec des palettes de couleurs profusément répandues de toutes parts pour les gymnastiques de l'œil, au travers des appétits de vibrations dont une rétine fiévreuse attend des joies jamais apaisées. Tel le nourrisson, à peine apparu dans le monde, tâtonne vers le sein qu'il ignore, et, le rencontrant, ne voudrait pas le quitter.

Non que les artifices d'éclairage fussent l'affaire de Monet. Tout le plein de la pleine clarté, ce n'était pas trop pour son œil assoiffé d'inconnu. Toute l'école du « plein air » dans le sens le plus complet du mot. Emmener l'homme sous le ciel, et lui proposer d'ouvrir les yeux, cela ne paraît pas une affaire. Mais la nature n'a rien disposé pour des effets préconçus. C'est à la rétine, survenue, d'interroger les éléments, de les disjoindre afin de les grouper pour une cohérence de sensations dont l'œil est le lieu de rencontre et que la fortune du peintre sera d'exprimer. Pour l'achèvement d'une telle œuvre, il lui faut le plus possible de l'univers, à toute heure, devant les yeux. Sans savoir pourquoi, nos désœuvrés eux-mêmes se dépensent en de vains déplacements, pour découvrir ce qu'ils ont déjà rencontré partout sans l'avoir vu, en raison d'une insuffisance rétinienne que le problème de l'art est précisément d'aviver.

L'homme qui se propose d'exprimer véritablement quelque partie du monde doit être, lui-même, d'une structure particulièrement compréhensive. Toute la planète et tout le ciel, et tous les mondes, ce n'est pas trop pour lui. Il sent, il sait que la diversité des choses n'a pas de mesure. La merveilleuse fortune de l'œil est dans l'éternel rayonnement élémentaire en contre-coup de chocs aussi rapides que lointains où l'on ne peut rencontrer, par d'éternels enchaînements, que des moments de l'espace et du temps, houles de l'infini dans les activités simultanées de l'interdépendance universelle.

Les réactions de nos surfaces de vision sont presque instantanées, ce qui nous permet toutes adaptations du sujet à l'objet – première condition de l'art de peindre. Les harmonies de rencontre, le hasard des heures nous ont fourni des tableaux que nous célébrons sous le nom de « beaux paysages », quand nous ne passons pas tout simplement sans y rien découvrir. Cela dépend surtout de ce que nous sommes capables d'y chercher. Une des gloires de l'école moderne fut d'avoir reconnu que la plaine stérile elle-même peut nous fournir, par le jeu de ses lumières, une féconde source des plus hautes émotions de beauté.

Le Bateau-Atelier, 1874.
Huile sur toile, 50 x 64 cm.
Kröller-Müller Museum, Otterlo.

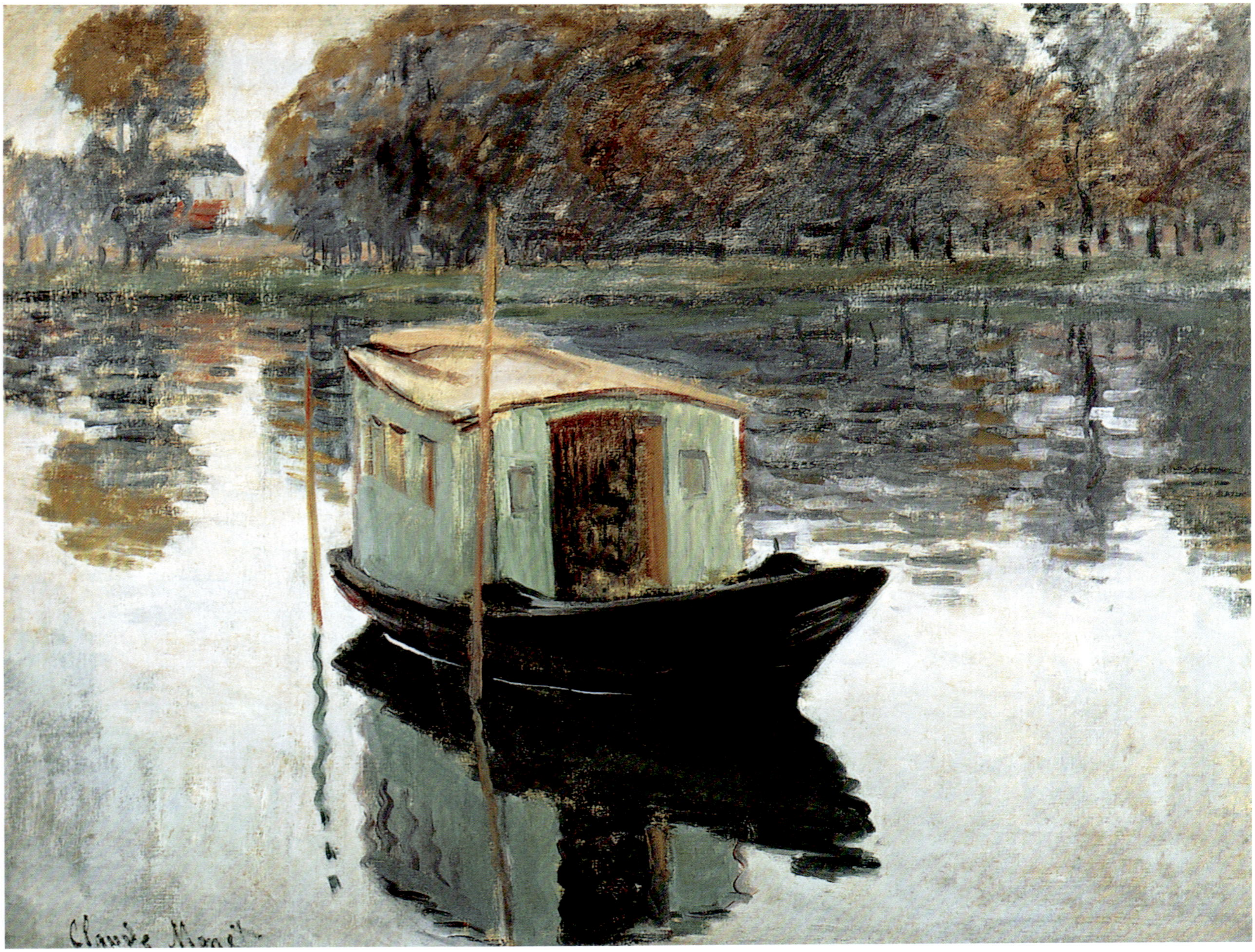
Claude Monet

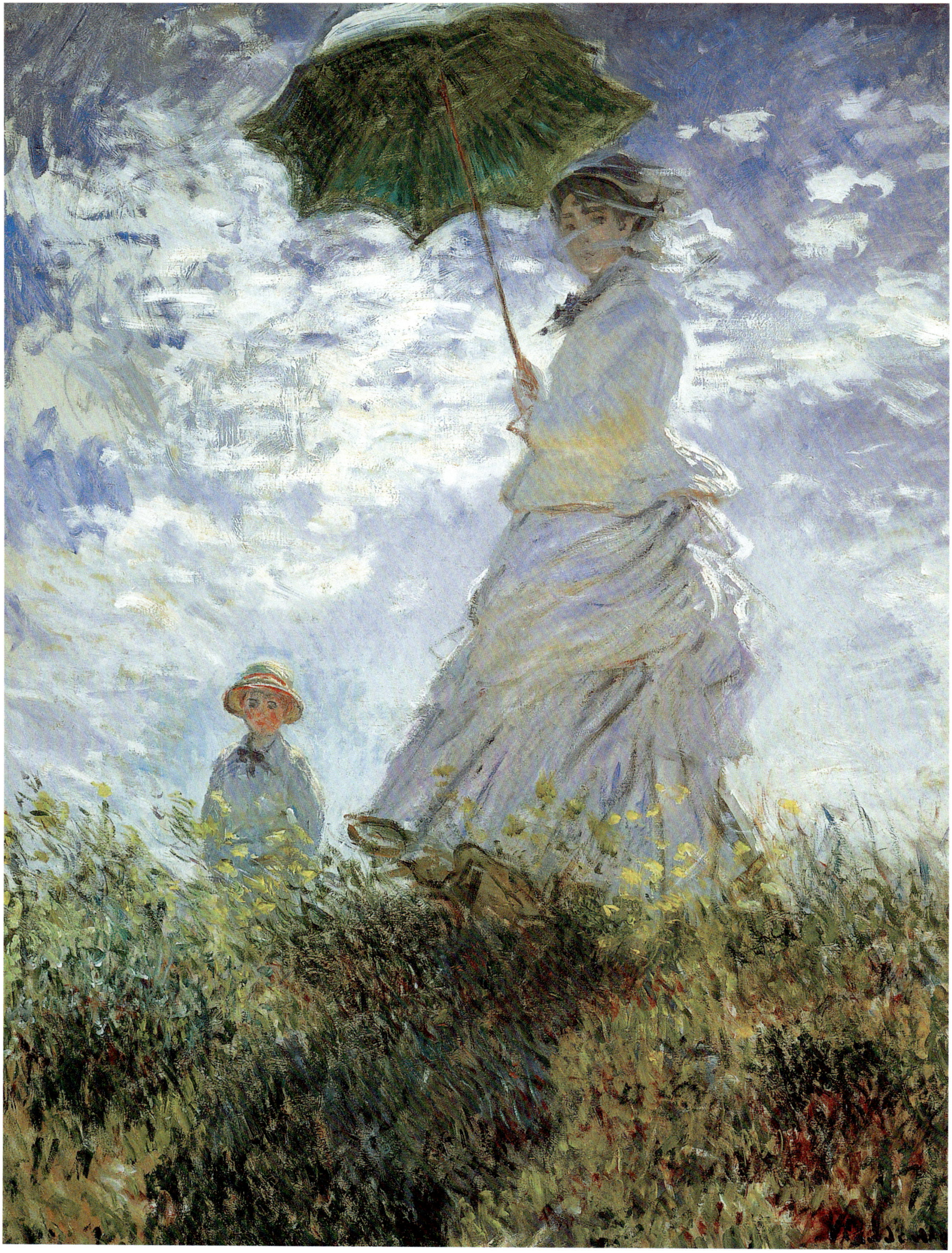

Bien que la mer ne lui eût pas ménagé les séductions de ses appels, Monet était un sédentaire. Non qu'il dédaignât rien de la planète. Mais la vie est brève, et sa besogne d'art le fixait au sol devant les problèmes du chevalet. Cela, c'était le labeur en soi, l'activité organique distribuée dans de méthodiques successions d'efforts, en quête d'une interprétation plus ou moins ardue. Mais la gymnastique, naturelle ou apprise, de la surface rétinienne fixant, pour un temps de raison, l'œuvre de transposition par les réactions des sensibilités de partout et de toujours, où en trouver l'occasion, les moyens, les méthodes en vue des réalisations de chaque journée ?

- Partout, fut la réponse de Monet.

La Renaissance mettait l'école dans l'atelier du Maître – ce qui facilitait tous moyens d'empirisme, mais n'était que trop propre à la destruction de l'originalité. On avait découvert la Grèce, ou plutôt l'hellénisme en dégénérescence. On ne s'était pas encore avisé du ciel, de la terre et des eaux, pour interprètes de la fabrication mondiale en perpétuel renouveau. S'il s'agissait vraiment d'exprimer la terre et le ciel, le temps n'était-il pas venu de sortir d'un enclos de murailles, pour regarder le monde, comme on dit, « dans le fond des yeux. »

À parler franc, je ne crois pas que Monet ait commencé par se poser tant de questions. L'équilibre général de sa nature lui commandait l'esprit philosophique, mais le temps et les moyens lui avaient manqué pour tant de généralisations. Cependant, il se campait, en joie, devant les problèmes du dehors et les envisageait d'un œil assuré. Confiant dans la droiture de ses sensibilités, il s'abandonnait, sans réticences, aux faciles pentes de sa probe conscience d'homme et d'artiste, qui ne le trompait pas puisqu'il ne cherchait le succès que dans la vérité. Il aimait les champs, les fleurs, les bois, la plaine et les halliers, tous les ciels de toutes les lumières, toutes les montagnes sous le soleil ou la neige, tous les rivages, toutes les eaux des mares, des fleuves et de l'Océan calme ou bouleversé, tous les aspects de l'existence humaine, heureuse ou dolente dans tous les cadres de sa vie agitée. C'est son ami Renoir, je crois, qui a dit : « Un ruisseau qui fuit dans l'herbe vaut le sourire de la *Joconde* ».

L'atelier, par malheur, ne fournit pas de ces échantillons du dehors qui s'offrent sous le ciel à tout venant, et que l'étude va chercher où elle peut, pour les transpositions en vase clos. Et puis, la nécessité s'impose le plus souvent du labeur en vue d'un succès fructueux. Monet ne pouvait pas échapper à cet aspect du problème général quand le moment vint pour lui de passer de « l'étude » au « tableau », c'est-à-dire du vase clos de l'atelier à celui du salon. Il n'était lui-même qu'au plein air.

Nous ne le verrons pas moins pour les *Nymphéas*, au déclin de sa vie, ramener à l'atelier ses études du « *jardin d'eau* » pour des achèvements de sensations si vivantes qu'aucun cloisonnement ne pourra plus les déformer. Ainsi le voulait la pratique des grands cadres. Et puis la familiarité de la lumière avait mis l'œil de l'artiste au-dessus des défaillances. Ce fut même le plus beau moment des plus subtils raffinements de visions que Monet rapporta du fond des eaux de son jardin.

Femme à l'ombrelle – Madame Monet et son fils, 1875.
Huile sur toile, 100 x 81 cm.
National Gallery of Art,
Washington, D. C.

Car ce jardin ne fut, en somme, comme je l'ai dit, qu'un atelier de plein air. Monet n'en avait pas fait la théorie. Son empirisme était d'instinct trop sûr pour que l'idée lui vînt de le doctriner. À parcourir les pays, à s'abreuver partout de la nature, il avait simplement appris ce que réclamaient les activités de son œil dans les directions où l'appelait le génie de son art en quête d'une perfection d'achèvements.

Il n'est pas besoin de savoir comment il fit son jardin. Il est bien certain qu'il le fit tel que son œil le commanda successivement, aux invitations de chaque journée, pour la satisfaction de ses appétits de couleurs. Quand on vous aura dit que le jardin de Monet est traversé par une route à automobiles, par le chemin de fer de Gisors et par un embranchement de la rivière l'Epte, peut-être penserez-vous que l'unité n'en doit pas être le trait dominant. À quoi cela ressemble-t il ? À tout et à rien. Sans la route, sans le chemin de fer, sans la rivière qui appelle les pêcheurs, on aurait pu, peut-être, y trouver l'isolement. Eh bien, c'est justement le miracle : on y est à l'abri de tous les importuns.

De la maison à la route, des faisceaux d'arcs-en-ciel de toutes les fleurs, de toutes les colorations de féeries, tombent de la voûte céleste en un étalage de cascades flambantes, appelées de l'œil du peintre, à certaines heures, pour ses grandes douches de torrents lumineux. Monet aimait la fleur, pour elle-même, pour les légèretés, les envolées de sa figure, pour le drame d'amour qu'elle irradie avec un éclat d'insolence, pour les flammèches profuses de teintes tendres ou violentes qui s'étalent agressivement parmi les rosiers géants où se lyrisent des yeux las des proses de la vie.

Un mur surmonté d'une grille, des arbres et l'encaissement de la route font qu'il n'y a point à redouter l'œil du passant. Par ces petites allées bourgeoises à la disposition de l'unique promeneur, Monet, familier avec chaque touffe de floraison discrète ou tapageuse, ne manquait pas d'accomplir, chaque matin, la cérémonie du premier salut réclamée par l'insatiable sollicitation des yeux.

Une porte permet de traverser la route, une clef de franchir le talus de la voie ferrée, que des entassements de grands rhododendrons et un haut grillage de rosiers grimpants isolent de toutes parts. Les voyageurs ne pouvaient pas se plaindre de côtoyer un immense bouquet de fleurs, et Monet, à quelques pas d'eux, absorbé dans le miroir de son étang, n'entendait même pas le train.

Pour le reste du jardin, ce n'est, à proprement parler, qu'un silencieux étang fleuri d'éclatants nymphéas, jusque sous l'arc englyciné d'un pont japonais qui fait tableau – seule concession au romantisme de ces lieux. Du côté de la voie ferrée, les grands peupliers, les saules dont on voit pendre les branches aux panneaux des Tuileries, une presqu'île de grands bambous touffus, jungle cernée par le courant des eaux vives où serpentent des herbes joyeuses. Le chemin de ronde en treillages de rosiers grimpants ouvre des arceaux d'ardentes couleurs sur la verdure de l'immense prairie qui s'étend jusqu'aux coteaux de la Seine. Il n'en faut pas davantage pour faire un paradisiaque séjour où l'œil humain butine tour à tour, pour d'incomparables fêtes, toutes harmonies de lumières dont la terre et le soleil peuvent exalter, jusque dans

La Japonaise (Camille Monet en costume japonais), 1876.
Huile sur toile, 231,8 x 142,3 cm.
Museum of Fine Arts, Boston.

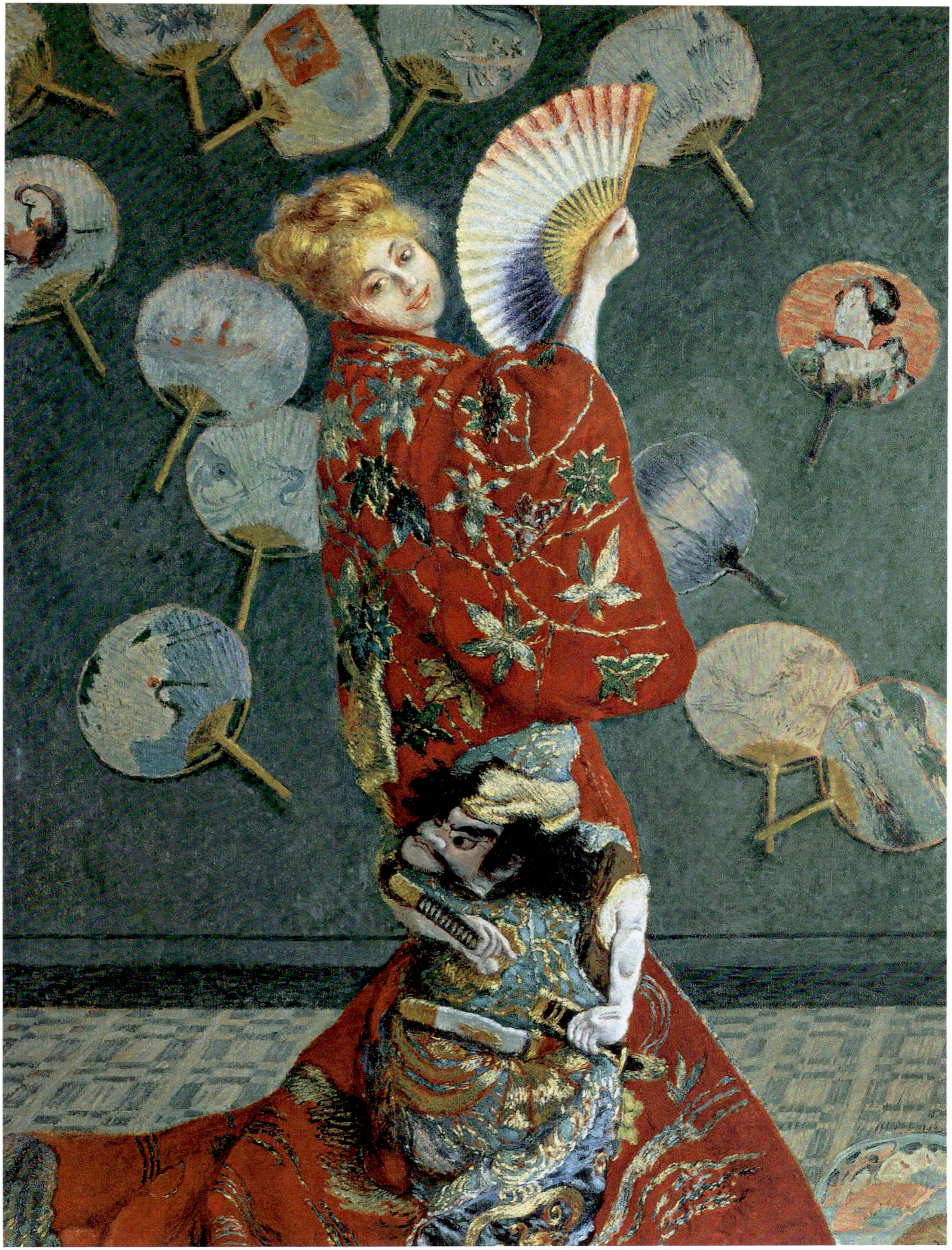

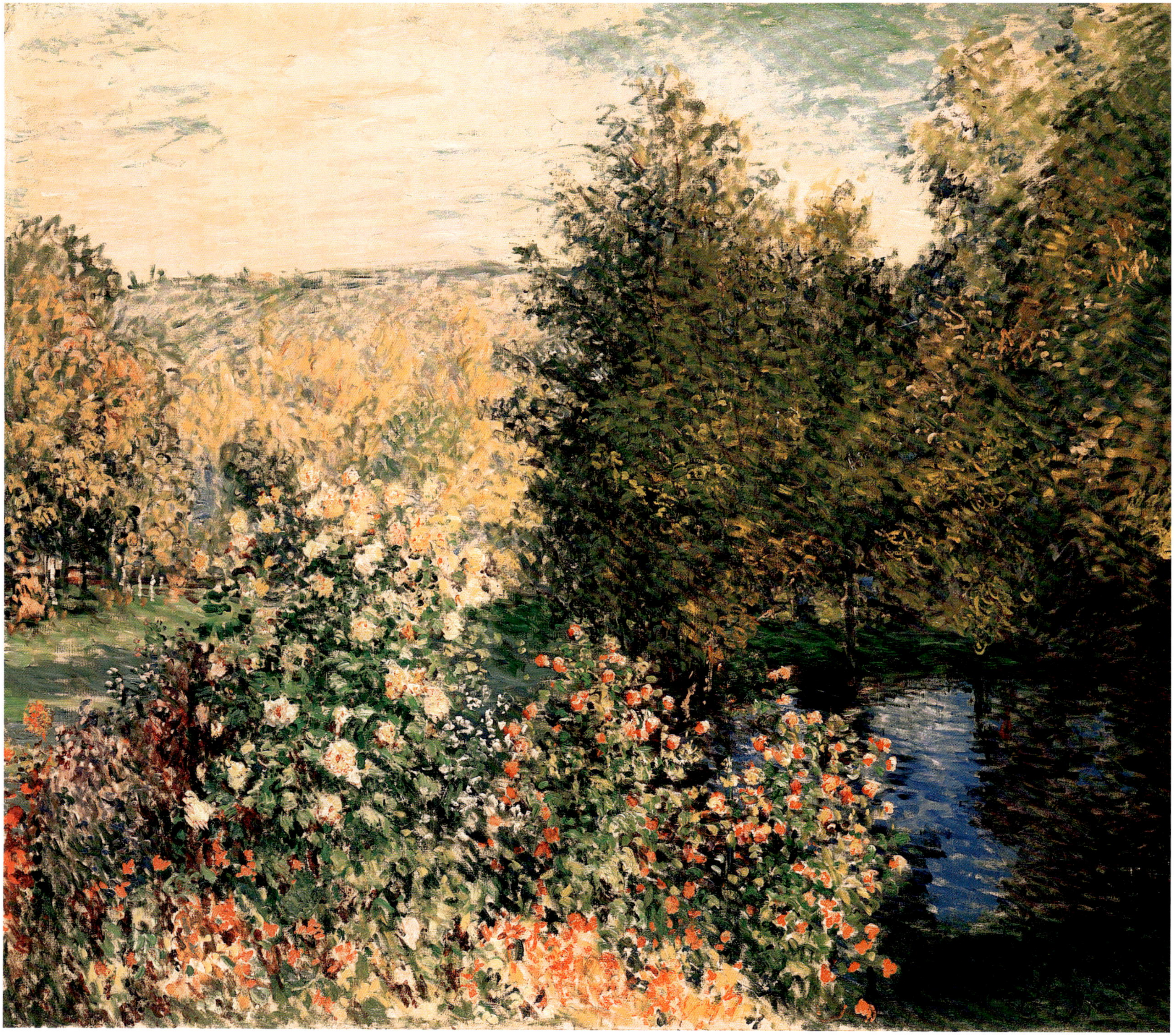

Coin du jardin à Montgeron, vers 1876.
Huile sur toile, 175 x 194 cm.
Musée de l'Ermitage, Saint-Pétersbourg.

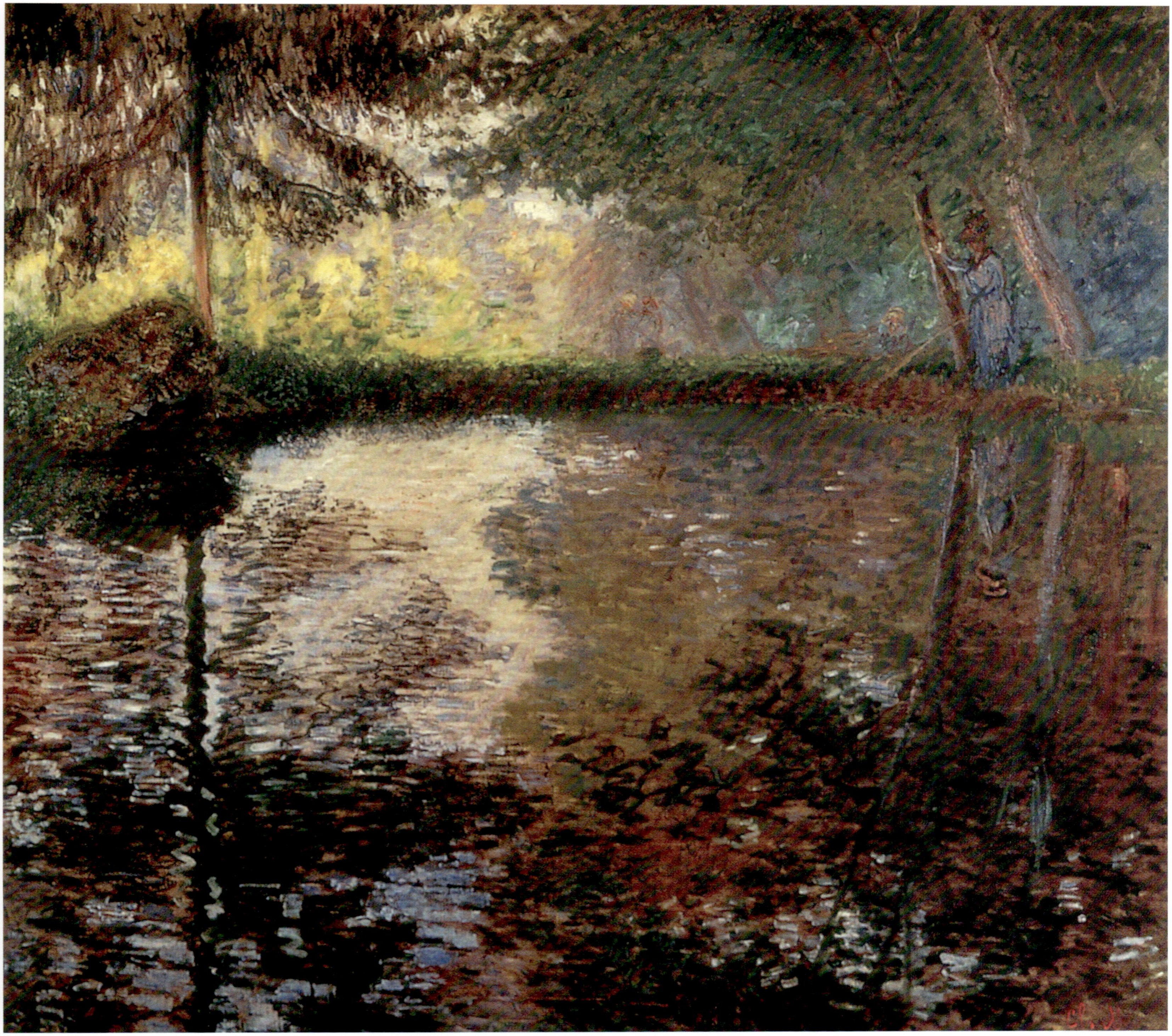

L'Étang à Montgeron, vers 1876.
Huile sur toile, 173 x 194 cm.
Musée de l'Ermitage, Saint-Pétersbourg.

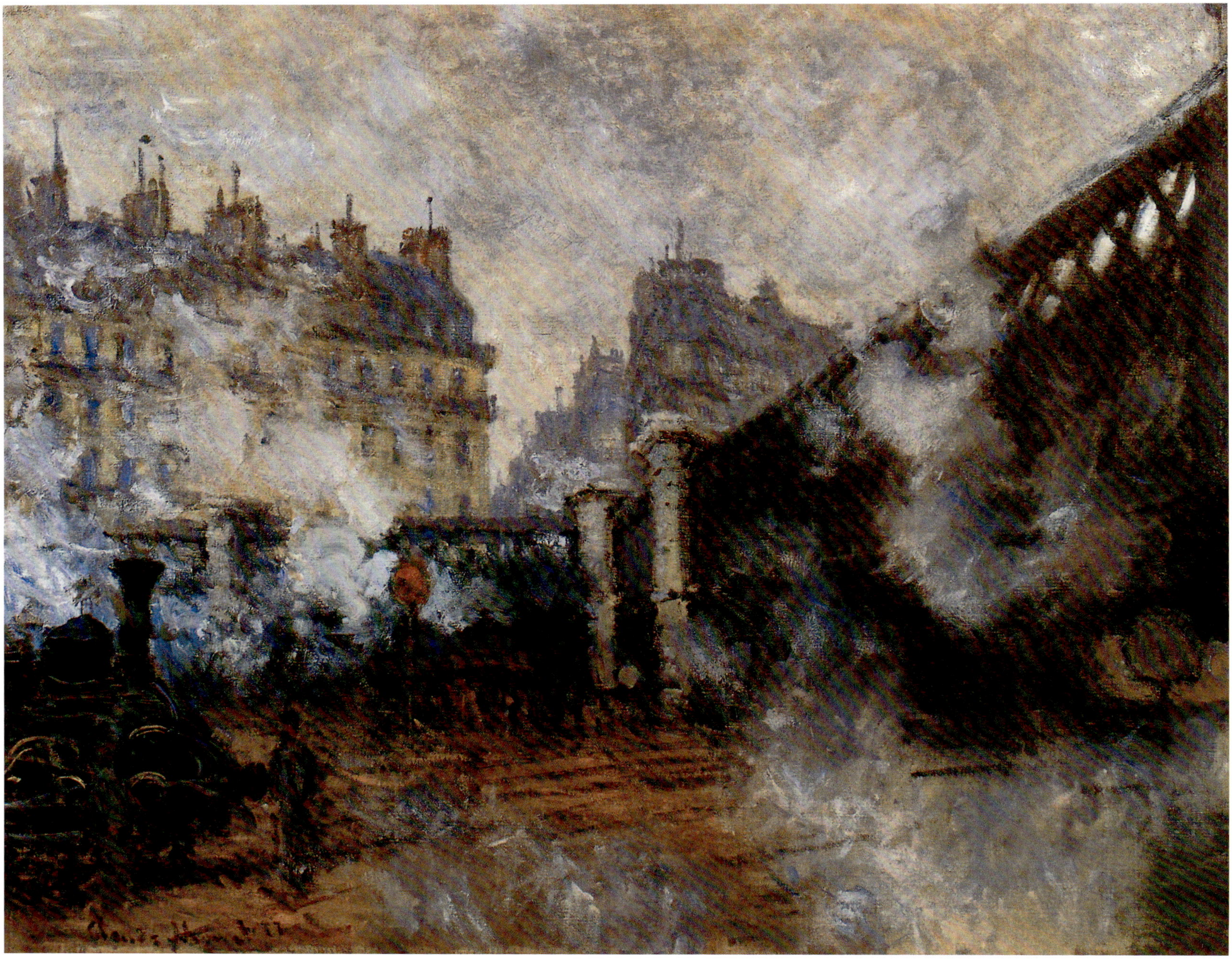

les accalmies de la terre bourdonnante, l'heureux éclair des visions les plus grandioses comme des plus ténues.

Dans le miroir de son étang, parmi les lourdes dalles du feuillage aquatique cernées des nuages, sursaute un éclat de pétales en proie aux reptations de la nuée d'où surgira tour à tour la flamme des eaux ou la splendeur des apaisements célestes. C'est là que Monet venait chercher l'affinement des sensations les plus aiguës. Pendant des heures, il restait là, sans mouvement, sans voix, dans son fauteuil, fouillant de ses regards, cherchant à lire dans leurs reflets, ces dessous des choses, éclairés au passage, des lueurs insaisissables où se dérobent les mystères. Le dédain de la parole pour affronter le silence des fugitives harmonies. Voir, n'était-ce pas comprendre ? Et, pour voir rien que d'apprendre à regarder. Regarder au-dehors, au-dedans, regarder de toutes parts, pour exalter les sensations de l'homme dans tous les frémissements de l'univers. L'eau buvait la lumière, et la transposait, la sublimait au plus vif, avant de la retourner aux sensibilités rétiniennes étonnées de réactions inconnues.

Là gît, à proprement dire, le miracle des *Nymphéas* qui nous représente l'ordre des choses autrement que, jusqu'ici, nous ne l'avons observé. Rapports nouveaux, lumières nouvelles. Aspects toujours changeants d'un univers qui s'ignore, et cependant s'exprime en nos sensations. Nous admettre à des émotions inconnues jusque-là, n'est-ce pas obtenir de l'Infini muet de nouveaux états d'assimilation ? N'est-ce pas pénétrer plus avant dans le monde lui-même, dans le monde impénétrable ? Voilà ce qu'a découvert Monet en regardant le ciel dans l'eau de son jardin. Et voilà ce qu'à notre tour, il prétend nous révéler. Beaucoup d'humains seront rebelles, la plupart indifférents. « Un public, dira-t-on, n'est pas beaucoup plus qu'un bruit de méconnaissances. » À tout hasard, soyons reconnaissants des silences qui sont parfois l'une des premières formes de l'admiration.

De l'exécution, je ne veux rien dire encore. Elle est ce qu'elle ne pouvait pas ne pas être, puisqu'elle nous donne l'extase d'un développement de réalités. Cette émotion, qui ne l'a ressentie, même sans la bien comprendre tout d'abord, devant le coup de théâtre des *Nymphéas* ?

Dans l'ensemble, toutes dispositions du monde universel tiennent de trop près à celles qui nous meuvent pour se manifester autrement que par des correspondances d'activités – parfois trop distantes pour que nous puissions, aisément, en saisir les liens. Il le faudrait cependant, puisque notre conscience des choses n'est rien que l'image réfléchie du monde par l'humaine sensibilité au passage des spectacles que nous figurent le jeu de nos sensations. Qu'en conclure, sinon qu'il y a autant d'aspects du monde que de temps de réactivités, qui, d'ailleurs, se confondent dans l'éclair des ondes universelles où notre évolution peut nous laisser les chances d'un discernement progressif. C'est l'heureux caractère de ces images (avec leur marge d'inconnu), qu'elles nous révèlent les liaisons universelles des antécédences à des successions de conséquences qui sont éternellement en chemin.

Le Pont de l'Europe, gare Saint-Lazare, 1877.
Huile sur toile, 64 x 81 cm.
Musée Marmottan, Paris.

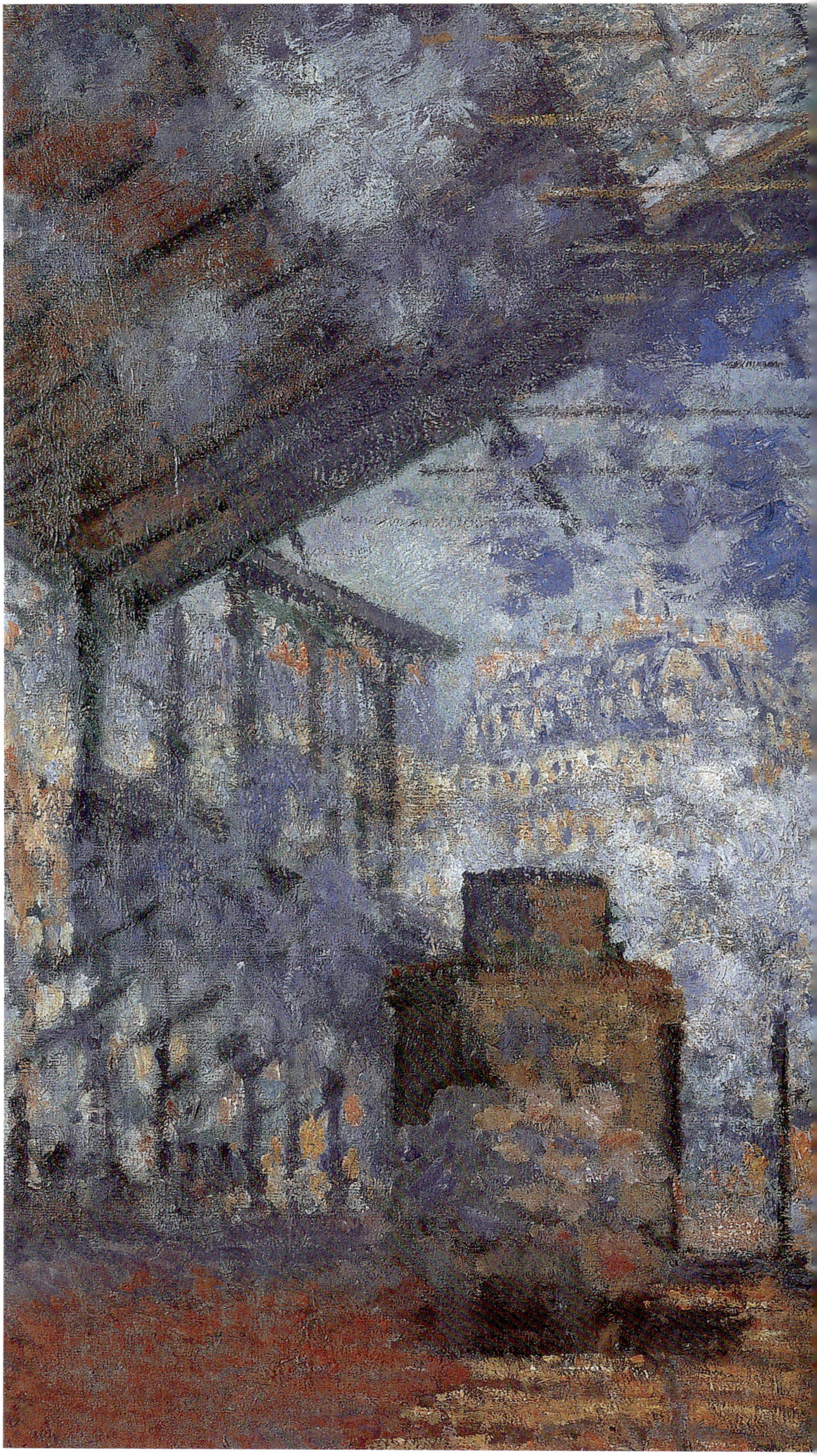

La Gare Saint-Lazare, 1877.
Huile sur toile, 75 x 105 cm.
Musée d'Orsay, Paris.

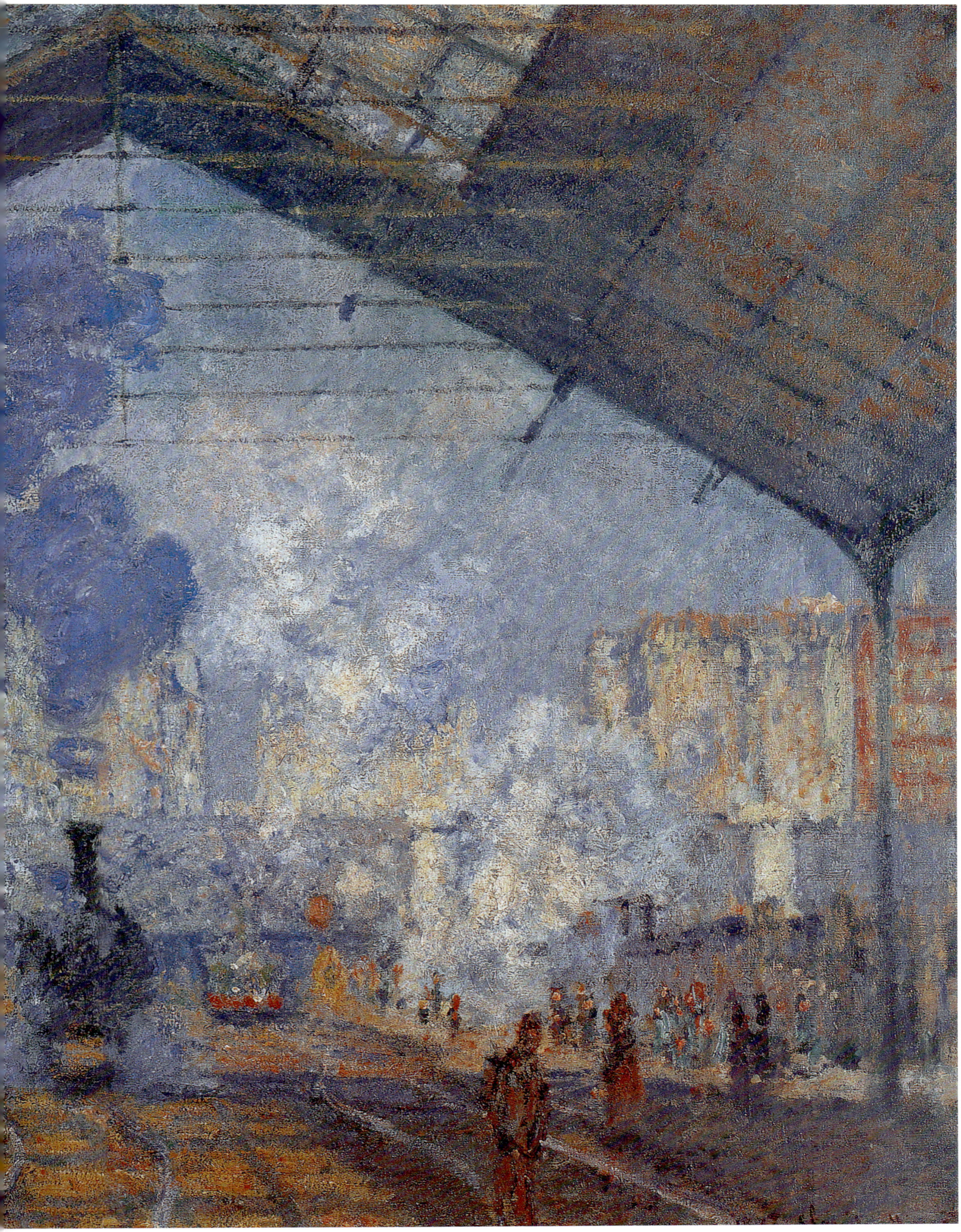

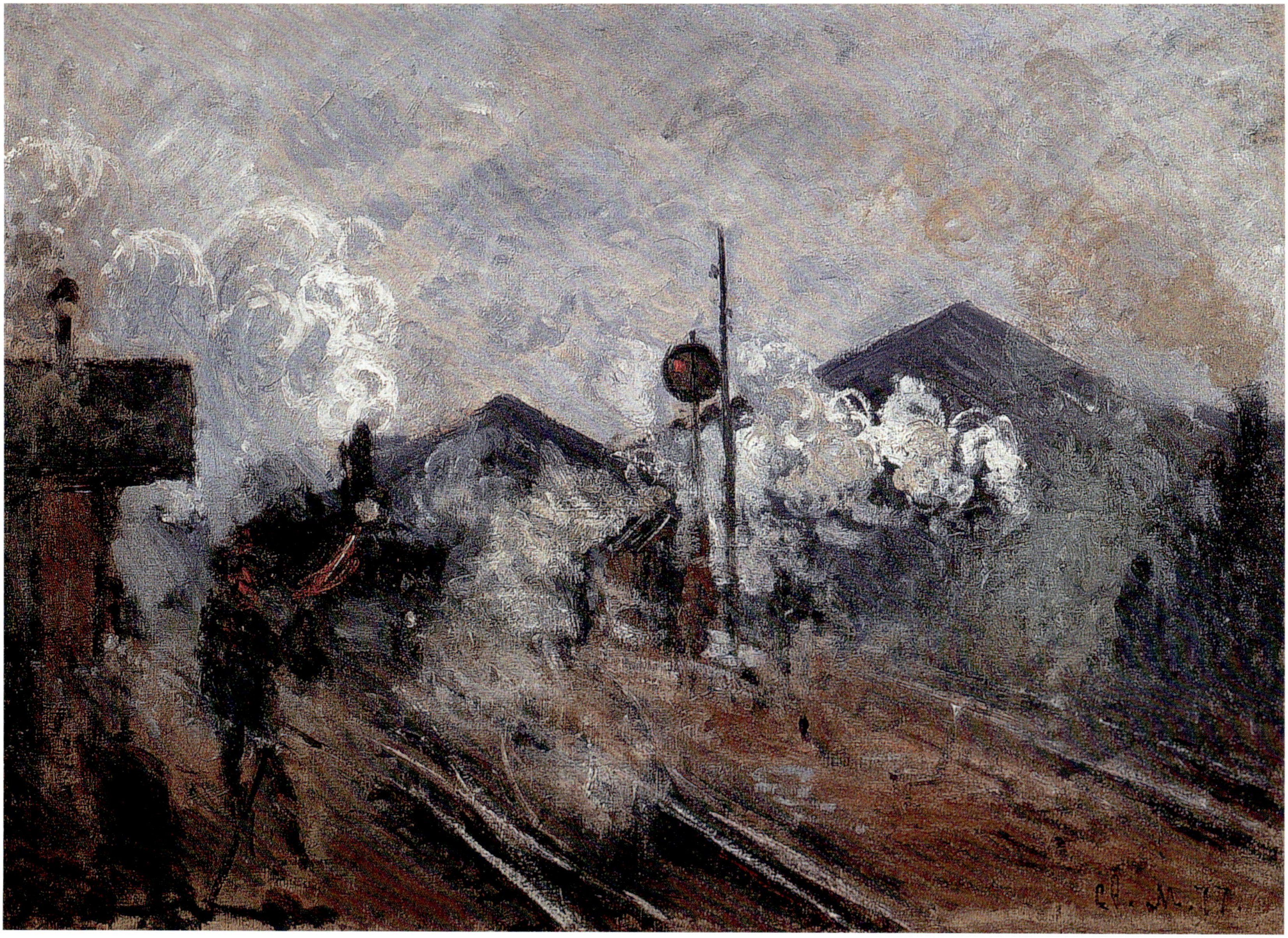

Les Voies à la sortie de la gare Saint-Lazare, 1877.
Huile sur toile, 60 x 80 cm.
Collection privée, Japon.

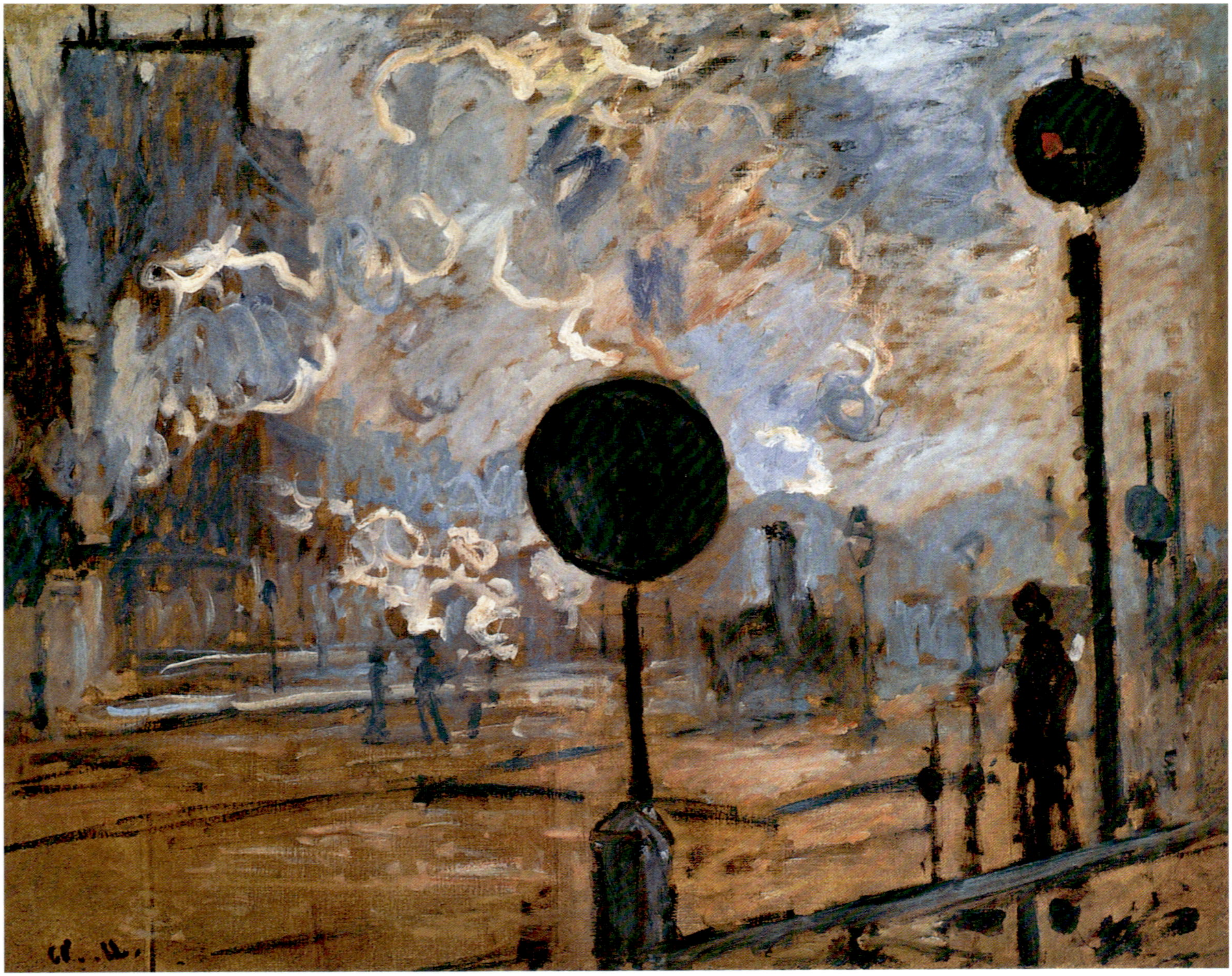

La Gare Saint-Lazare.
Les signaux, 1877.
Huile sur toile, 65,5 x 81,5 cm.
Niedersächsisches Landesmuseum,
Hanovre.

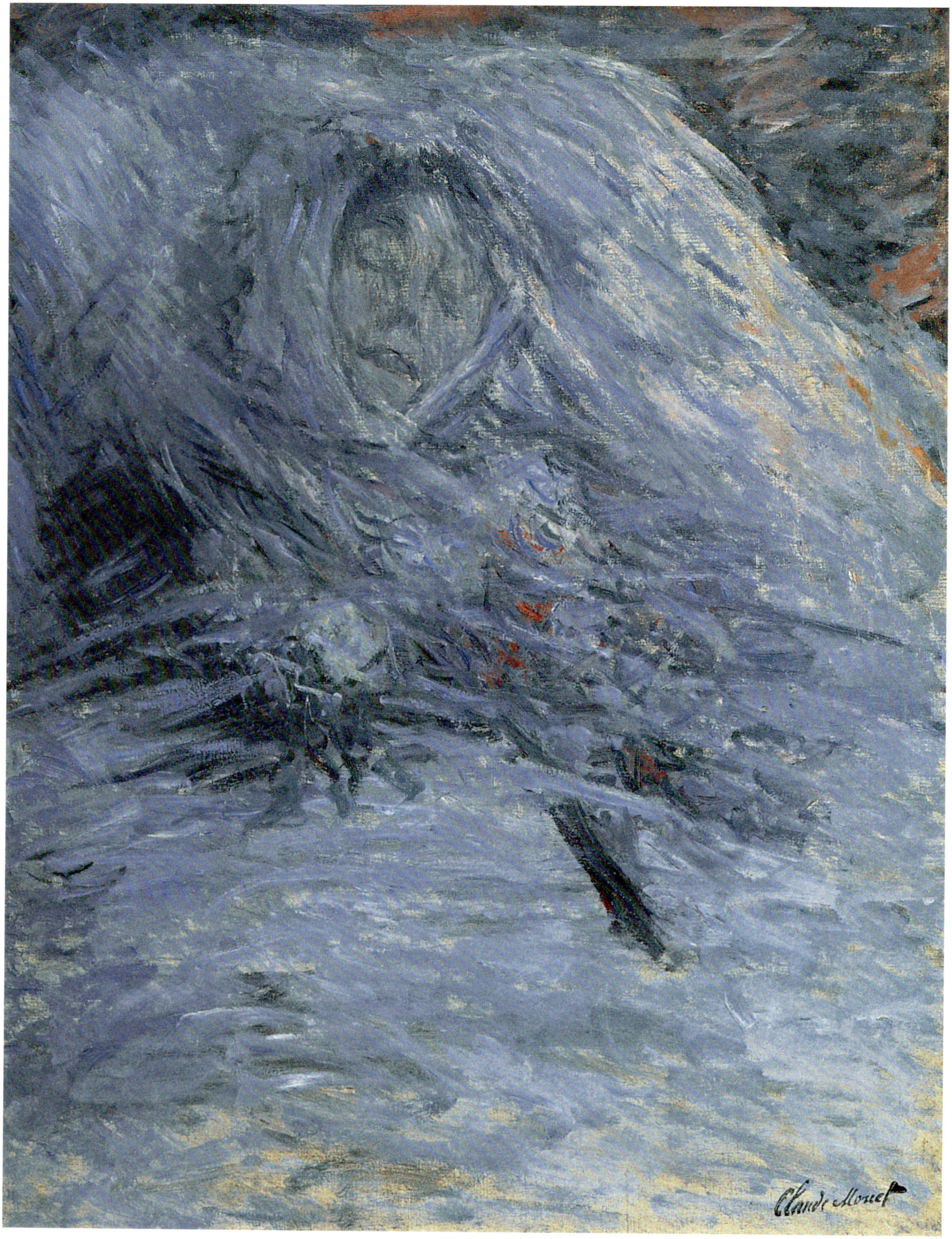
Claude Monet

de notre intelligence, ce n'est qu'à grand'peine et après de longs âges, que nous arrivons, sur quelques points, à nous accorder. En revanche, si notre sensibilité, au lieu de s'ordonner pour suivre son cours vers des déterminations de rapports qui font la connaissance, s'abandonne au plein de ses réactions, justes ou faussées, il en résultera des états d'émotion organique qui pourront, un jour, réunir magnifiquement les foules en des explosions d'enthousiasme commun, mais ne soutiendront pas longtemps l'épreuve de la durée. C'est dans le résidu de ces flambées d'émotions passagères, qui exercent momentanément sur nous un si puissant empire, que pourra se manifester, à la chance des jours, ce fonds commun d'opinions médiocres dont l'autorité est si vivement recherchée par la foule à titre de décisions infaillibles.

Qu'est-ce donc que ce *public d'art*, qui ne diffère de celui de la science que parce que ce dernier est tenu d'analyser son jugement, dans un cadre d'objectivité, tandis que le porteur d'interprétations émotives est admis à n'invoquer que la simple satisfaction de sa propre sensibilité ? D'où la topique réponse de Sainte-Beuve à Chateaubriand apologiste de la foi : *Il ne s'agit pas de savoir SI C'EST BEAU. Il s'agit de savoir SI C'EST VRAI.*

L'homme primitif, que prolonge si remarquablement notre théologie, nous fournit encore aujourd'hui sur le monde et sur l'homme lui-même, des jugements périmés auxquels la plupart de nos contemporains attachent plus de prix qu'aux observations positives les plus sûrement vérifiées. Le prétendu « juge » peut être de jugement sain. Il peut être de jugement faussé. Il peut avoir des éléments de connaissance ou en être totalement dépourvu. Un jugement d'instinct peut rencontrer juste, aussi bien que se laisser dévoyer. Il est soumis lui-même à des critiques hasardeuses dont l'accumulation, pour beaucoup, tiendra lieu de vérité. Quelles sommes d'ignorances, de méconnaissances, et de connaissances faut-il donc associer pour un jugement « autorisé » ?

Le public à l'intention duquel se préparait Monet, était d'esprit romantique, c'est-à-dire de cette sorte d'esthètes qui n'admettent pas la nature sans un apprêt d'humanité. Il faut bien qu'il y ait de nous dans nos compréhensions de rapports élémentaires, puisque le monde infini est à l'homme ce que l'absolu est à la relativité. Mais cela ne me paraît pas nécessairement une raison pour des fioritures de subjectivité. Quand un névrosé me propose de régler l'univers à la fantaisie de ses décrets, je me réfugie d'abord dans la sagesse qui me paraît être d'accepter l'univers tel qu'il est.

Le « public » de Monet avait admiré de grands peintres qui, dans l'interprétation de la lumière, demeuraient loin des sensations de nos présentes journées. De ce public, dont il avait besoin, pourtant, Monet ne s'occupait guère – tout entier à l'idée de rester fidèle aux élans de son inspiration. J'ai toujours présentes à la mémoire ses premières ébauches du port du Havre, et j'ai gardé très nette la surprise de cet état nouveau de lumière d'où nous venait une sensation de vibrante réalité. Rien encore ne permettait de prévoir quels chemins allaient s'ouvrir à l'anxiété douloureuse du regard interrogateur. Puissant dans la synthèse, Monet disposait librement de la somme

Camille sur son lit de mort, 1879.
Huile sur toile, 90 x 68 cm.
Musée d'Orsay, Paris.

d'analyse nécessaire à la mise en place des matériaux de ses constructions de lumières. On le vit bien dès les premières ébauches havraises que nous retrouverons bientôt sous le marteau du commissaire-priseur.

C'est au Quartier Latin que je fis sa connaissance. Mes aventures de l'hôpital à Mazas me tenaient fort occupé. Il peignait je ne sais où. Nous fûmes vite en sympathie. Mais nos rencontres n'étaient pas fréquentes. Des amis communs nous réunissaient quelquefois. Le docteur Paul Dubois, de Nantes, qui alla s'installer rue de Maubeuge aussitôt sa thèse passée, Antonin Lafont, de Castelsarrasin, qui fut député de Paris. À ces deux camarades, il avait donné quelques marines. Déjà l'on se disait avec une pointe d'orgueil : « *C'est du Monet.* » Et ces paroles avaient un sens, car elles exprimaient l'étonnement, l'admiration même d'une brosse hardie, encore inexpérimentée, mais probe dans l'exécution, et prompte dans la mise au point de sa volonté.

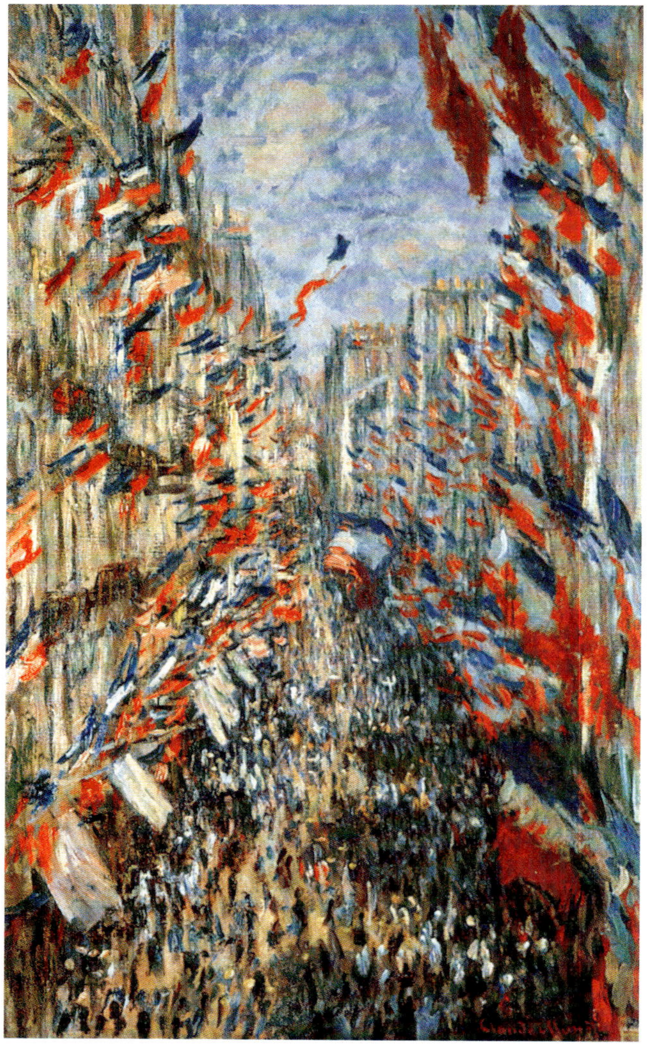

À la mort, tant regrettée, de notre cher ami, le docteur Paul Dubois, le mobilier dut passer par l'hôtel des ventes, et il me souvient qu'un frisson de surprise courut parmi les spectateurs quand un petit homme, d'aspect bourgeois, avec des yeux de diamant noir et un sourire d'intense satisfaction, se fit adjuger, sans concurrence, deux ébauches de Monet au prix de trois cents francs l'une, spontanément offerts avant que le commissaire-priseur en ait demandé une somme qui eût été certainement très inférieure. Chacun de regarder cet étrange Crésus avec une vive curiosité, tandis qu'après avoir réglé son compte, il se retirait en emportant sous son bras les deux tableaux que personne ne lui disputait.

Bientôt on sut le nom du personnage. Ce n'était rien de moins que M. Durand-Ruel, bien connu comme un de nos plus fins experts en matière de peinture, dont l'acte ne se pouvait expliquer que par le dessein de maintenir, dès ce jour, un tarif au-dessous duquel il avait résolu de ne pas laisser descendre le nom d'un artiste dont il pressentait l'avenir. Monet avait fait sa connaissance en 1870 à Londres, présenté par Daubigny.

Conservateur passionné dans l'ordre des idées générales, M. Durand-Ruel était et demeura résolument novateur en matière de peinture. Le sens aigu de la lumière qui le caractérisait avait pressenti le futur peintre des meules changeantes à cette jeune intrépidité du pinceau qui balançait si résolument les cheminées rouges sur la houle à l'entrée du port. Entraîné par une incomparable sûreté de jugement, Durand-Ruel, d'une audace qui correspondait à celle de l'artiste lui-même, *entreprit* « l'exploitation artistique » du futur chef de l'école dite « *impressionniste* » d'après un tableau du soleil couchant intitulé « *Impression* ». Monet, alors, avait trente ans.

La Rue Montorgueil, à Paris. Fête du 30 juin 1878, 1878.
Huile sur toile, 81 x 50 cm.
Musée d'Orsay, Paris.

La Rue Saint-Denis, fête du 30 juin 1878, vers 1878.
Huile sur toile, 102 x 74 cm.
Musée des Beaux-Arts, Rouen.

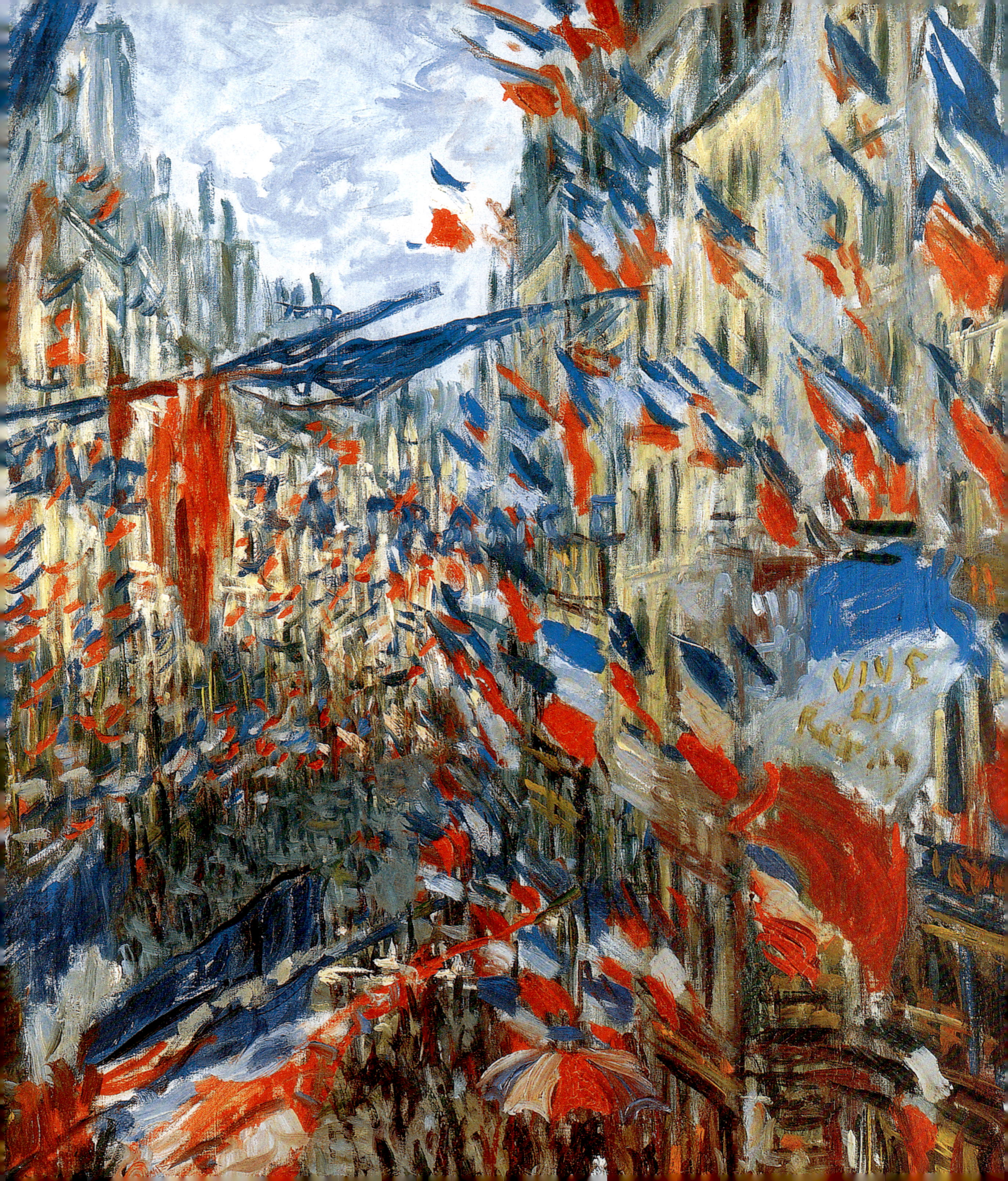
VIVE

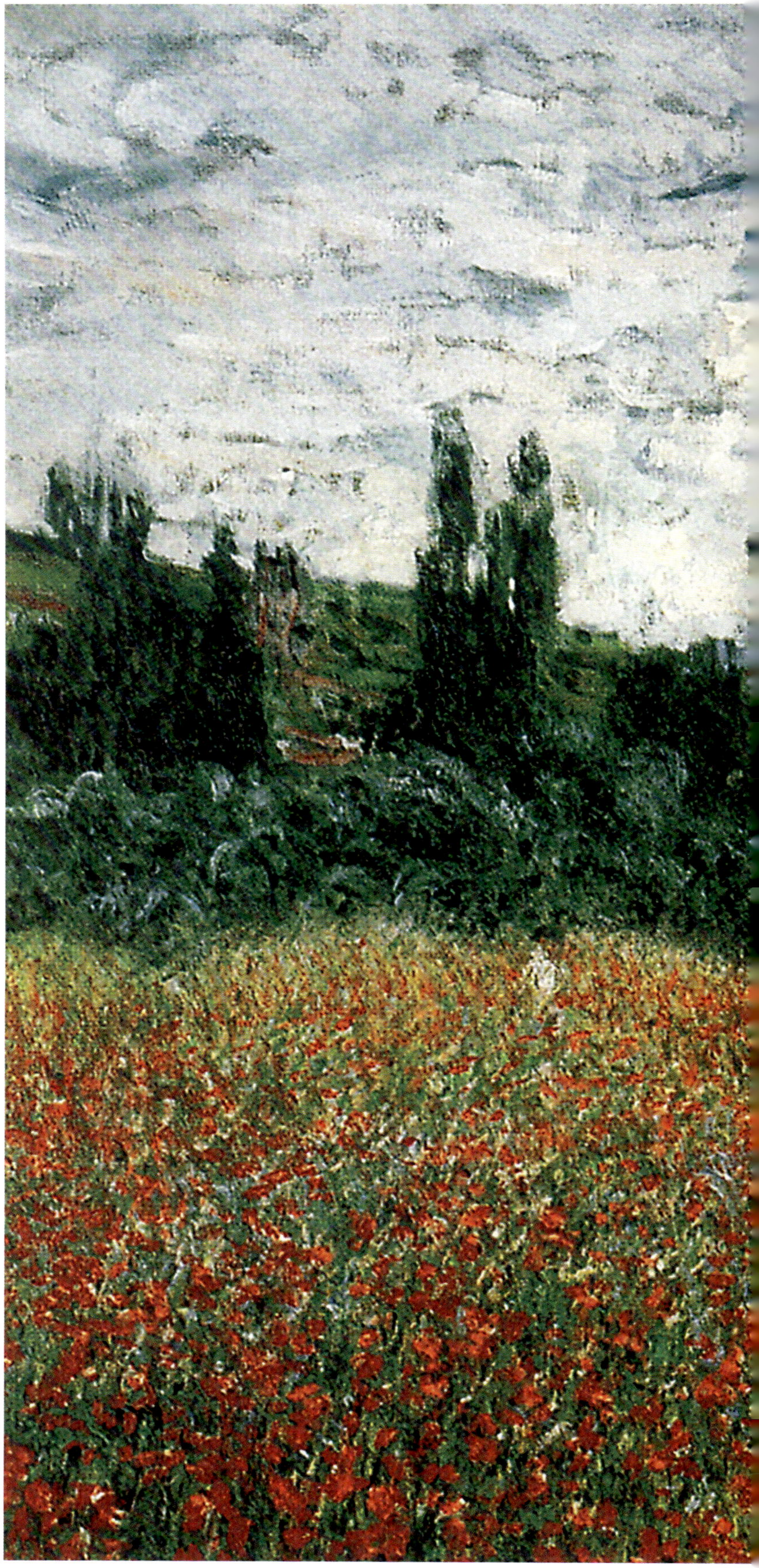

Champ de coquelicots près de Vétheuil, 1879.
Huile sur toile, 70 x 90 cm.
Collection E. G. Bührle, Zurich.

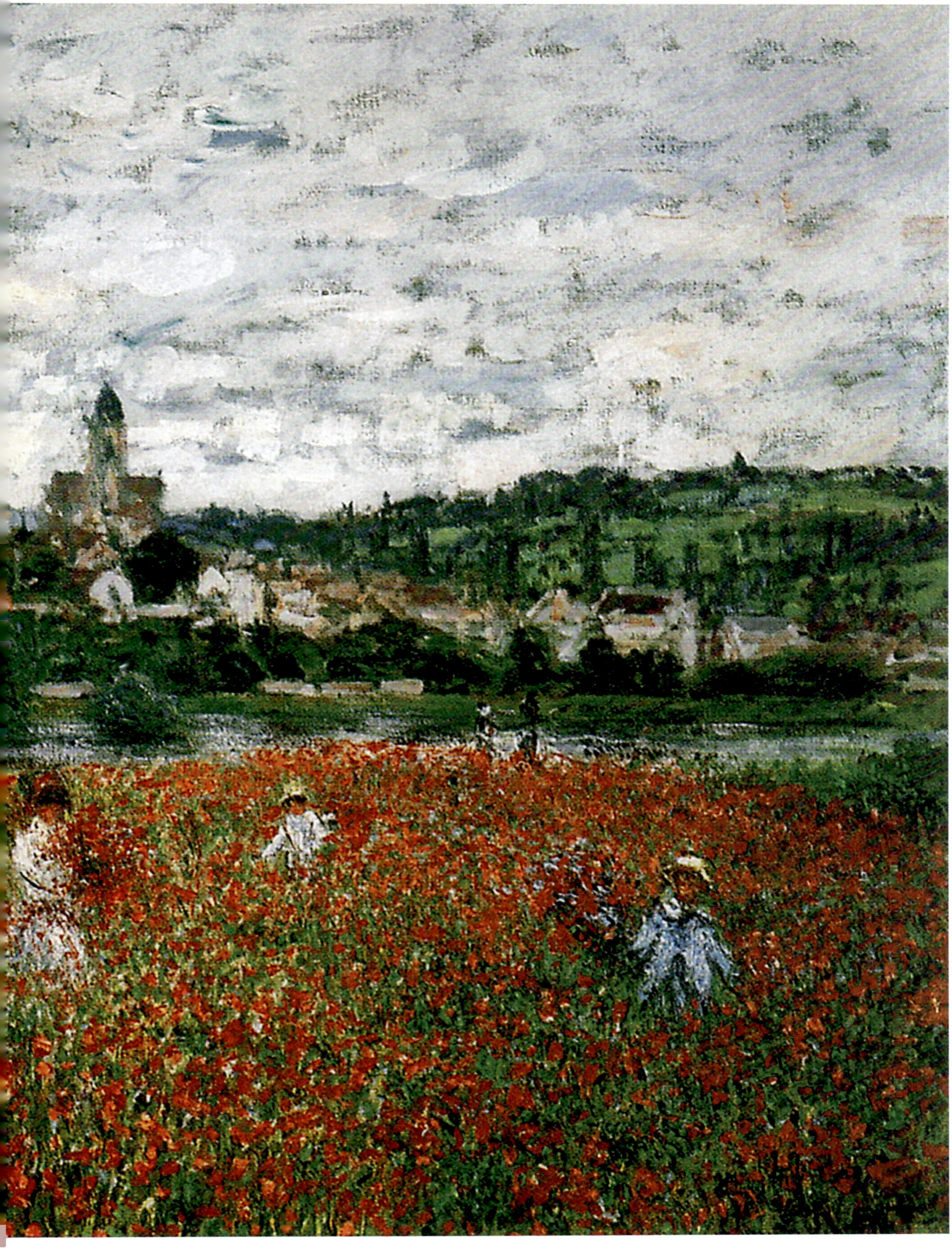

L'expert et l'artiste se lièrent d'amitié. Grâce à quoi Monet put s'abandonner librement à des inspirations qui devaient le porter au plus haut de son art. Qui sait ? L'obstinée persévérance du peintre eût peut-être rencontré quelque coup de fortune sous la forme d'un admirateur faisant autorité. Mais peut-être aussi Monet se serait-il vu condamné à entasser des chefs-d'œuvre dont le mérite n'aurait été reconnu qu'après sa mort.

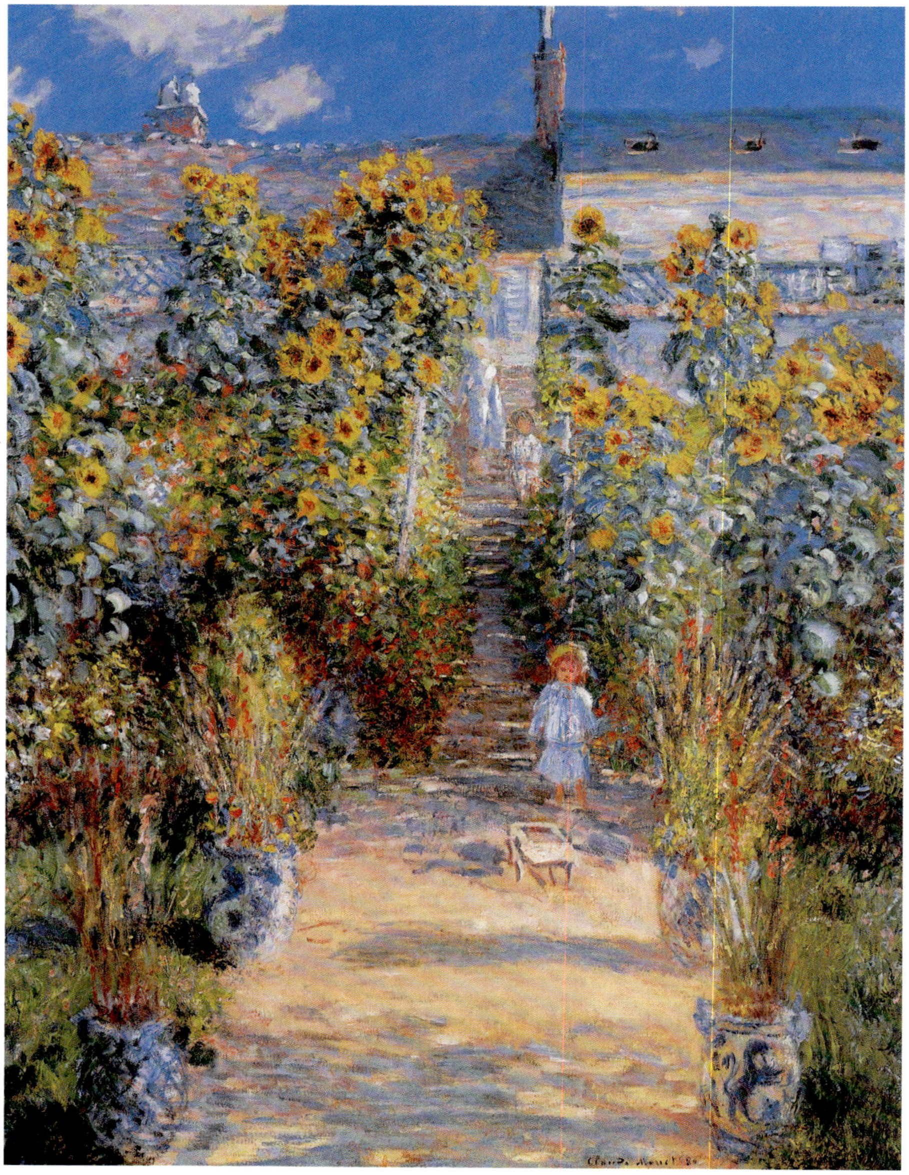

Le Jardin de Monet à Vétheuil, 1880.
Huile sur toile, 151,5 x 121 cm.
National Gallery of Art,
Washington, D. C.

La confiance en soi, qui caractérise le génie, n'exclut pas toujours, comme on pourrait croire, un besoin (parfois maladif) de l'approbation extérieure. C'est une question de mesure. Monet n'avait pas besoin du public pour juger personnellement son œuvre. Mais le plus grand peintre ne peint pas exclusivement pour lui-même, et, puisque son organisme rétinien évolue, comme tous autres, en correspondance d'un public plus ou moins éclairé, il est inévitable qu'une moyenne d'accords s'établisse, avec le temps, sur son nom. Le point décisif est que, le temps, c'est, pour nous, de la vie qui tombe, sans compter, au sablier de l'éternel écoulement, et que ce qui nous en échappe ne nous sera pas retourné. Le temps, c'est de la joie appelée qui s'enfuit au moment d'apparaître. C'est de la douleur, aussi, qu'on n'évite, au passage, qu'à la condition de la retrouver plus tard là où on ne l'attendait pas.

L'homme anxieux de vivre avant tout, de lui-même, est supposé faire injure à la majorité de ses contemporains, qui, pour la plupart, ont besoin d'autrui pour se faire utilitairement une moyenne de vie neutre, sans choquer ceux qui, par de trop bonnes raisons, n'offensent qui que ce soit de leur personnalité. De quels tourments Durand-Ruel sauva Monet en lui permettant, d'être et de demeurer lui-même à travers toutes entreprises des coalitions de médiocrités ! Grâces lui soient rendues. Par lui, Monet ne fut pas seulement aidé d'achats. Au plus fort de la bataille, quand le bon idéaliste sentait à ses côtés l'entrain de ferme confiance qui annonçait la foi en l'avenir, un réconfort des profondeurs enhardissait la brosse merveilleuse qui ne pouvait conduire son œuvre qu'à la condition d'oser toujours davantage, c'est-à-dire de n'atteindre jamais complètement le résultat cherché. Le plus beau succès s'enveloppe souvent d'un tissu de revers. Le soldat qui s'attarde à ses blessures a chance de ne pas connaître la plus belle victoire, celle qu'on remporte sur soi-même en fin de journée.

C'était déjà un très remarquable « succès ». Avant que Durand-Ruel, à l'hôtel des ventes, jetât sur le tapis ses trois cents francs pour une simple ébauche, la période initiale nous montre, à 50 francs l'un, le marché des tableaux de Monet. La somme infime ne permettant pas qu'on y inscrivît le bénéfice du marchand, il fallait que Monet allât offrir lui-même sa marchandise aux amateurs.

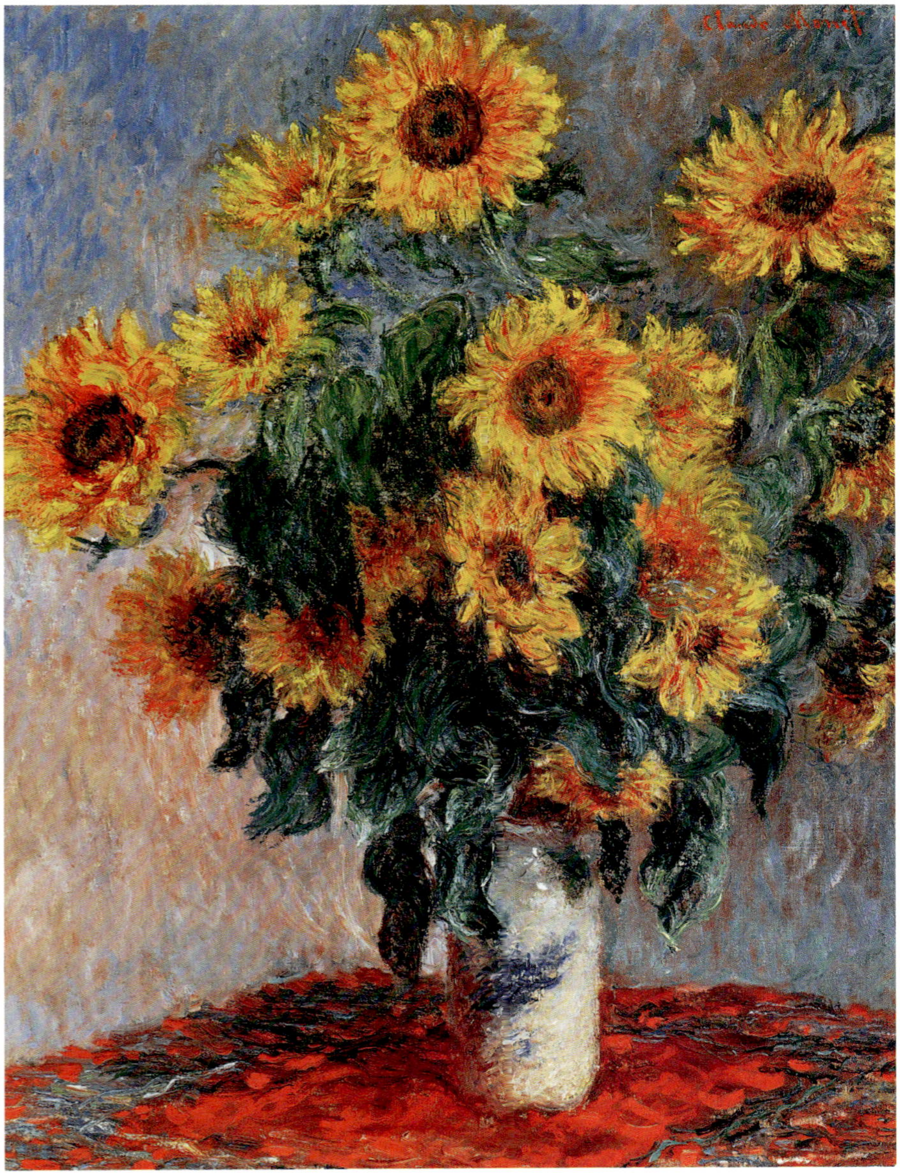

Y avait-il des amateurs ? Eh oui, Paris est la ville des miracles. Il n'est pas de mouvements de la pensée qui n'y rencontre, avec de bruyants adversaires, des adeptes prêts à s'assimiler des vues nouvelles, pour se constituer, sous quelque nom d'apparat, en un groupe de « précurseurs ». Le nom d'Édouard Manet avait déjà retenti[3]. D'autres noms, qui sont devenus grands, allaient suivre. Il en survivra un beau bataillon d'art qui sera l'honneur de notre pays, Manet, Boudin, Monet, Renoir, Pissarro, Sisley, Degas, Jongkind, Caillebotte, Cézanne, Berthe Morisot, miss Cassatt. À noter que Cézanne eut à lutter contre les résistances de Monet lui-même, qui finit par l'admettre aux honneurs de sa chambre, où figuraient en belle place des œuvres éminentes de ses camarades de combat. Le moins qu'on puisse dire, c'est que l'enseignement de l'école « impressionniste », dont Claude Monet se trouva le chef, domina l'ensemble des productions artistiques de ce temps.

Personne ne se serait avisé d'un tel jugement quand le peintre allait, de porte en porte, chez l'amateur, promener ses panneaux hasardeux. Pour 50 francs, vous aviez un Monet. Il y avait aussi beaucoup de braves gens qui se refusaient à la gloire de cette aventure. Et, cependant, de ces hâtifs morceaux de jeunesse, quelques-uns ont survécu que les musées se disputent aujourd'hui à des taux imprévus.

Au premier rang des clients bourgeois de la jeune, école, se trouvait Faure, le baryton bien connu, qui soignait une réputation de « connaisseur en peinture »

Bouquet de tournesols, 1881.
Huile sur toile, 101 x 81,3 cm.
The Metropolitan Museum of Art,
New York.

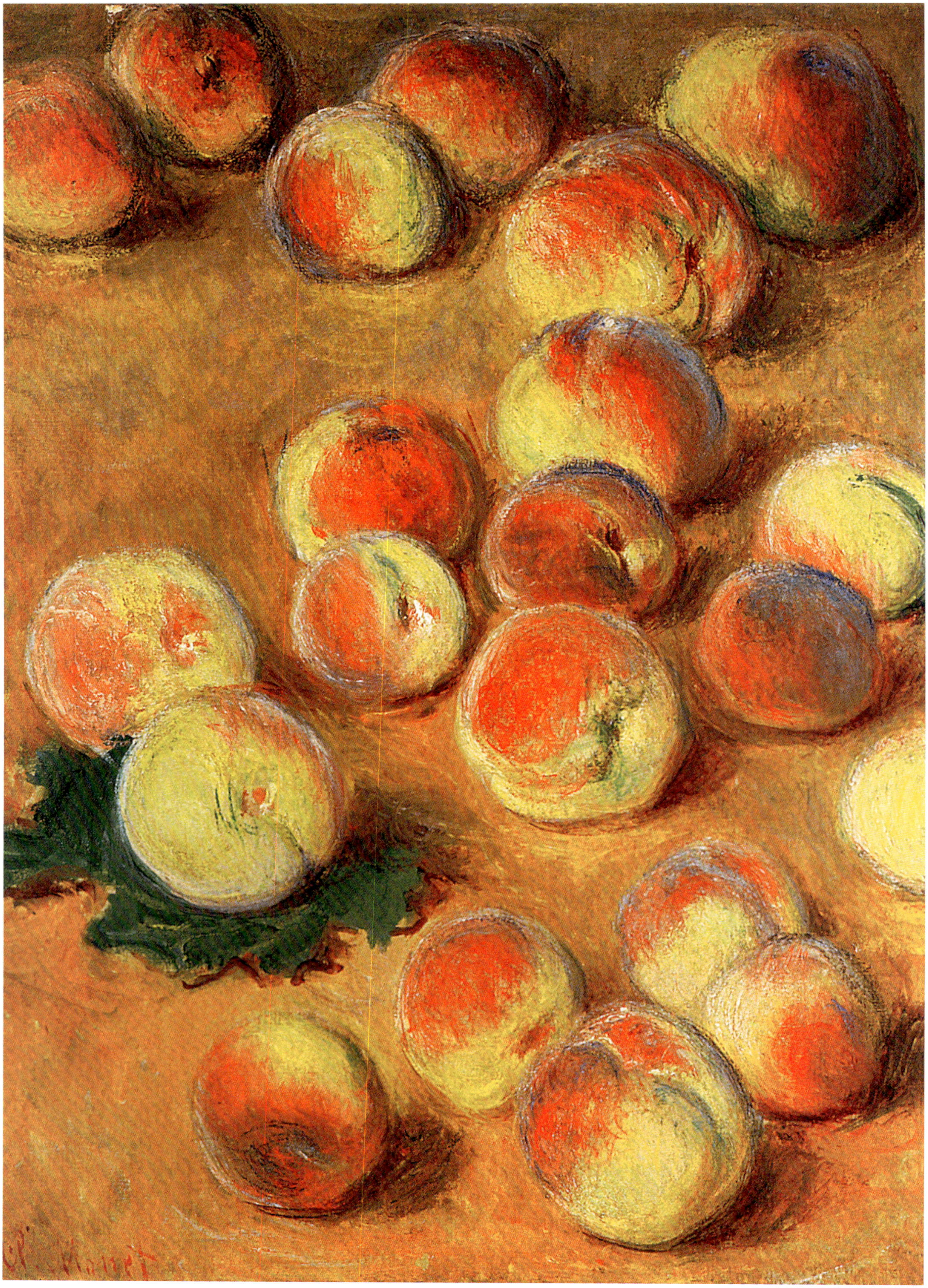

laborieusement acquise dans le monde qui va des abonnés aux étoiles de l'Opéra. L'excellent homme en était au point de pouvoir impunément se permettre des fantaisies, et la plus explicable de toutes était naturellement de quelques traits de singularité en dehors des conventions du jour. Il choisit *l'école impressionniste* pour l'objet de son enthousiasme, et devint le protecteur, et même « l'ami », des principaux « maîtres ». Il possédait de beaux Manet qui ne l'avaient pas ruiné, et misait quelquefois sur de simples Monet, pour donner du relief à sa mécénienne bienveillance. À cet effet, le bon Claude Monet venait, de temps à autre, chez son célèbre client lui offrir des toiles, à 50 francs l'une, dont le grand baryton faisait emplette quand il était dans ses bons jours.

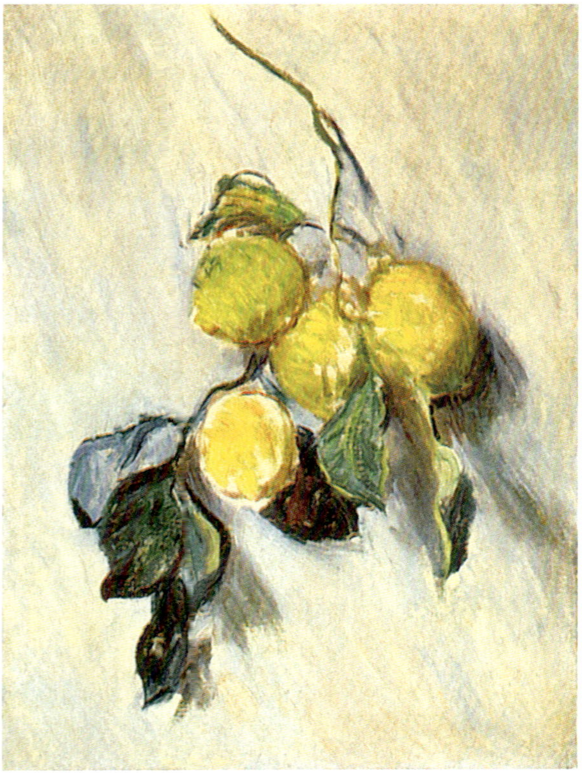

Un beau matin, l'artiste se présente sans bruit, son tableau sous le bras, chez le glorieux acheteur. Faure était bienveillant et d'accueil aimable.

- Je suis content de vous voir, cher ami, surtout si vous m'apportez un chef-d'œuvre.

- Je ne sais pas. J'ai fait de mon mieux.

- Voyons. Ah ! ah ! Mais ce n'est pas ça du tout, mon cher enfant. Si j'achète vos tableaux sans marchander, c'est pour la peinture. Ici, il n'y a pas de peinture. Vous avez oublié, évidemment. Rien que de la toile, ce n'est pas assez. Remportez-moi ça. Mettez-y de la peinture, et je l'achèterai peut-être. Vous voyez que je suis bon garçon, hein ? Au fait, maintenant, vous pouvez bien me le dire. Qu'est-ce que vous croyez que ça représente ?

- Je ne crois pas. Je sais que ça représente le lever du soleil dans le brouillard de Vétheuil, sur la Seine. J'étais de bonne heure dans mon petit canot, attendant l'effet de lumière. Le soleil a paru, et moi, au risque de vous déplaire, j'ai peint ce que je voyais. C'est peut-être pour cela que vous ne l'aimez pas.

- Ah ! ah ! je comprends très bien maintenant. Il faut savoir. Ah ! oui, la Seine, et puis la brume qui, aux premières fusées de lumière, brouille la vue. On ne voit pas très bien. Mais c'est la faute du brouillard, n'est-ce pas ? Tout de même, il n'y a pas assez de peinture. Mettez un peu plus de peinture, et je suis bien capable d'acheter le tableau.

Monet, philosophe, rentre chez lui et met son panneau dans un coin, face au mur.

Six ans après, en 1879, il a un atelier où les « amateurs » lui rendent visite pour d'éventuelles revanches. Voici précisément Faure lui-même, en quête de « quelque chose » à sa convenance. *Le Lever du soleil à Vétheuil* est sur un chevalet.

- Ah ! vous avez là une assez jolie chose, cher ami. Une brume de clarté. L'église, les tourelles, les pavillons, les corniches de blancheurs qui percent la nuée... le village, qu'on ne voit pas, se reflète dans le fleuve. En voulez-vous six cents francs ?

Et Monet, redressé, tout vibrant :

Pêches, 1883.
Huile sur toile, 50,5 x 37 cm.
Collection privée.

Citrons, 1884.
Collection privée.

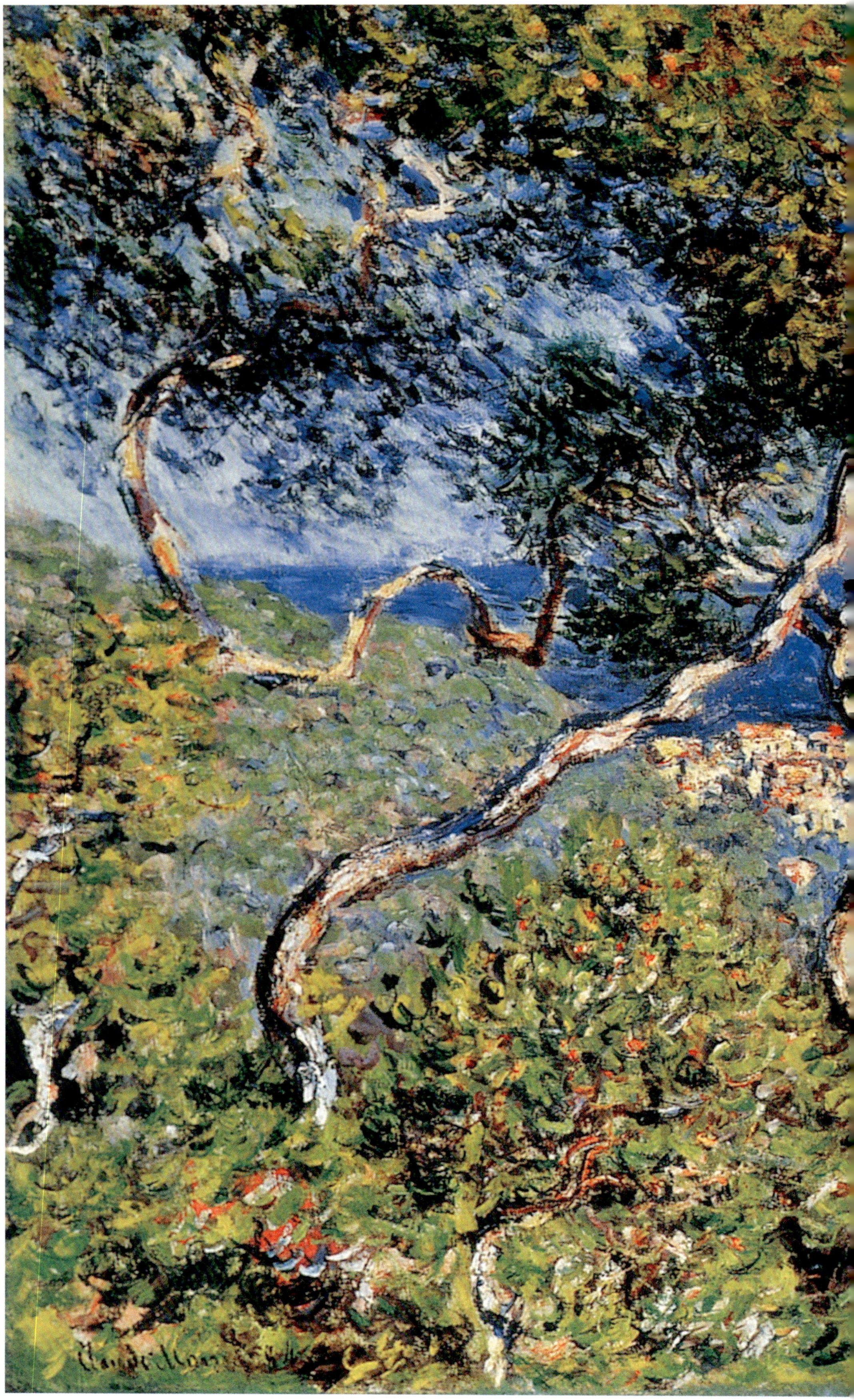

Bordighera, 1884.
Huile sur toile, 64,8 x 81,3 cm.
The Art Institute of Chicago, Chicago.

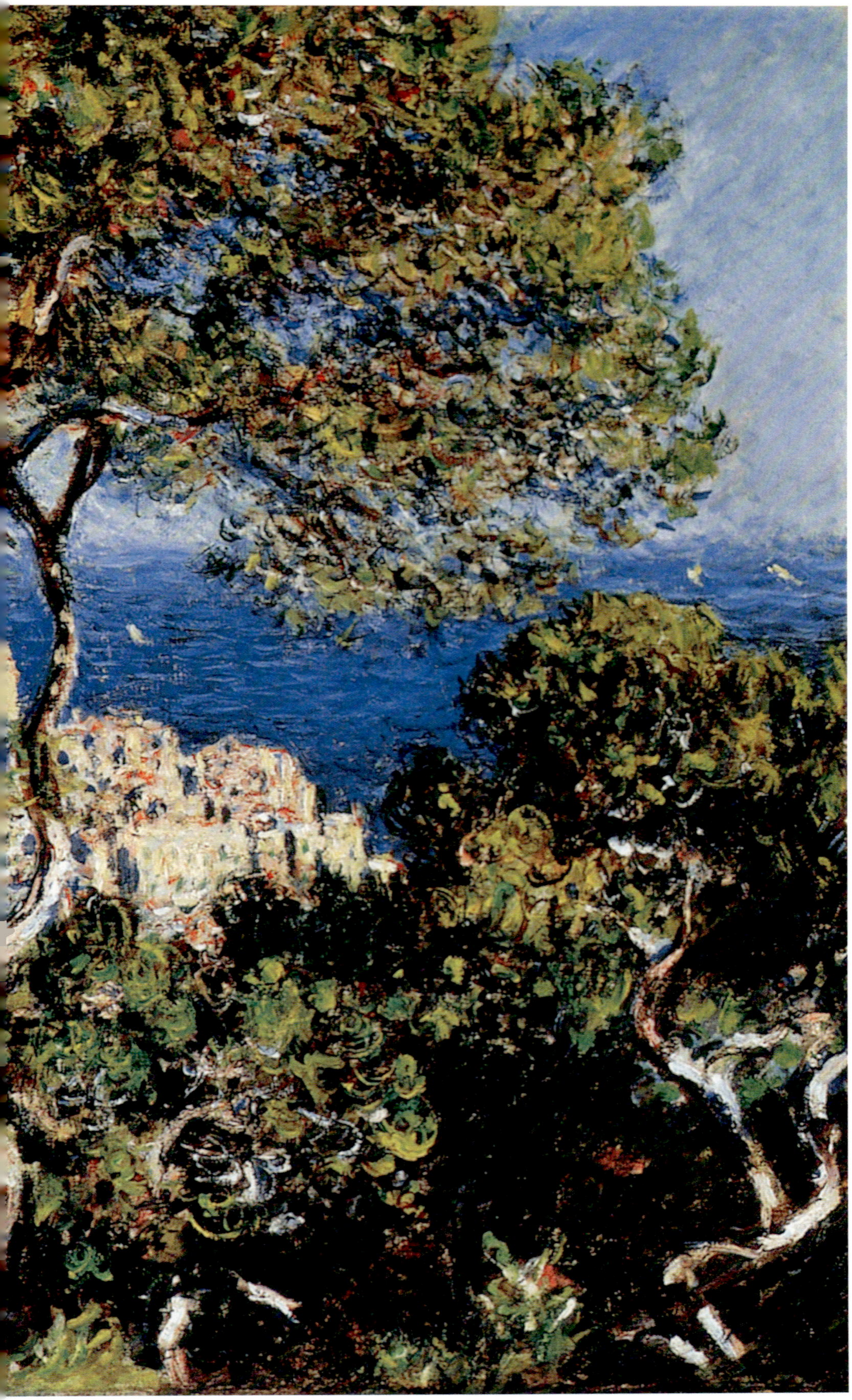

- Vous avez donc oublié que vous m'en avez refusé cinquante francs, il y a six ans. Eh bien, aujourd'hui, je vais vous dire une chose. Non seulement vous ne l'aurez pas pour 50 francs, ni pour 600, mais si vous m'en offriez 50 000 francs, vous ne l'auriez pas davantage.

Et le baryton s'en alla, dégonflé.

Ce qui fait le beau de l'histoire, c'est que le *Lever du soleil sur Vétheuil* est toujours là, l'artiste n'ayant jamais accepté de s'en défaire. Il est au mur de l'atelier du rez-de-chaussée, à Giverny, sous l'œil des visiteurs, pour attester la gloire historique de la toile rebutée. Monet avait trente-trois ans. Nous possédons là l'éclatant témoignage de la voie douloureuse du néant à l'apothéose, marquée d'étapes cruelles, où s'atteste l'incompréhension d'un public aveuglé, qui prétend juger en dernier ressort. Le plus précieux document sur les formations de notre peinture dans ses recherches laborieuses des plus subtiles dispersions de la lumière. *Le Lever du soleil sur Vétheuil*, avec ses reflets de brume et de blancheurs sur la Seine, se trouva le coup de clairon qui annonçait le lever du rideau sur l'étang des *Nymphéas*.

VI. La Lutte à outrance

Aujourd'hui, encore, après la bataille acharnée d'un demi-siècle, dont l'événement fut la révélation des *Nymphéas*, plus d'un œil « exercé » se rencontrera peut-être encore pour une suprême résistance aux fanfares de la victoire gagnée. Cela pourrait étonner quelques-uns. Puisque la fortune m'a permis d'en prendre mon infime part, comme spectateur, en quelques péripéties du combat, j'ai peut-être le droit de rappeler ce que fut cette lutte sans merci où les hommes tels que Monet, Degas, etc., s'engagèrent, pour la vie ou la mort, sous le feu des canonnades sauvages d'une troupe d'aveugles-nés, en guerre contre les rayons du soleil.

Considérez que Faure, qui refusait de payer 50 francs le *Lever du soleil sur Vétheuil*, était couvert d'injures pour ses achats précédents de toiles honnies. On oublie trop aisément ce que fut cette impitoyable mêlée où longtemps il parut que la fortune ennemie devait l'emporter de haute lutte sur des novateurs injuriés, bafoués, traités avec le dernier mépris par les critiques les plus autorisés du monde officiel, dispensateur des incongruités budgétaires. Il fallut une rencontre de circonstances particulières pour faire entrer l'*Olympia* au Louvre. On n'a peut-être pas oublié que l'*Enterrement à Ornans* demeura longtemps caché dans l'ombre d'un réduit obscur où les visiteurs de notre grand musée se trouvaient hors d'état de le découvrir. Un jour, passant avec Monet devant cet immortel chef-d'œuvre, je lui disais :

- Eh bien, moi, si après tout ce que nous venons de voir, on me permettait d'emporter une toile, c'est celle-ci que je choisirais.

- Et moi, répondit-il tout d'un trait, ce serait l'*Embarquement pour Cythère*.

Trois Bateaux de pêche, 1886.
Huile sur toile, 73 x 92,5 cm.
Szépművészeti Múzeum, Budapest.

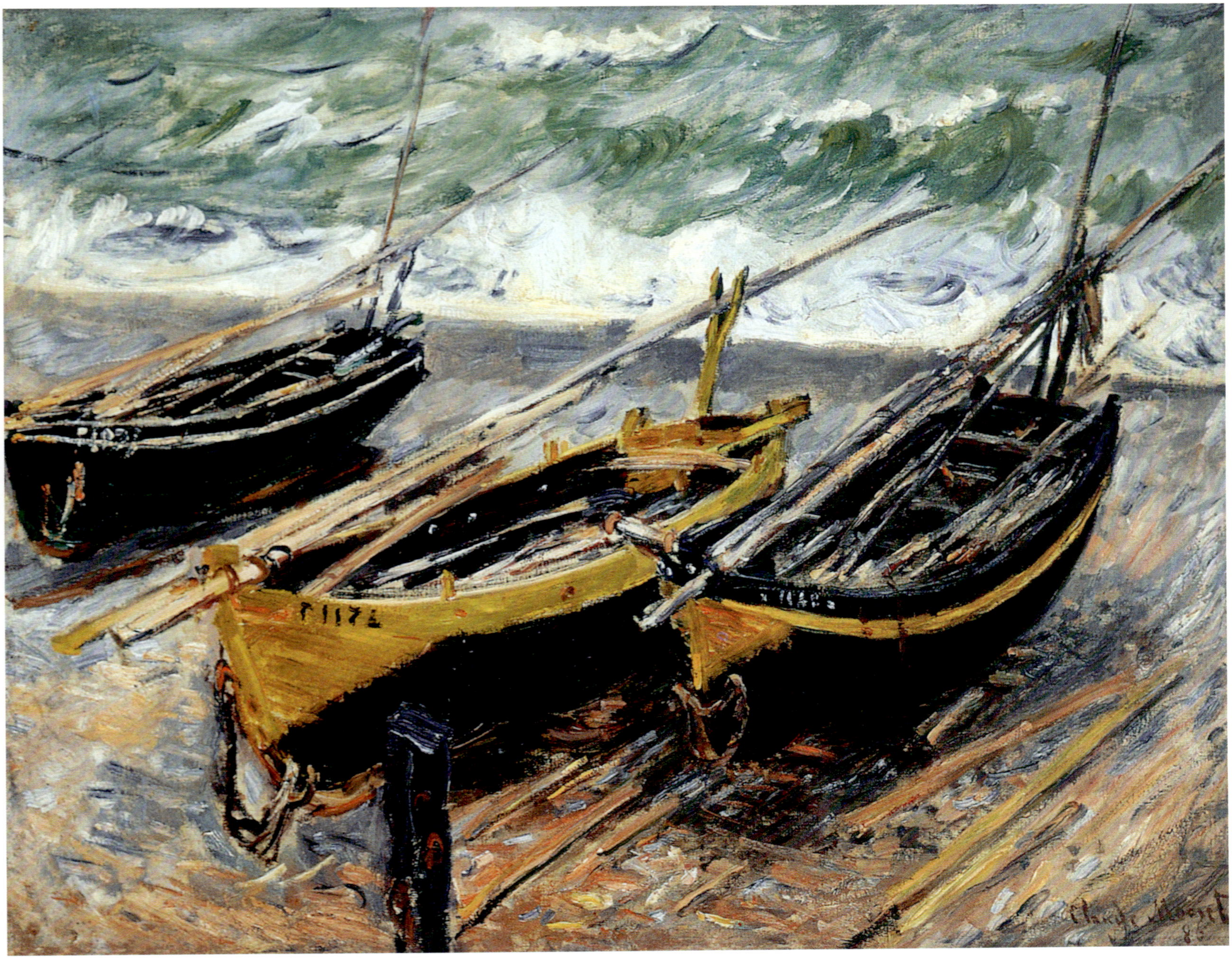

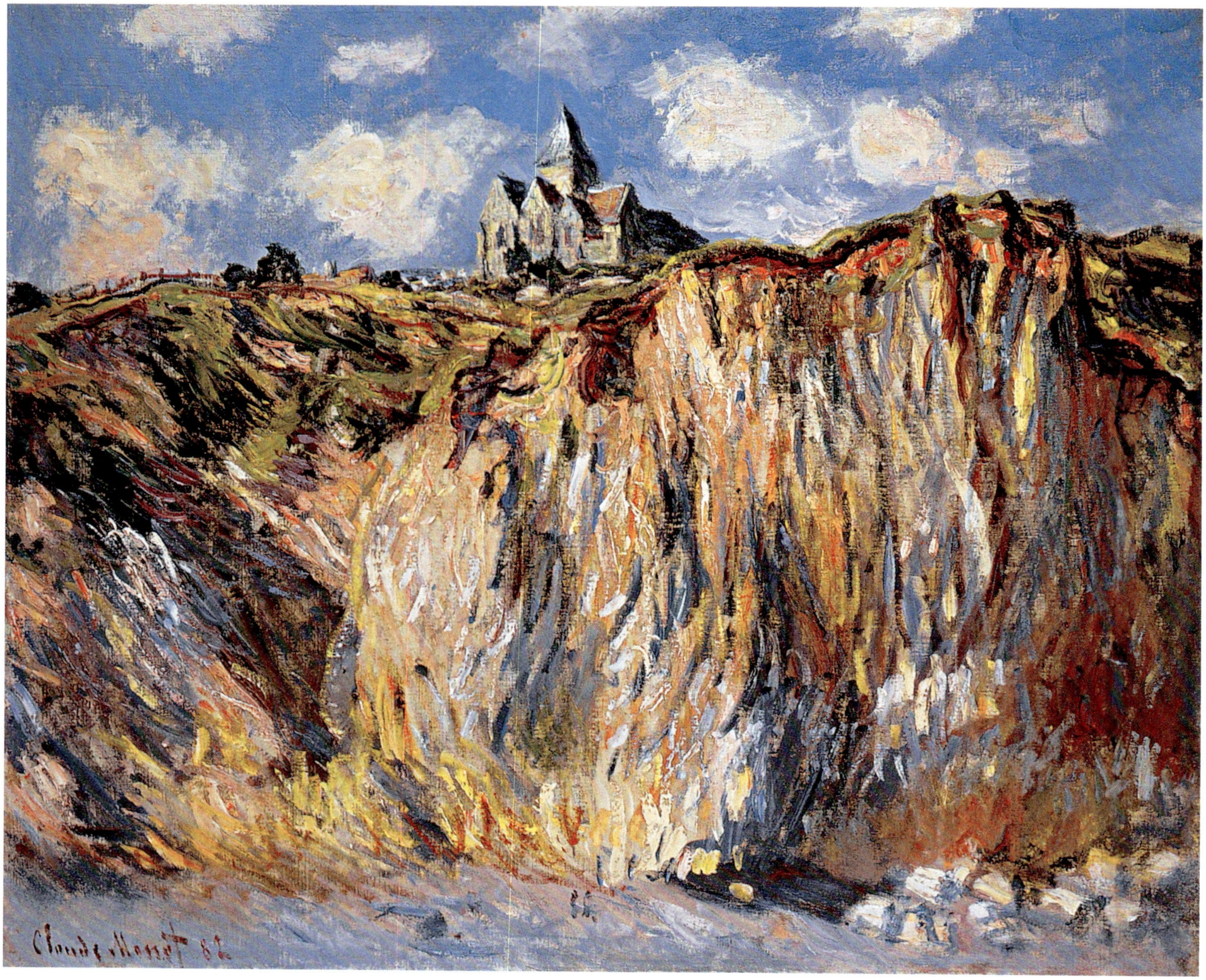

L'Église Varangeville,
effet du matin, 1882.
Huile sur toile, 60 x 73 cm.
Collection privée.

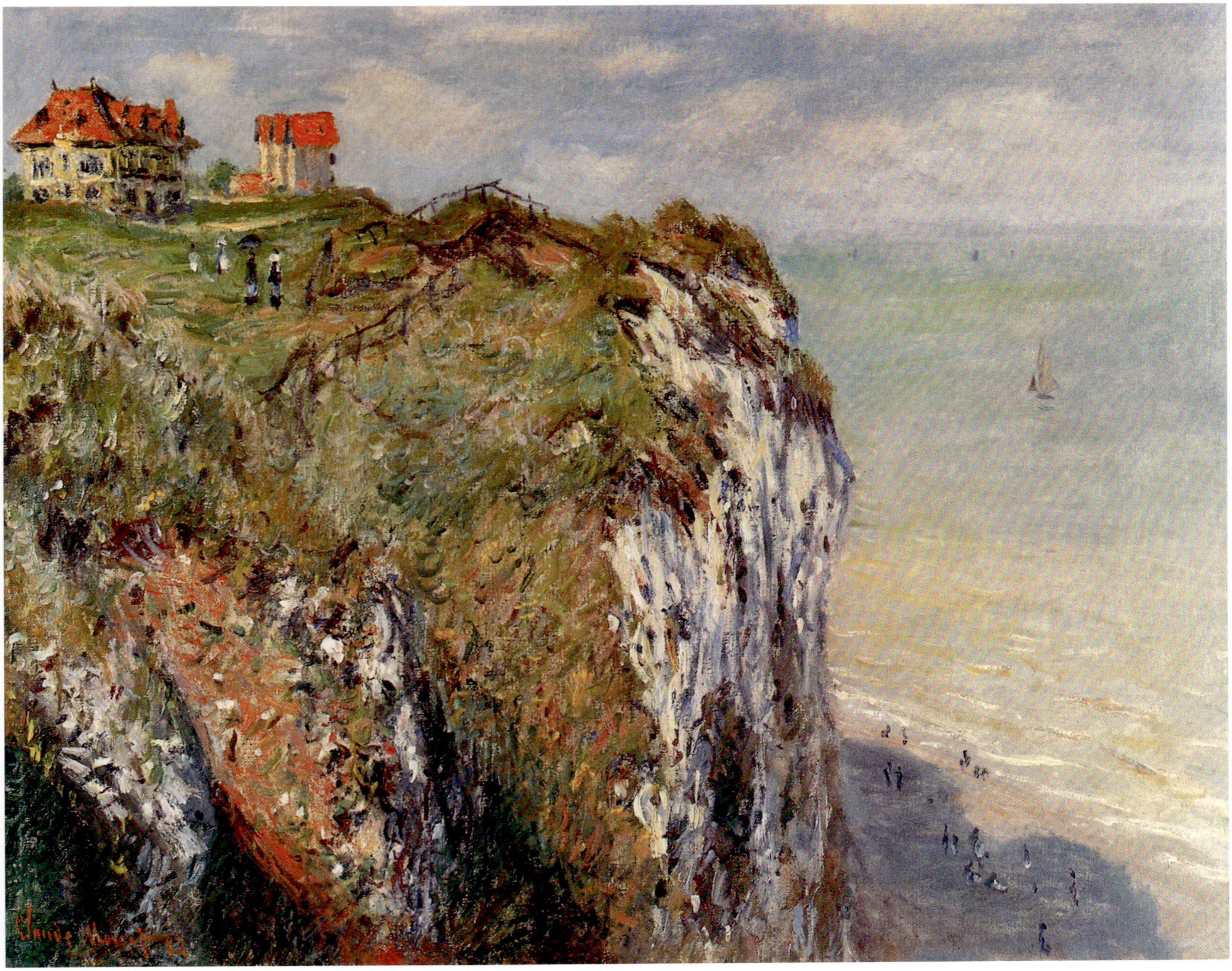

Falaise à Dieppe, 1882.
Huile sur toile, 65 x 81 cm.
Kunsthaus, Zurich.

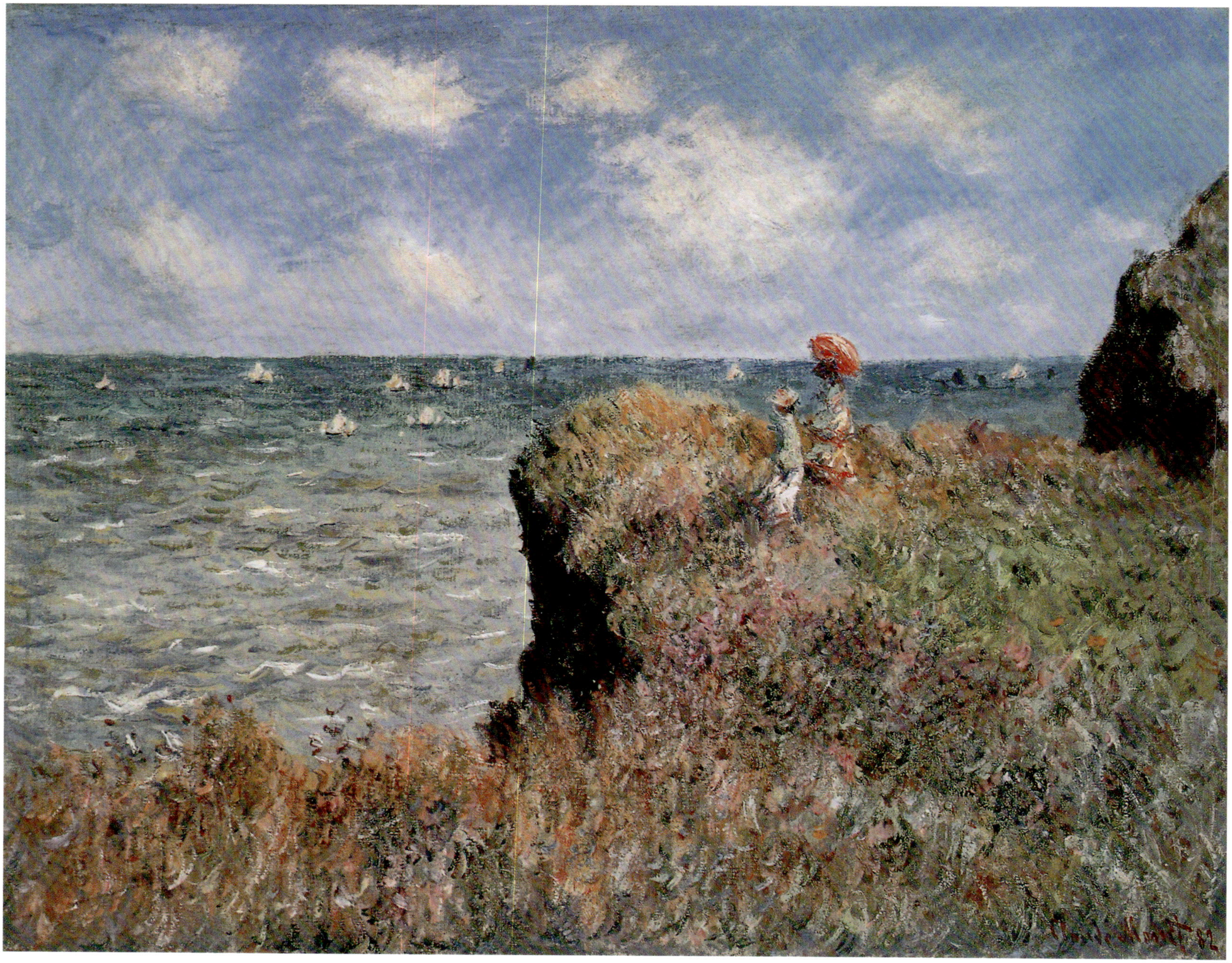

Ainsi voilà le chef de l'école dénoncée avec tant de virulence par la critique officielle comme le négateur de l'art, qui se classe, avant tout, parmi les fidèles de la lumière éthérée de Watteau, qu'il rejoint en souriant, sous des torrents d'injures. Nous découvrons, aujourd'hui, qu'il avait des raisons fondamentales pour cela.

Voyons donc, en courant, quelques aspects de la bataille. Le récit en a été sommairement fait par Gustave Geffroy, avec pièces à l'appui, dans son livre, fortement documenté, sur Claude Monet. Je ne puis qu'y renvoyer le lecteur. Il me sera permis de risquer simplement quelques brèves citations, afin de caractériser, à ce moment, l'état des esprits. L'extravagance de la polémique rend la documentation nécessaire, car, dans le présent triomphe de la nouvelle école de peinture, on a peut-être un peu trop vite oublié par quels torrents de grossières injures furent accueillis des jeunes hommes dont la seule offense était la recherche d'un surcroît de vérité dans les interprétations de la nature.

À la première exposition des impressionnistes (1874), suivie d'une vente à l'hôtel Drouot, le *Charivari*, sans malveillance systématique, écrivait : « Cette peinture, à la fois vague et brutale, nous paraît être à la fois l'affirmation de l'ignorance et la négation du beau comme du vrai. Nous sommes assez harcelés par les fausses excentricités, et il est trop commode d'appeler l'attention en faisant *plus mauvais que personne n'osa jamais faire.* »

Ce n'était qu'une entrée en matière. Les prix furent dérisoires. Le commentaire du Figaro n'était pas fait pour préparer une revanche : « C'est en couleur ce que sont en musique certaines rêveries de Wagner. L'impression que procurent « les « impressionnistes » *est celle d'un chat qui se promènerait sur le clavier d'un piano, ou d'un singe qui se serait emparé d'une boîte à couleurs.* »

Dernière exposition (1876). Appréciation de M. Albert Wolff dans le même *Figaro* :

« La rue Le Peletier a du malheur. Après l'incendie de l'Opéra, voici un nouveau désastre qui s'abat sur le quartier. On vient d'ouvrir chez Durand-Ruel une exposition qu'on dit être de peinture. Le passant inoffensif, attiré par les drapeaux qui décorent la façade, entre, et à ses yeux épouvantés s'offre un spectacle cruel : cinq ou six aliénés, dont une femme, un groupe de malheureux atteints de la folie de l'ambition, s'y sont donné rendez-vous pour exposer leurs œuvres... Ils prennent des toiles, de la couleur et des brosses, jettent au hasard quelques tons et signent le tout. C'est ainsi qu'à Ville-Évrard, *des esprits égarés ramassent des cailloux sur leur chemin et se figurent qu'ils ont trouvé des diamants.* »

Après avoir expliqué qu'il ne faut parler « *ni de dessin, ni de couleur* » à Degas, le même Albert Wolff continue : « Et c'est cet amas de choses grossières qu'on expose en public, sans songer aux conséquences fatales qu'elles peuvent entraîner. Hier, on a arrêté rue Le Peletier un pauvre homme qui, en sortant de cette exposition, mordait les passants... Les membres de ce cénacle, sachant fort bien que *l'absence complète de toute éducation artistique* leur défend à jamais de franchir le fossé profond qui sépare une tentative d'une œuvre d'art, etc., etc. »

La Promenade sur la falaise, Pourville, 1882.
Huile sur toile, 66,5 x 82,3 cm.
The Art Institute of Chicago, Chicago.

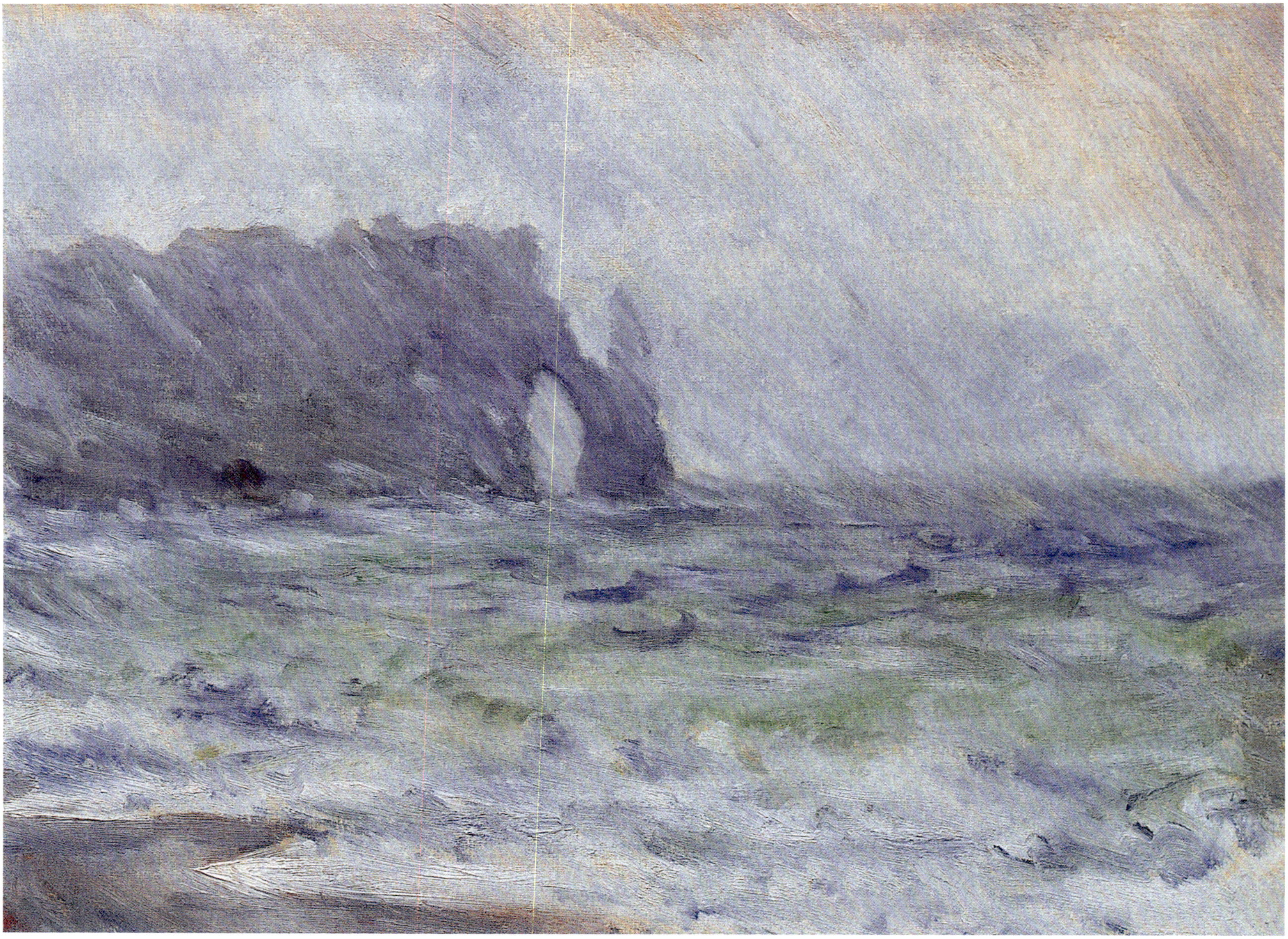

Étretat, la pluie, 1885-1886.
Huile sur toile, 60,5 x 73,5 cm.
Nasjonalgalleriet, Oslo.

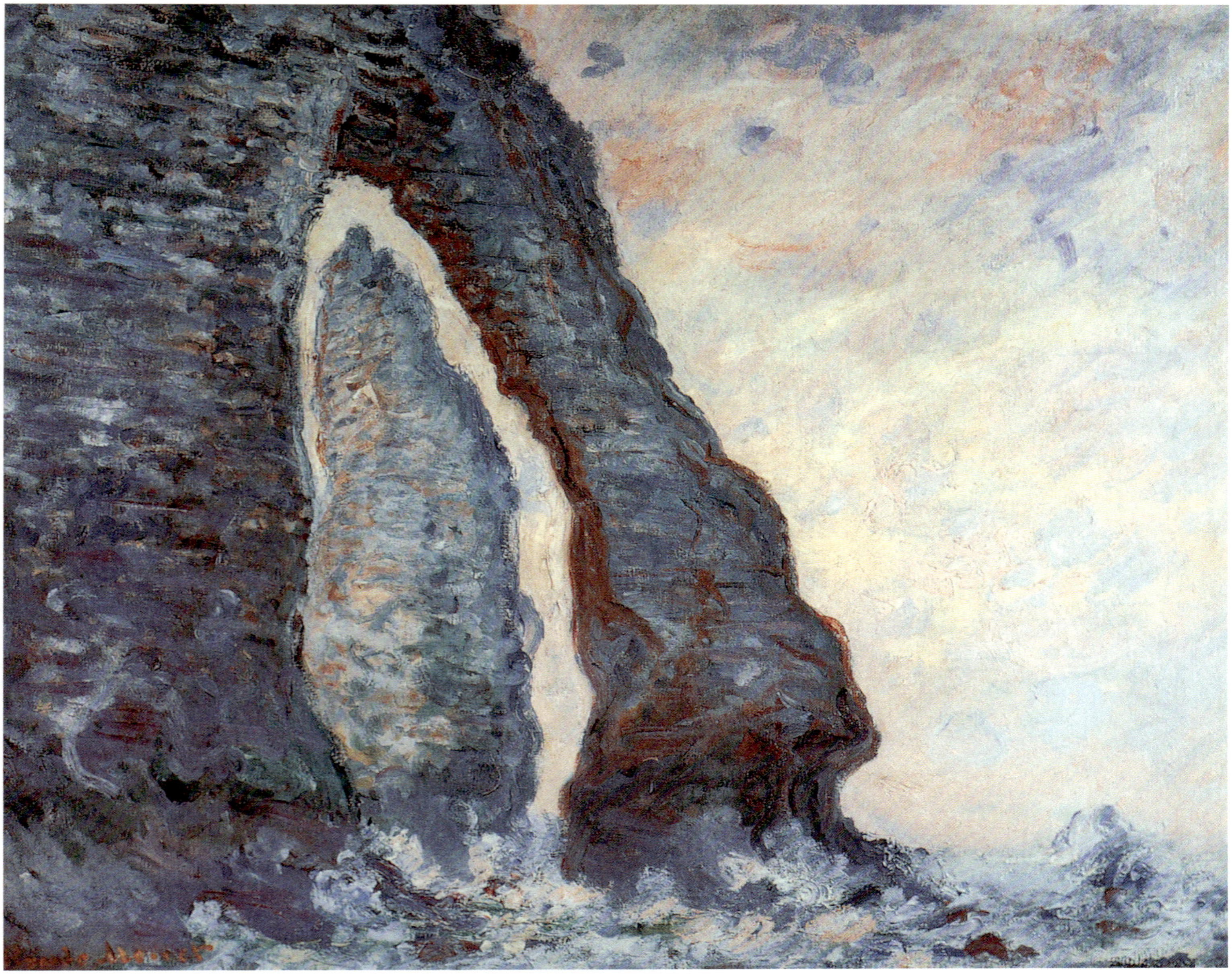

L'Aiguille, à travers la porte d'Aval,
1885-1886.
Huile sur toile, 73 x 92 cm.
Collection privée, États-Unis.

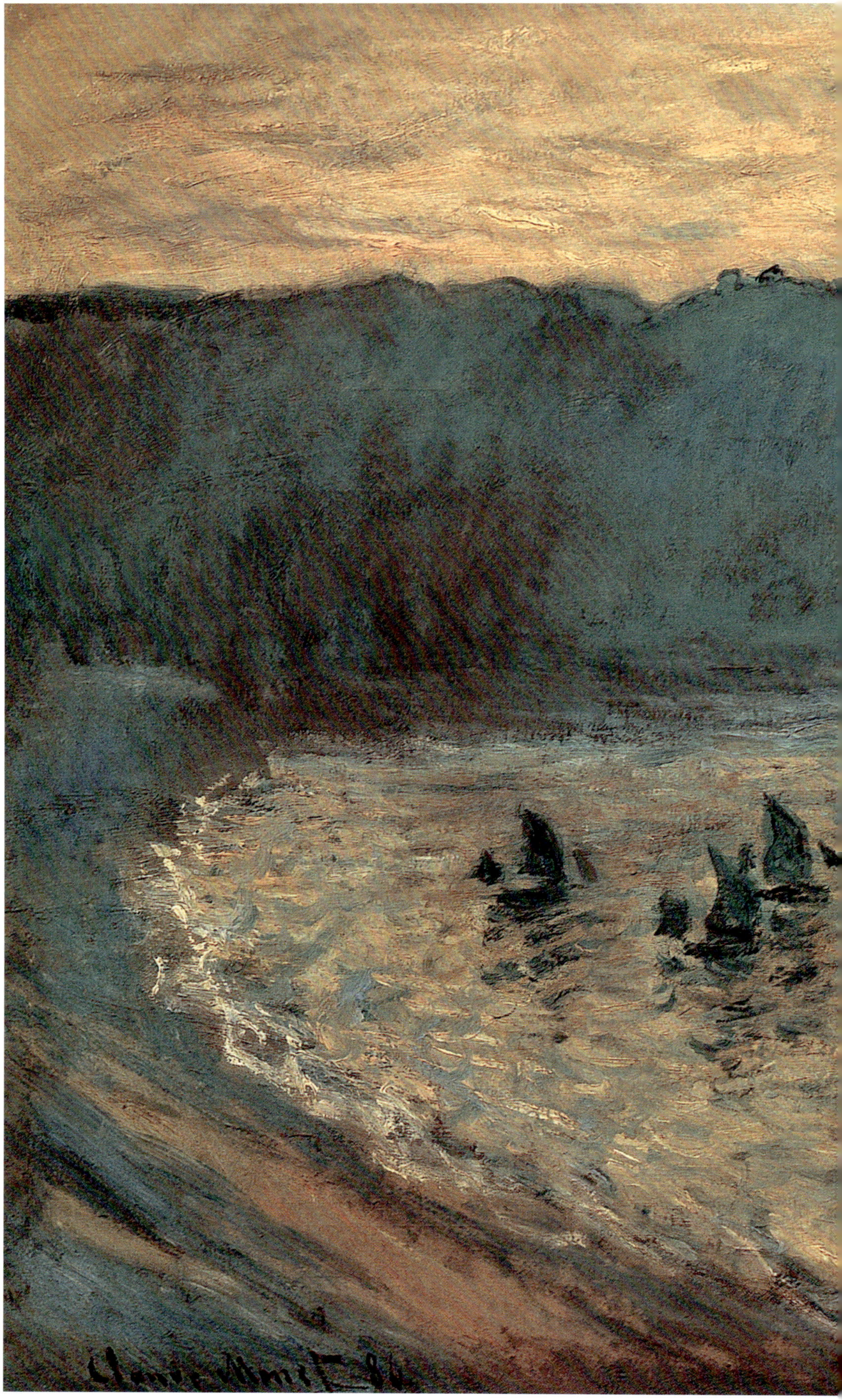

Les Rochers à Étretat, 1886.
Huile sur toile, 66 x 81 cm.
Musée des Beaux-Arts Pouchkine,
Moscou.

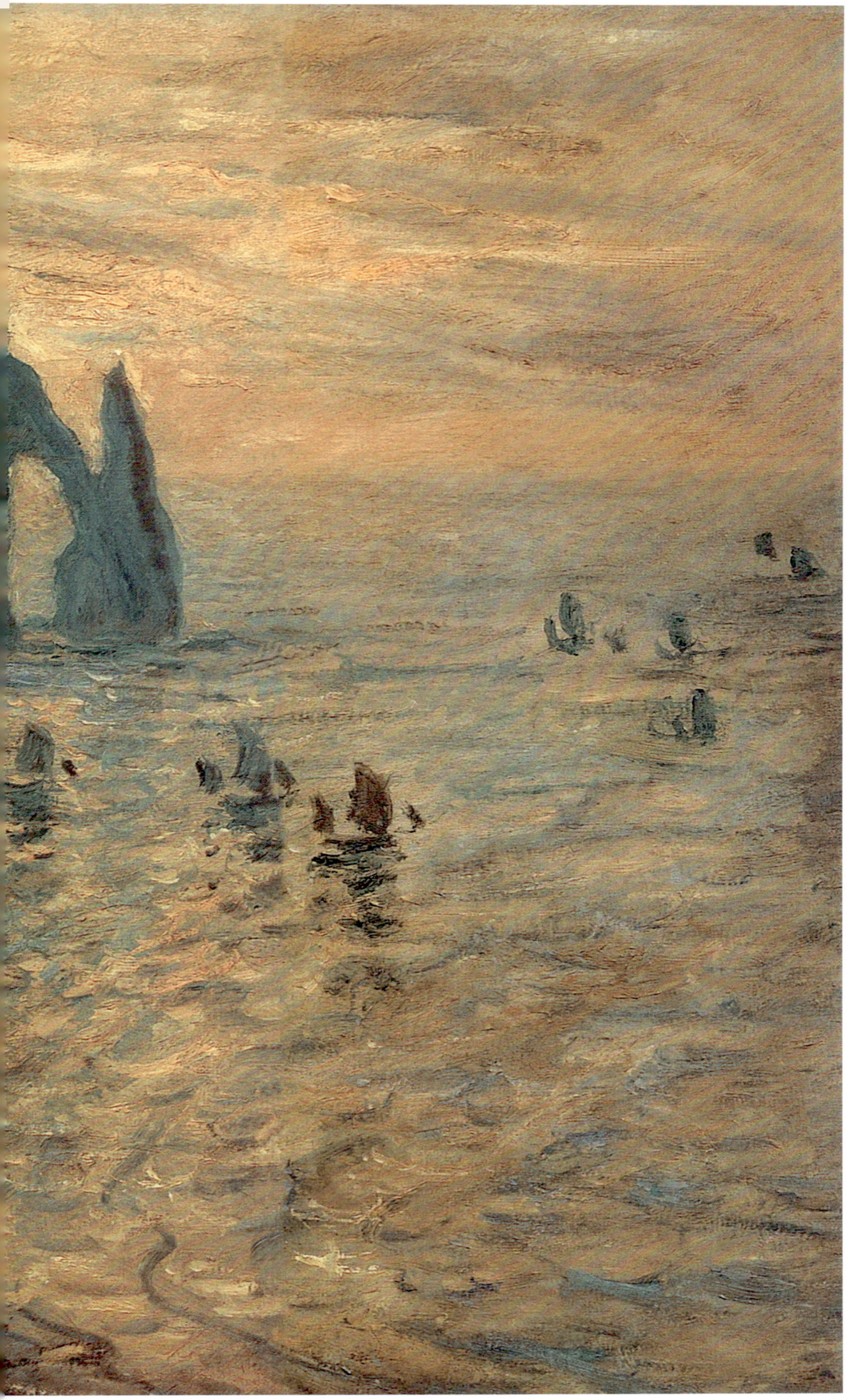

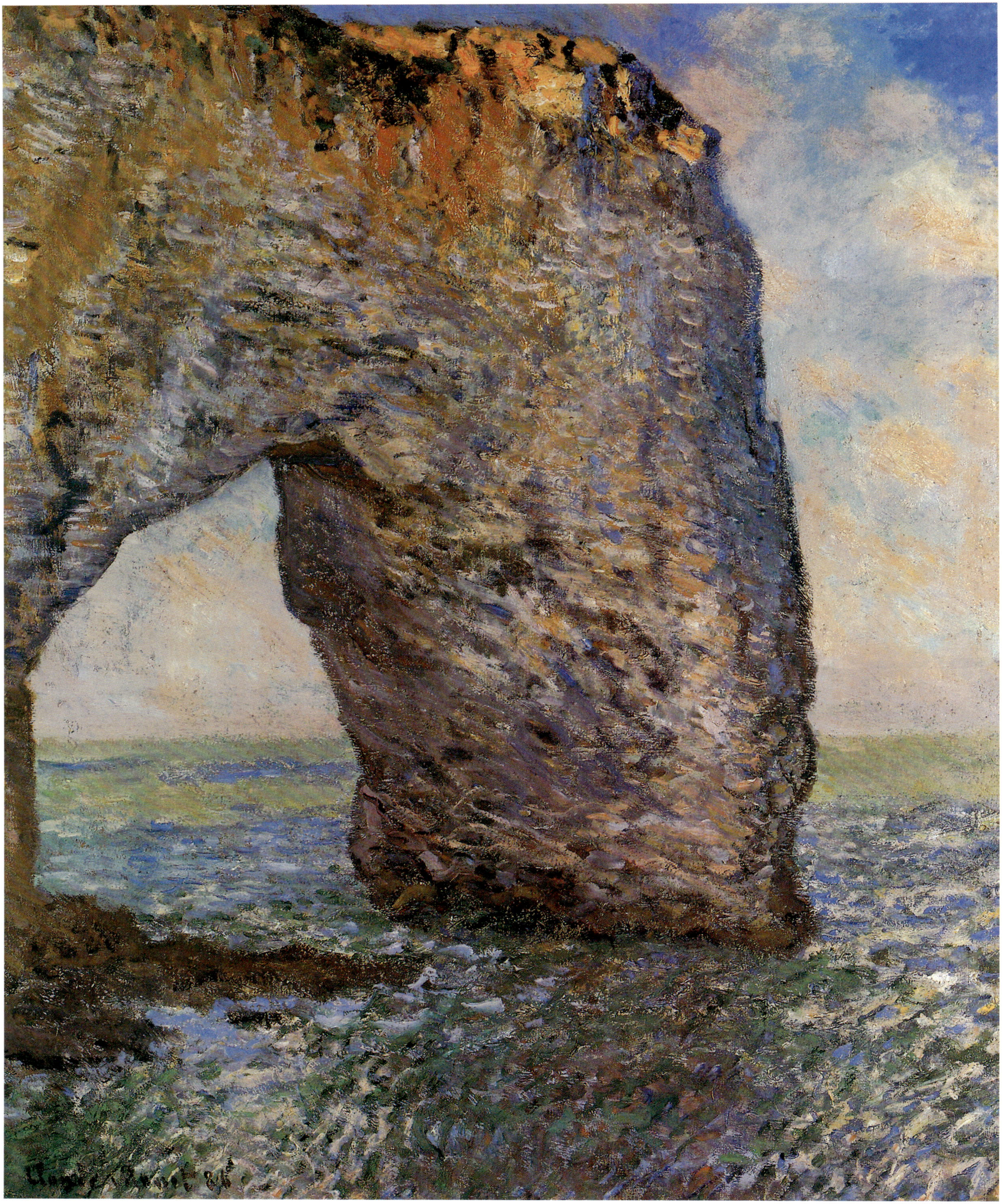

service à un homme de talent. Répondez-moi le plus tôt possible, ou assignez-moi un rendez-vous.

« Amitié.

« É. MANET. »

Cette lettre, si honorable pour tout le monde, n'a pas besoin de commentaires. Il ne manqua pas, d'ailleurs, d'autres témoignages d'amitié qui, aux heures de doute, dans le succès même, ne lui furent pas moins précieux. Témoin la lettre suivante d'Octave Mirbeau qu'il faudrait dater probablement de 1885 à 1890 :

« Voyons, voyons, raisonnez-vous un peu. Vous êtes perdu parce que la neige a fondu au lieu de rester sur la terre, comme vous l'eussiez désiré. C'est de l'enfantillage. Il n'y a qu'une chose qui doit vous préoccuper. C'est votre art. Êtes-vous en progrès, ou bien êtes-vous en décadence ? Voilà les deux seules questions qui doivent se poser à vous. Eh bien, mon ami, je vous le dis et croyez-moi. Depuis trois ans, vous avez fait des pas de géant. Vous avez découvert des choses nouvelles. Votre art s'est élargi ; il a embrassé ce qui est possible.

Vous êtes, de ce temps, le seul artiste qui ayez doté la peinture de quelque chose qu'elle n'avait pas. Et votre vision s'élargit encore. Vous êtes en pleine puissance de vous-même. Le plus fort, et le plus subtil aussi ; celui qui laissera après soi le plus d'influence. Et vous dites que vous êtes f... ? Quand vous-même vous me disiez l'autre jour, à propos de votre figure au soleil : « C'était « quelque chose que je n'avais pas fait encore ; un « frisson que ma peinture n'avait pas encore donné. » Et maintenant, vous êtes f... Vous bafouillez, mon bon Monet, et c'est triste qu'un homme de votre temps, rare, de votre talent, unique, en soit à radoter sur ces stupidités. Et ce n'est pas mon avis seul. C'est l'opinion de tous ceux qui vous suivent, et qui vous aiment. À chaque campagne, dit-on, ce diable de Monet nous donne encore autre chose. Il y a encore plus de profondeur, plus de pénétration, plus d'exécution. Et c'est la vérité pure. La vérité aussi, c'est que vous éprouvez, sans vous en douter, peut-être, un malaise purement physique et purement critique. Cela a des répercussions sur le moral, comme la plupart des affections. Il s'agit de faire disparaître ce malaise et le reste s'évanouira. Tous les hommes de votre âge ont passé et passeront par là. »

Édouard Manet, pour avoir succombé trop tôt, est mort pauvre, et Monet, vieillissant, s'enrichit. Quand il offrait 500 francs pour venir en aide à son ami, Manet apportait probablement tout ce qu'il avait de disponible. Plus tard, quand Monet vendit enfin ses tableaux, il prodigua l'aide de toutes parts autour de lui. Les deux cœurs étaient dignes l'un de l'autre.

- Et la revanche ? demandait-on plus tard à Durand-Ruel.

Et celui-ci de répondre :

- Elle est complète. Un tableau que je me souviens d'avoir retiré à 110 francs, fit plus tard 70 000 francs en vente publique. Un autre, acheté 50 francs, revendu je ne sais combien de fois – tous les amateurs successifs y perdaient leur esprit – est monté à plus de 100 000 francs, ces derniers temps.

La Manneporte (Étretat), 1886.
Huile sur toile, 81,3 x 65,4 cm.
The Metropolitan Museum of Art, New York.

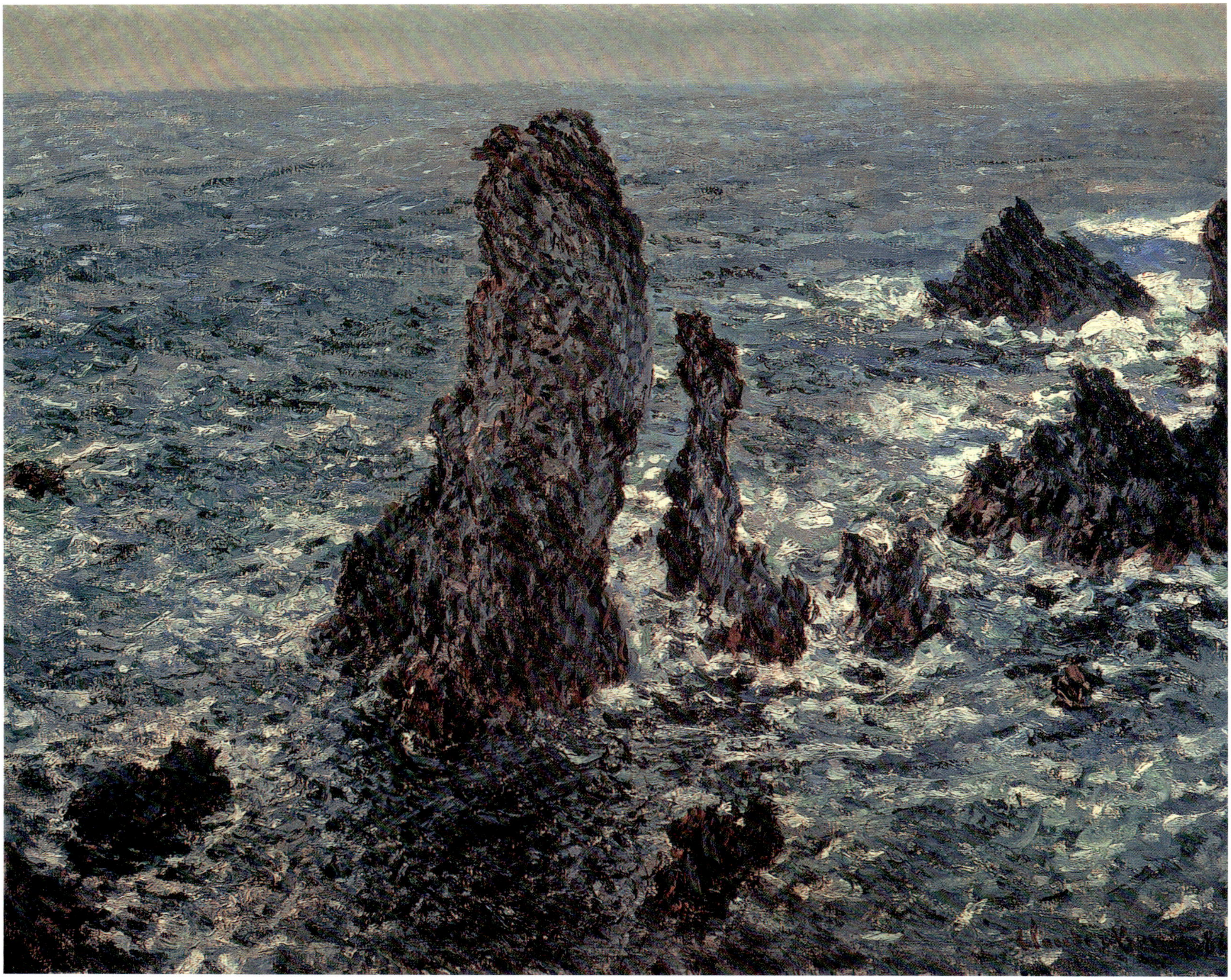

Les Rochers de Belle-Île, 1886.
Huile sur toile, 65 x 81 cm.
Musée des Beaux-Arts Pouchkine,
Moscou.

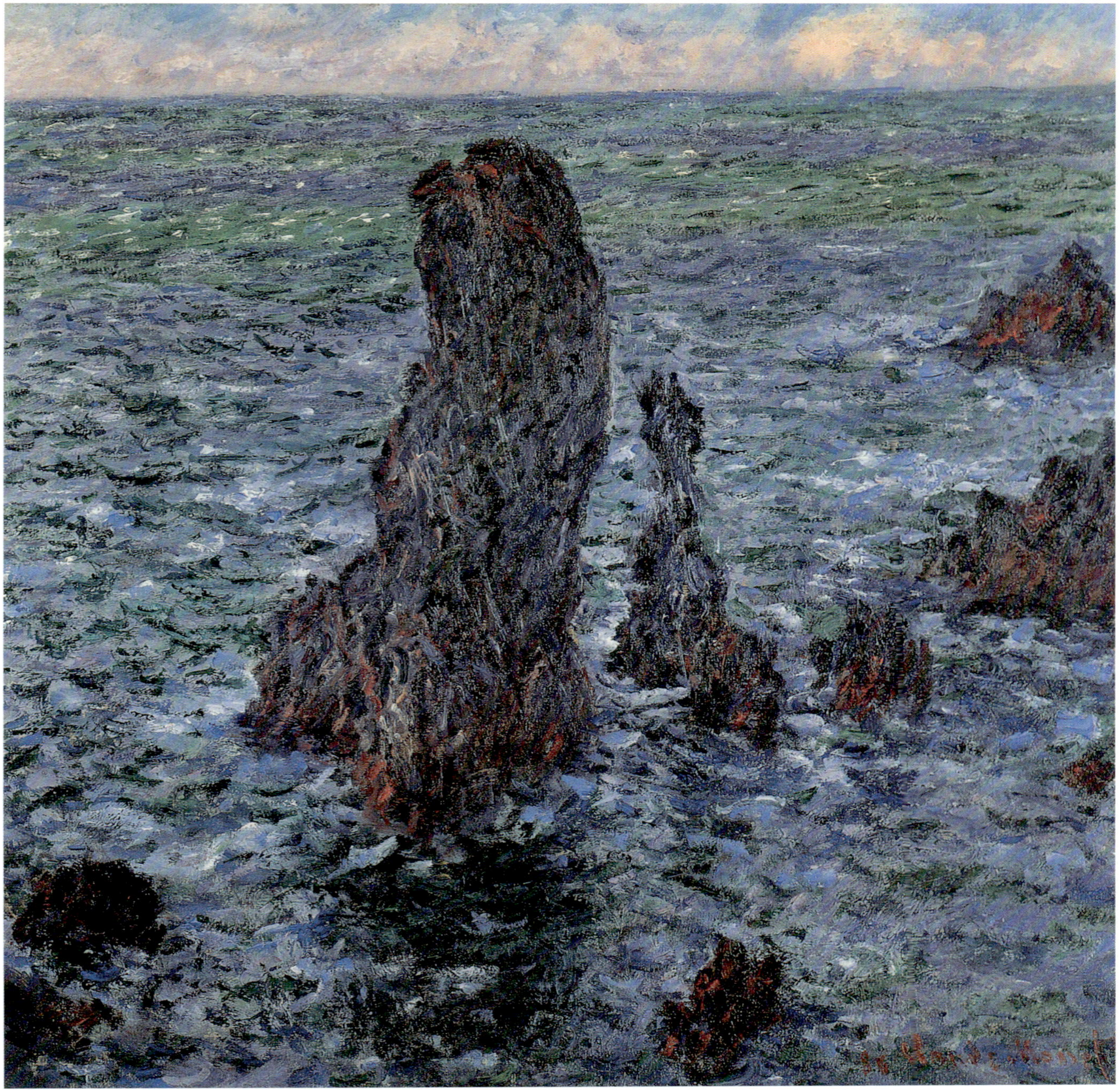

Les Pyramides de Port-Coton, Belle-Île-en-Mer, 1886.
Huile sur toile, 65,5 x 65,5 cm.
Collection Rau, Cologne.

La revanche, en effet, me paraît notable, mais j'avoue qu'elle ne me suffirait pas plus qu'à Monet lui-même, si cette hausse de valeur monétaire ne correspondait pas à une appréciation sincèrement enthousiaste de l'œuvre accomplie. Je n'oublie pas que le public peut se tromper, même le public dit « éclairé », qui nous impose, dans la grande salle du Louvre, l'*Apothéose d'Homère*, la *Jeanne d'Arc* et la *Sultane*, à côté du *Portrait de Monet* par lui-même, de l'*Olympia*, de l'*Enterrement à Ornans*, et de tant d'autres chefs-d'œuvre. Mais on peut attendre de ce même public qu'il accomplisse l'évolution inévitable, quand le naturel développement de sa vision l'entraînera vers des états de sensibilité qui lui permettront de s'assimiler d'une façon de plus en plus approchée les spectacles du monde changeant. Le monde est gouverné par des lois, non, comme on l'a cru trop longtemps, par des fantaisies, et la loi suprême étant d'une évolution continue vers des harmonies successives, tout ce qui concorde avec cet état de choses peut être provisoirement tenu pour acquis.

VII. Révolution de cathédrales

Je ne vais pas suivre Monet d'exposition en exposition, ni faire l'histoire des admirables peintures dont j'ai retrouvé plusieurs en Amérique, notamment dans la belle collection Potter Palmer. Il me suffit, pour mon sujet, de noter les grandes étapes de *Vétheuil* aux *Meules*, aux *Peupliers*, aux *Cathédrales*, à la *Tamise*, au *portrait* du Louvre, aux *Nymphéas*.

J'aurais voulu dire Monet tout au long des activités impétueuses de son ambitieux pinceau. J'aurais aimé à grouper les toiles principales, selon leur mérite intrinsèque dans l'ordre des interprétations de la lumière qui s'y trouvent progressivement développées. Mais je n'ignore pas qu'un tel travail dépasserait mes forces. Ma pensée, d'ailleurs, n'est pas même d'une monographie de Monet. Dans les derniers sursauts des heures alourdies, c'est un besoin pour moi de parler de Monet. Je cède à ce désir très explicable, non pas en vue de doctriner ou de prouver quoi que ce soit, mais simplement parce que nos vies, si différentes, se sont trouvées très proches l'une de l'autre aux deux extrémités de la carrière, et que la course fournie par mon camarade d'idéalisme s'étant triomphalement achevée, j'éprouve un grand plaisir à l'acclamer dans l'âpre combat pour la vérité, que je me refuse à séparer de la beauté.

Cet opuscule est simplement de ceux où nos anciens aimaient à se risquer sous le titre vague de *Considérations*. C'est pourquoi je n'ai vraiment besoin que du point de départ et du point d'arrivée, avec les étapes des « *séries* » – meules, peupliers, cathédrales – qui nous offrent, dans leurs magnificences, tous degrés de liaisons nécessaires. Avec de tels relais sur la route de l'étang merveilleux d'où jaillit l'apothéose des *Nymphéas*, nous n'avons pas besoin d'un « accessoire » de chefs-d'œuvre détachés, qui ne pourraient que s'aligner, comme bornes miliaires, jusqu'au moment fatal où s'achève la flambée supérieure de la plus noble vie.

Les Rochers de Belle-Île, la côte sauvage, 1886.
Huile sur toile, 65,5 x 81,5 cm.
Musée d'Orsay, Paris.

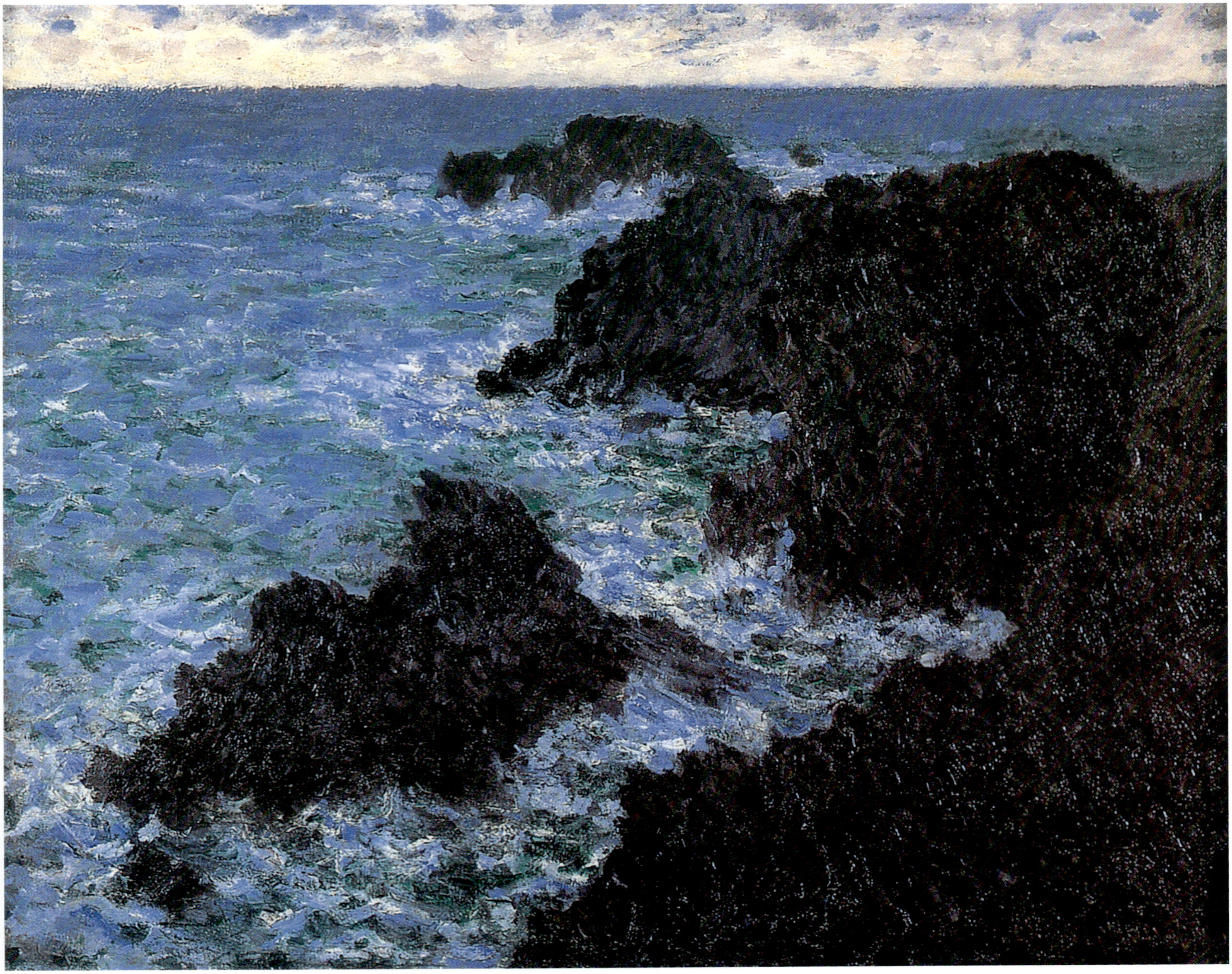

En Norvégienne, vers 1887.
Huile sur toile, 97,5 x 130,5 cm.
Musée d'Orsay, Paris.

Essai de figure en plein air : Femme à l'ombrelle tournée vers la droite, 1886.
Huile sur toile, 130,5 x 89,3 cm.
Musée d'Orsay, Paris.

Essai de figure en plein air : Femme à l'ombrelle tournée vers la gauche, 1886.
Huile sur toile, 131 x 88,7 cm.
Musée d'Orsay, Paris.

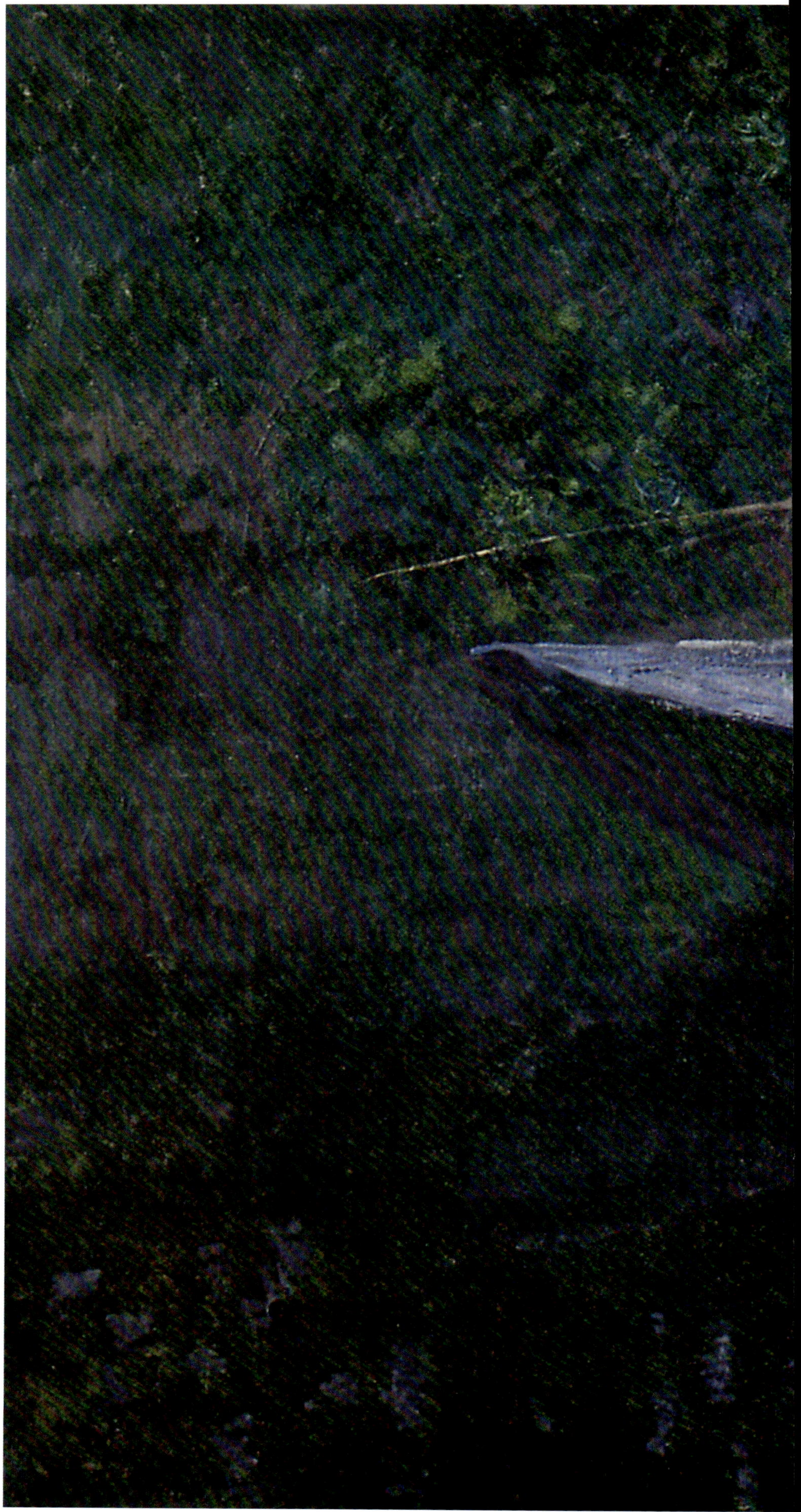

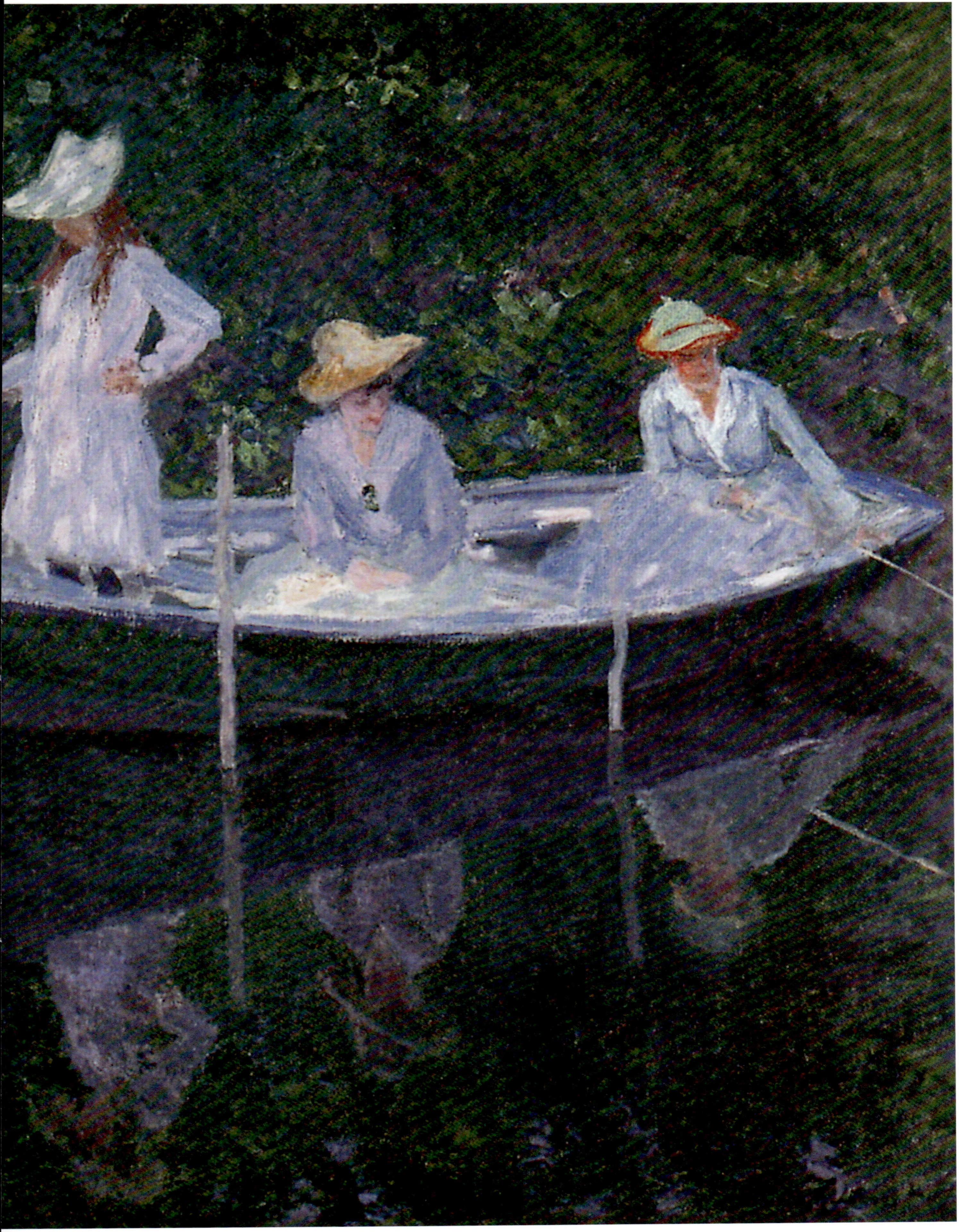

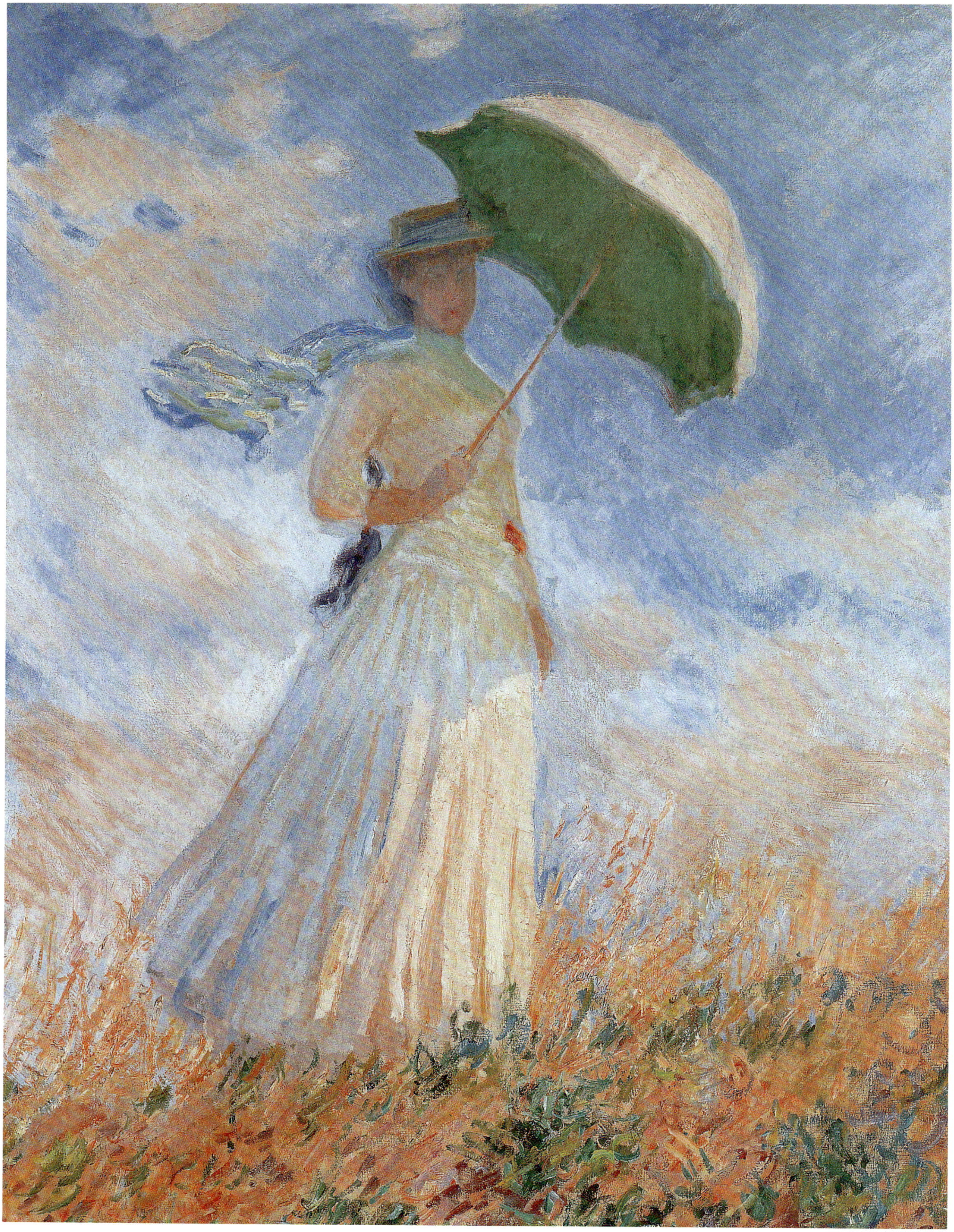

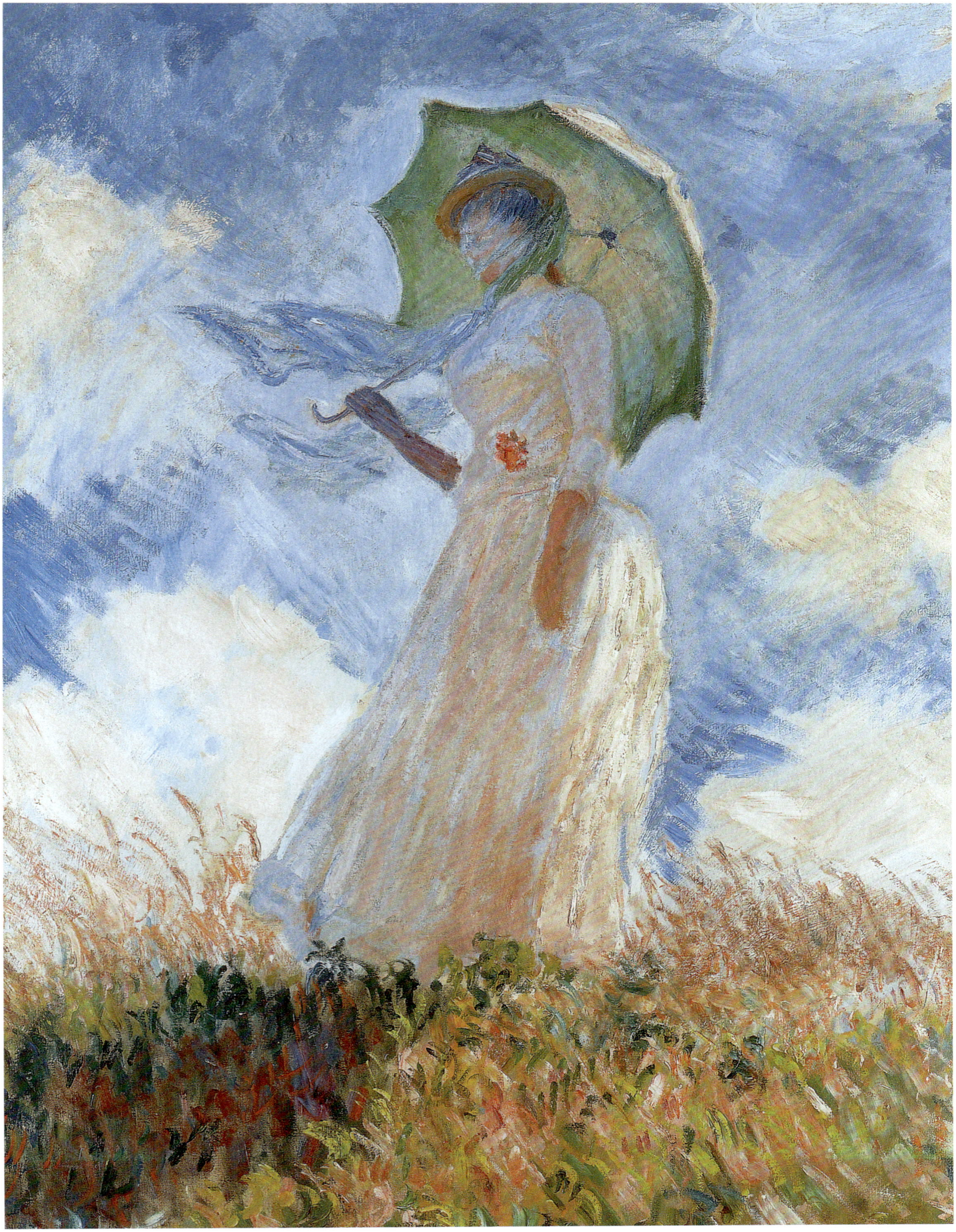

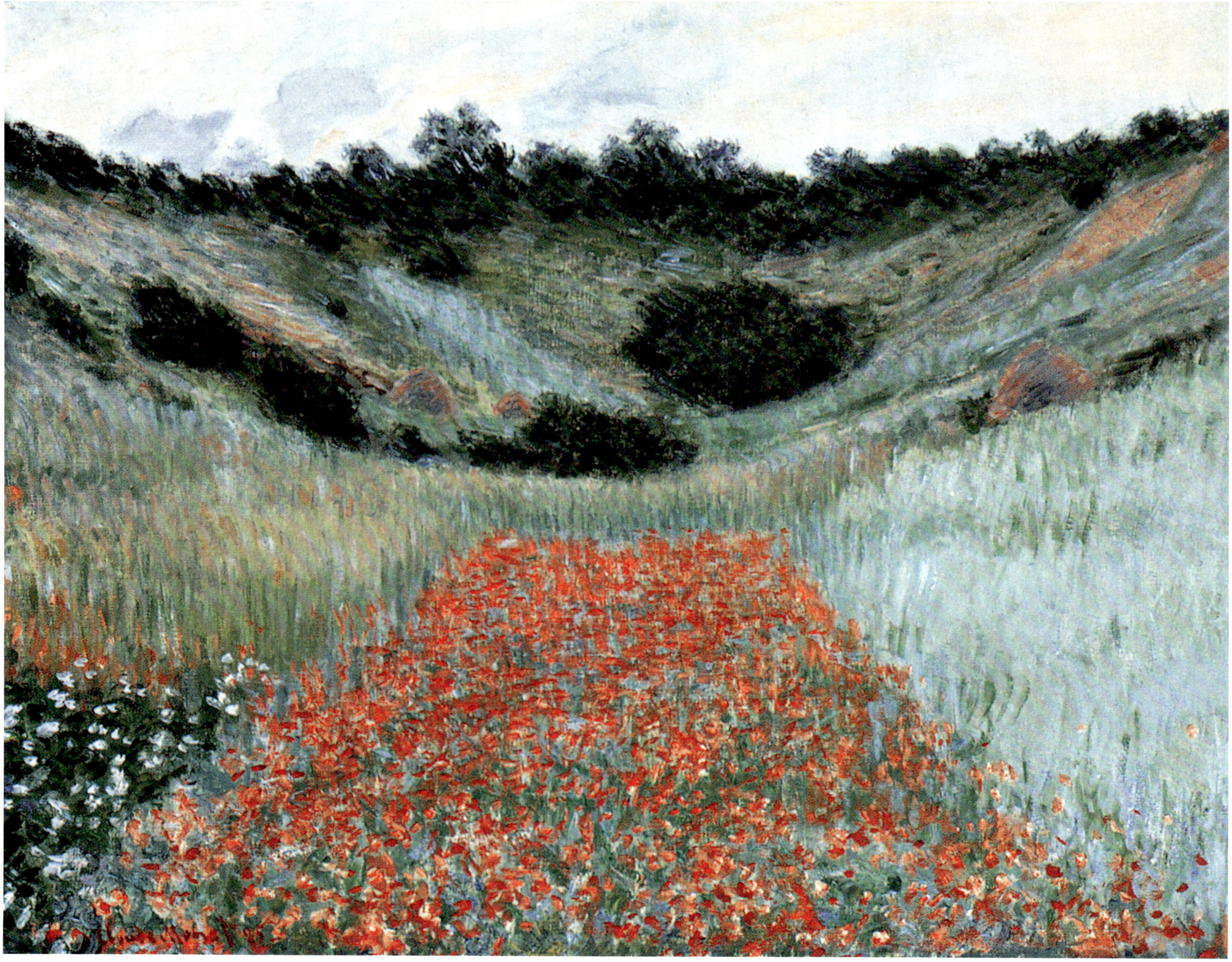

Qu'aurais-je à dire de tant de toiles toutes vivantes dans les musées de l'étranger. Ne suffit-il, d'abord, de relever les traits les plus notables d'une si éclatante carrière pour en évoquer la grandeur. Discuterais-je, par exemple, la question de savoir pourquoi Monet a délaissé la figure pour le paysage ? D'admirables toiles montrent que le visage humain ne lui faisait pas peur. Son portrait du Louvre, non moins éblouissant que les *Nymphéas*, fut peint à la veille des panneaux des Tuileries. Il n'y a pas eu, jusqu'à ce jour, de peintre dont Monet n'ait dépassé le cadre. La célébration du foudroyant triomphe, qui donc ne serait heureux d'apporter son concours où s'inclut un titre d'honneur ?

Si nos sensations d'art s'en trouvent irrésistiblement affinées, si nos émotivités artistiques s'élèvent à la hauteur d'une assimilation des choses qui achève et couronne la connaissance positive, et si des rencontres de l'art et de la science modernes surgit un nouveau progrès dans notre intelligence du monde, c'est simplement que la vérité conquise sur des parties de méconnaissances entraîne, par la loi de l'interdépendance universelle, des évolutions correspondantes dans l'organisme grandissant. Il n'y a rien là qui ne soit pour ajouter à notre gratitude envers l'artiste de totale probité qui, par une géniale culture de son émotivité, et, par là, de la nôtre, enrichit, embellit le champ de nos sensations du monde et de nous-mêmes. Enfin, quel plus fécond spectacle que celui de l'homme tout droit, qui, par la seule puissance de son émotion personnelle, et la seule vertu de son caractère, suffit à réprimer tous les aboiements des meutes d'ignorance, pour s'installer, après une vie d'épreuves, dans le triomphe d'une volonté désintéressée qui n'a pas connu de compromis ?

J'ai souvent raconté comment, un jour, j'avais trouvé Monet devant un champ de coquelicots, avec quatre chevalets sur lesquels, tour à tour, il donnait vivement de la brosse à mesure que changeait l'éclairage avec la marche du soleil. Dès la jeunesse, nous avions eu les murailles blanches de Vétheuil, se réfléchissant, à travers le brouillard, dans les brumes du fleuve, et mêlant l'air, la terre et l'eau en des gammes de reflets que nous retrouverons quarante ans plus tard, plus savantes, sinon plus géniales, dans le spectacle des *Nymphéas*. C'est l'entrée en scène des développements, des achèvements d'éclairage que vont manifester tour à tour les meules, les peupliers, les cathédrales, la Tamise, aux heures changeantes où se joue la diversité des drames de la lumière sous l'embrasement du soleil. Regardez l'homme à la poursuite des distillations de la lumière qui change à tout moment l'aspect des choses pour devenir d'incessantes transformations, où se révèlent à nous la vie de la Nature en perpétuel.

C'est sous l'empire de cette vue que furent commencées les *Meules*. On chargeait des brouettes, à l'occasion même un petit véhicule campagnard, d'un amas d'ustensiles, pour l'installation d'une suite d'ateliers en plein air, et les chevalets s'alignaient sur l'herbe pour s'offrir aux combats de Monet et du soleil. C'était une idée bien simple qui n'avait encore tenté aucun des plus grands peintres. Monet peut

Champ de coquelicots, environs de Giverny, 1885.
Huile sur toile, 65,1 x 81,3 cm.
Museum of Fine Arts, Boston.

en revendiquer l'honneur. Sur ces séries de toiles se sont répandues, vivantes, les plus hautes ambitions de l'artiste à la conquête de l'atmosphère lumineuse qui fait l'éblouissement de notre pauvre vie.

Aurions-nous donc été toujours réduits à chercher le charme de la forme dans la sèche précision d'une ligne sans réalité objective, et les joies de la lumière dans le sombre « jour d'atelier » ? La ligne, déjà, est en déroute sous les assauts du rayon solaire et Monet se propose de pousser toujours plus loin les plus subtils raffinements des dispersions et des recompositions de la couleur. Aux *Nymphéas* de dire quels achèvements de sensations la peinture en a su tirer.

Au mois de mai 1891, Monet exposait, en quinze toiles, la série des *meules* à toutes les heures du jour, dans toutes les saisons. Ce fut le grand coup de théâtre qui assura décidément le triomphe éclatant d'une révolution de la peinture. Les quatre chevalets des bords de l'Epte, devant les coquelicots bordés de peupliers, avaient marqué l'entrée en ligne de la lumière surprise en déshabillé de métamorphoses, selon l'heure du jour. Après les *meules*, bientôt suivies des *peupliers*, des *cathédrales*, des *Westminster*, des *Nymphéas*, il n'y avait plus de discussion possible. Un Austerlitz sans Waterloo. Le combat finissait faute de combattants. Le temps des « critiques d'art » forts en gueule était passé. Que dis-je ? On ne trouva même pas matière à discuter. Je n'ignore pas qu'on grogne encore dans les coins. Mais le public y a gagné qu'on se borne à grogner tout bas.

Pour que le commentaire fût tout à la gloire de Monet, il n'était plus besoin que d'une doctrine positive de la lumière s'accordant avec les sensations surgies de l'interprétation nouvelle. Précisément, M. Camille Mauclair, dans son excellente étude sur l'*Impressionnisme*, a très bien remarqué que la mise en œuvre de la lumière par les *impressionnistes* se trouve avoir coïncidé avec les grandes découvertes modernes qui nous ont révélé les modes de l'énergie lumineuse en action. Pour moi, je n'y puis voir que le remarquable parallélisme de nos évolutions émotives et mentales simultanément exercées. Tout se tient dans notre organisme, comme dans l'univers. L'émotion de la nature et son interprétation d'art ne seront chez nous ce qu'elles doivent être, que si nous arrivons à concevoir et à interpréter le monde au plus près d'une harmonie attestée par la concordance des œuvres de la sensibilité.

Dans le champ des sensibilités ramenées aux disciplines scientifiques, comme dans celui des émotivités soumises au contrôle de la connaissance, l'habitude organique ne cède pas aisément la place aux nouveautés qui déconcertent les esprits imprégnés de traditions périmées. Ne nous étonnons donc pas qu'un Monet qui ne peut peindre autre chose que ce qu'il voit, scandalise tout ce qui pense et voit sous l'empire des ankyloses d'atavisme en contradiction du développement d'une nouvelle personnalité. Tous les rapports du monde étant d'une éternelle mobilité, nous avons trop longtemps accepté de n'y voir qu'une éternelle fixité. Quelle révolution individuelle nous est soudain demandée, quand Monet, avec ses quatre toiles en

Meule à Giverny, 1886.
Huile sur toile, 60,5 x 81,5 cm.
Musée de l'Ermitage, Saint-Pétersbourg.

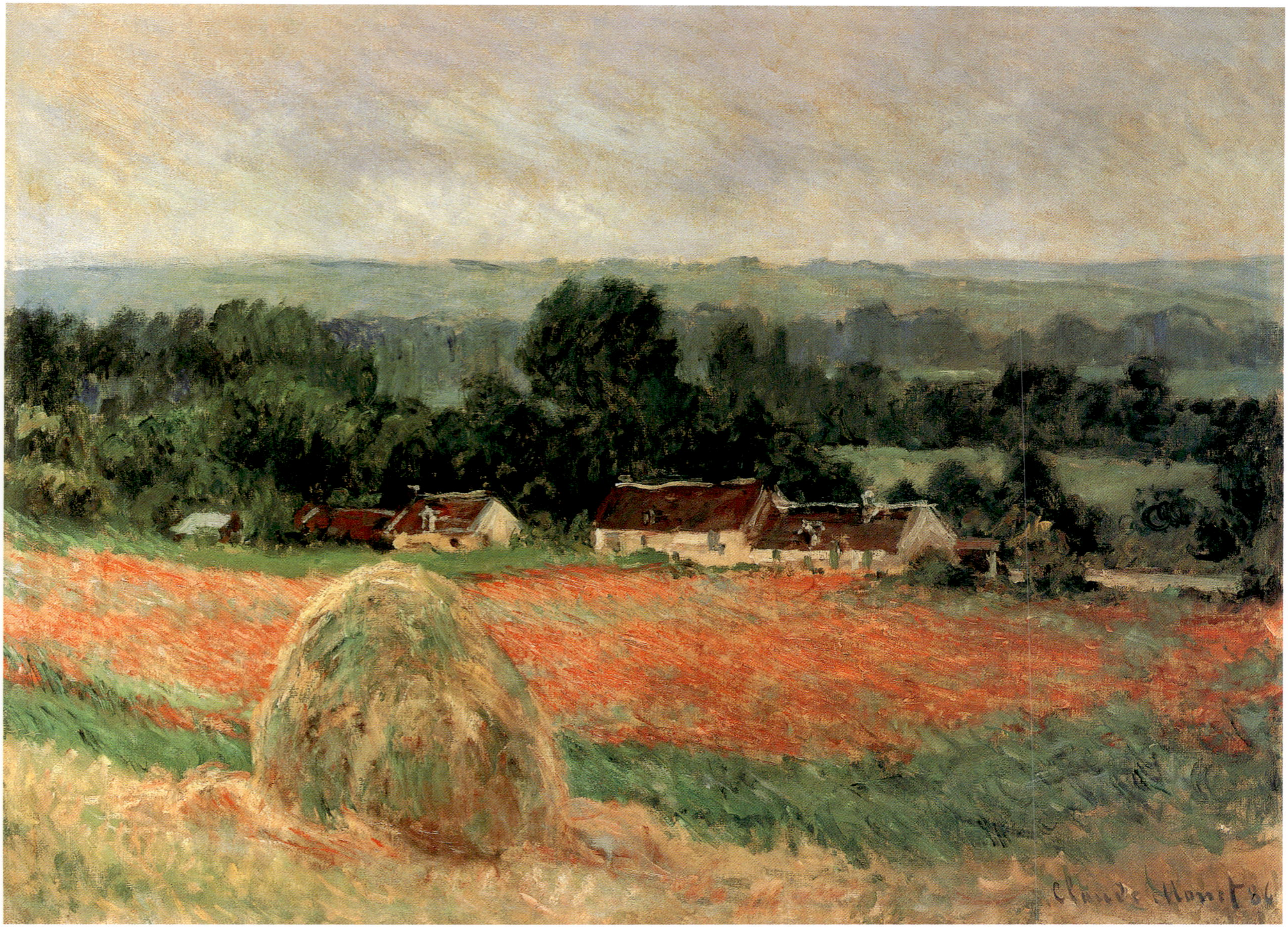
Claude Monet 86

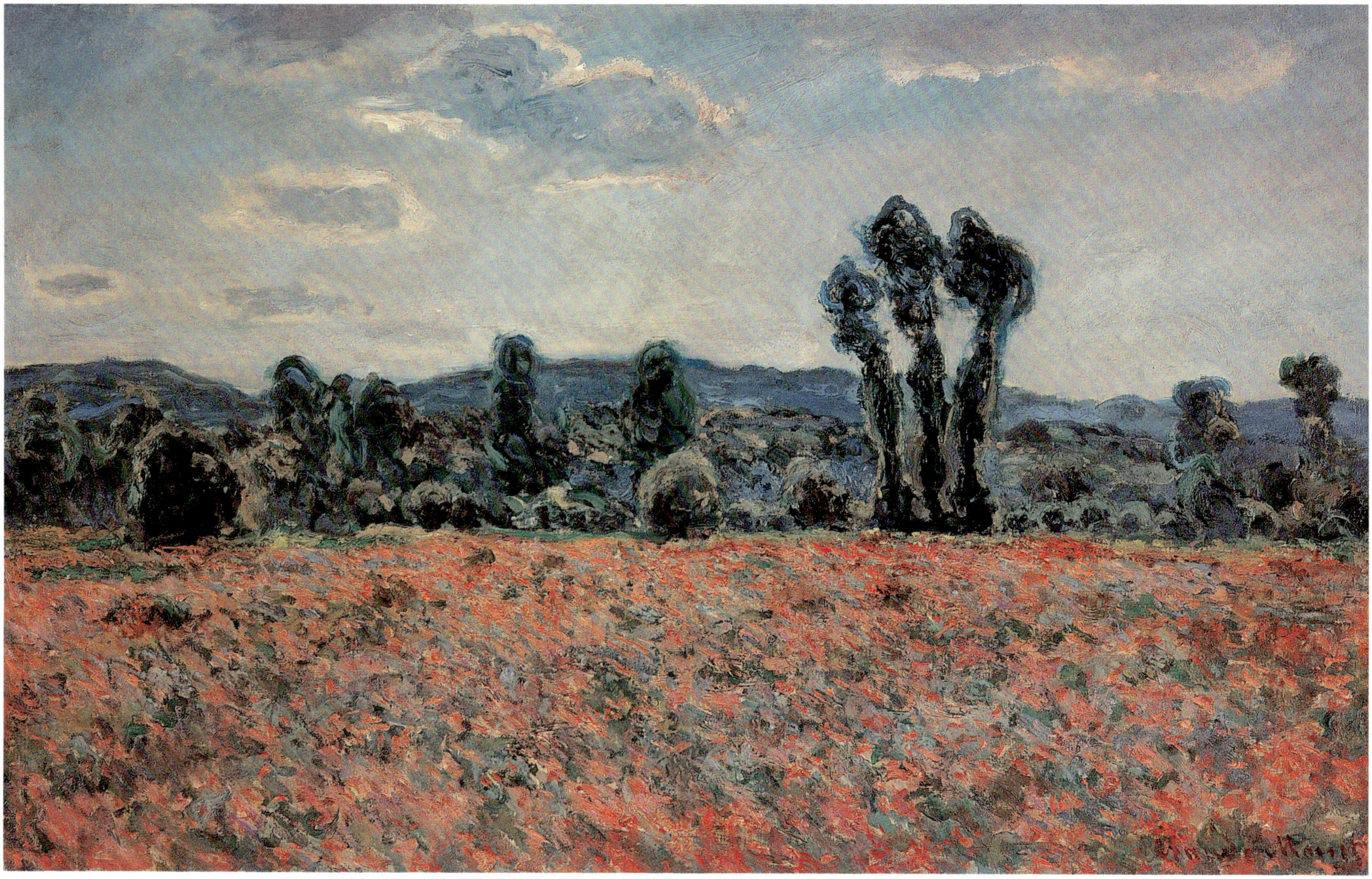

Champ de coquelicots, 1886.
Huile sur toile, 59 x 90 cm.
Musée de l'Ermitage, Saint-Pétersbourg.

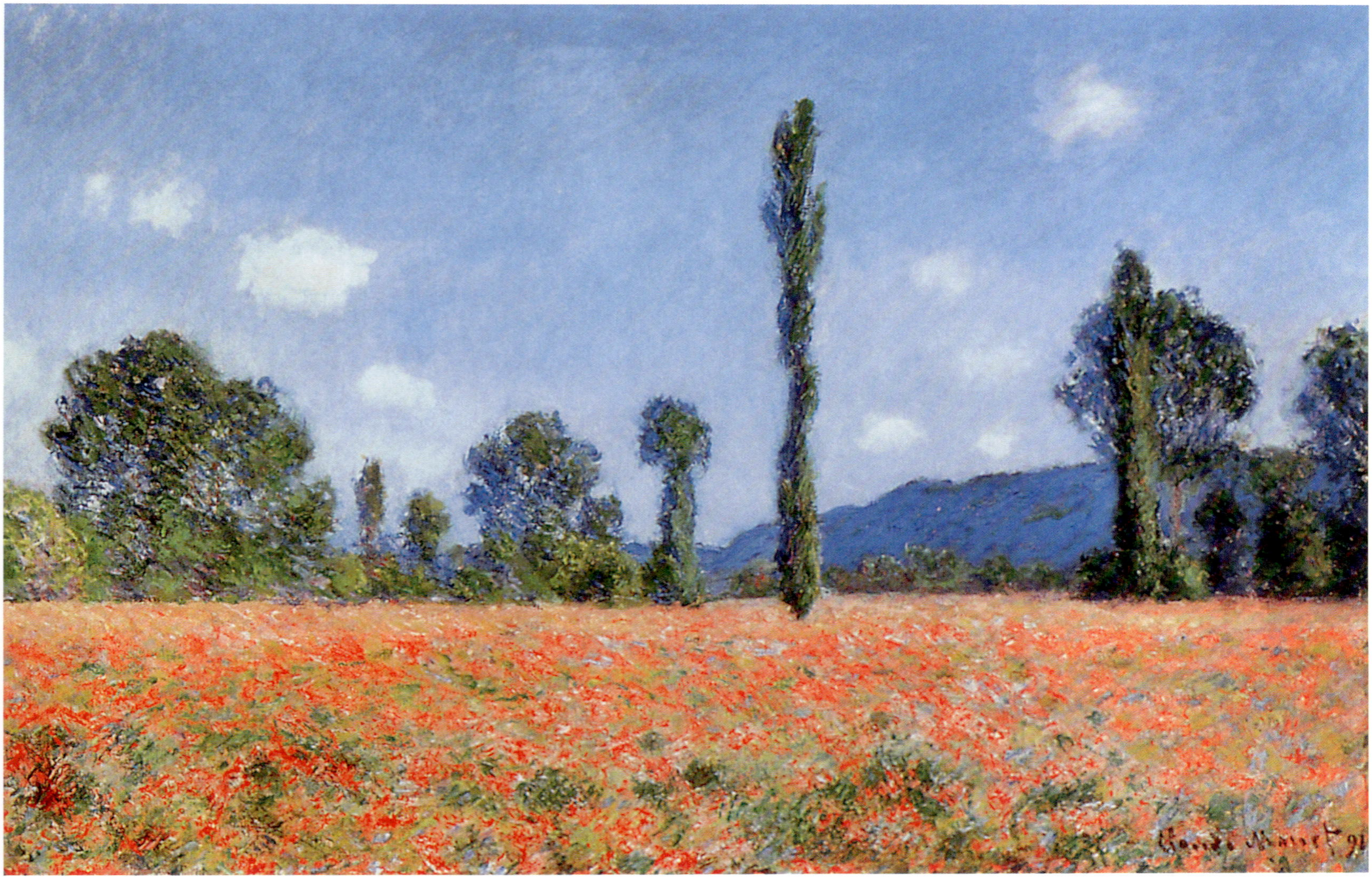

Champ de coquelicots (Giverny),
1890-1891.
Huile sur toile, 61,2 x 93,1 cm.
The Art Institute of Chicago, Chicago.

pleine lumière pour suivre la marche du soleil, nous apporte le pire des scandales : celui de la vérité !

Là, je me trouve au cœur de mon sujet, puisqu'il s'agit des moments supérieurs d'un développement d'art qui prétend nous engager en des représentations de plus en plus fidèles des réalités. Pour l'exécution de ce programme d'activités d'art, rien de plus, rien de moins que de suivre le plus fidèlement possible toutes activités de lumière qu'une implacable analyse nous permet de maîtriser.

Ici, deux questions. Le peintre moderne doit-il donc se résoudre à opérer l'interprétation de la lumière autrement qu'il n'avait fait jusqu'ici ? Et Monet, tout de confiance en sa rétine, est-il le bon réalisateur ?

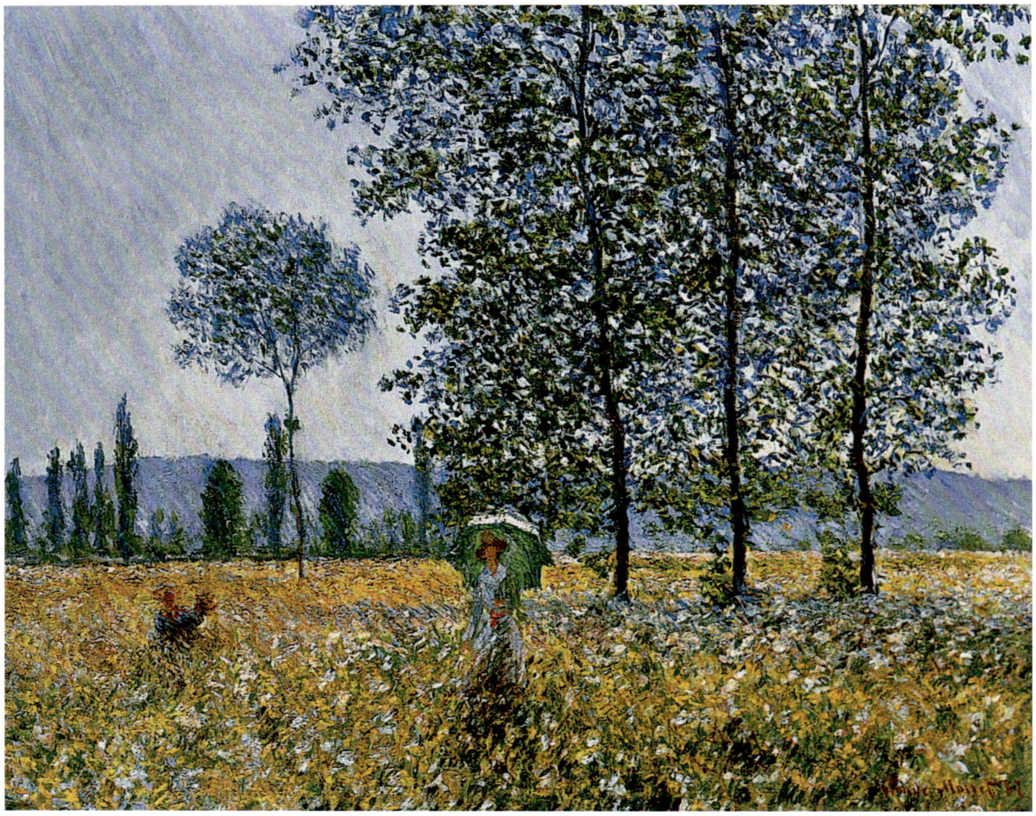

Sous les Peupliers, effet de soleil, 1887.
Huile sur toile, 74,3 x 93 cm.
Staatsgalerie, Stuttgart.

C'est la matière d'un article intitulé « *Révolution de cathédrales* », que je publiai dans la *Justice* le 20 mai 1895, et qui fut reproduit dans *Le Grand Pan* en 1896. Après les séries des *meules*, en effet, bientôt suivie de la série des *peupliers*, ce fut la série des *cathédrales* (1895) qui me mit la plume à la main. Trente ans écoulés, puisqu'il arrive que je n'ai rien à retrancher de mes paroles, je cède à la tentation de le reproduire, parce qu'il y apparaît clairement que mes vues d'aujourd'hui ne sont pas improvisées. Le voici donc dans sa plus grande partie :

J'en demande pardon aux professionnels, je ne puis résister à l'envie de m'établir, pour un jour, « critique d'art ». La faute en est à Claude Monet. Je suis entré chez Durand-Ruel, pour revoir à loisir les études de la cathédrale de Rouen dont j'avais eu la joie dans l'atelier de Giverny, et voilà que cette cathédrale aux multiples aspects, je l'ai emportée avec moi, sans savoir comment. Je ne puis m'en débarrasser. Elle m'obsède. Il faut que j'en parle, et, bien ou mal, j'en parlerai.

Je me présente tout simplement comme un de ces êtres à deux pieds, dont le principal mérite est de promener sur la terre une paire d'yeux prêts à jouir de toutes les fêtes que nous offre la divine lumière. Et là-dessus, d'abord, j'ai quelques remarques à faire. Comment arrive-t-il que tant de gens achètent à prix d'or tant de toiles bonnes ou mauvaises – plus souvent mauvaises que bonnes – et finissent probablement par en « jouir », alors qu'ils seraient incapables de s'arrêter sincèrement cinq minutes devant le paysage, ou la figure dont la représentation les ravit d'aise ? Je sais bien qu'on nous raconte que le peintre y met du sien. Mais rien n'empêche le spectateur d'en faire autant, et l'*Embarquement pour Cythère* lui-même ne nous séduit que parce qu'il nous suggère des émotions de réalités.

Dans le monde multiple, ce qui nous doit précisément charmer, c'est l'instable vibration de vie qui anime le ciel et la terre et la mer, et toute la nature grouillante et toute la nature « inerte ». Eh bien, cette mouvante merveille de toute heure qui surgit à nos yeux de tous les spectacles de la planète lumineuse, ce miracle changeant, qui ne cesse que pour enfanter d'autres miracles, cette intensité de vie qui nous vient de l'homme ou de la bête, mais qui nous vient aussi de l'herbe, du bois et de la pierre, la terre nous en prodigue la fête sans jamais se lasser. Il n'est donc pas du tout besoin d'être millionnaire pour se procurer des jouissances d'art supérieures à celles du malheureux amateur condamné à user, pendant vingt années, les mêmes épithètes stériles sur les mêmes toiles obstinément momifiées.

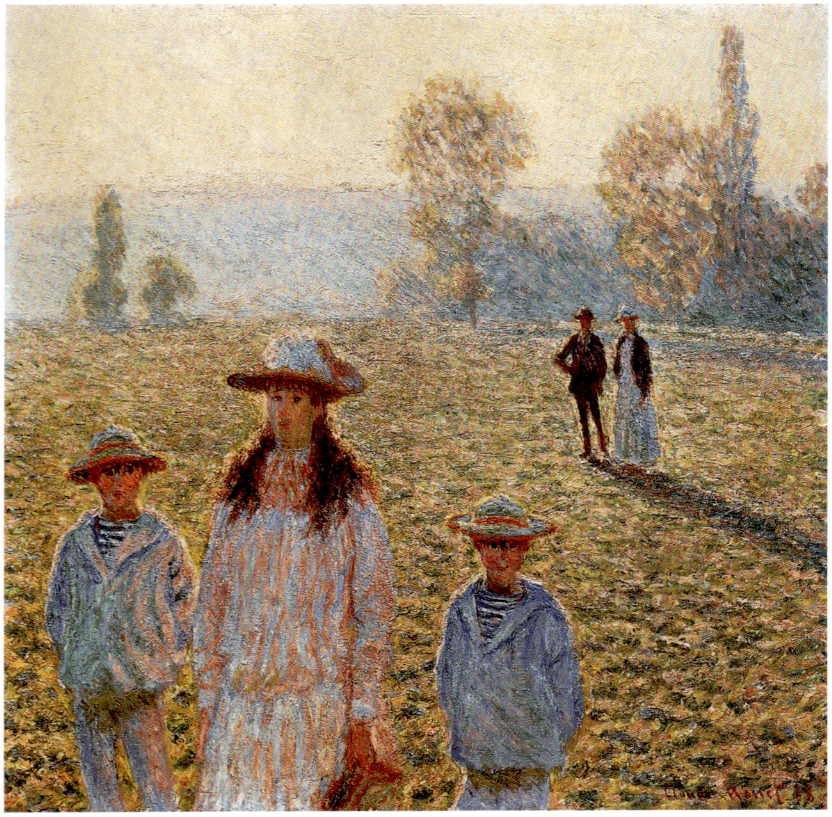

Pendant que l'infortuné se rétrécit, racornit sa faculté de voir et de sentir, paralyse, pétrifie sa puissance d'émotion, je vais de par le monde, j'interroge les choses, je tâche à saisir leurs fuyants aspects, à me mettre à l'unisson de leur harmonie, à pénétrer leur inexprimable mystère, à jouir des spectacles changeants dans une acuité de joie que je laisse au monde mouvant le soin de renouveler sans cesse.

...Oui, l'humanité vit dans un miracle, dans un miracle vrai, d'où elle peut incessamment tirer d'incroyables joies : seulement, elle n'en perçoit pas, ou, pour parler avec plus de précision, elle commence à peine d'en formuler la notion. Depuis des milliers et des milliers d'années, l'œil humain s'oppose à la planète qui lui renvoie, toutes palpitantes, les ondes de vie jaillies de l'incendie solaire. Tout ce qui nous est parvenu des monuments de l'art, depuis la hache primitive d'une proportion heureuse et d'une coloration puissante, depuis les profils d'ours et de mammouth qu'un Léonard de l'âge de pierre dessina sur les os du musée de Saint-Germain, jusqu'à la cathédrale de Monet, nous permet d'apprécier sommairement les phases de vision par où notre race a passé.

Nous savons que ce qui a frappé nos aïeux d'abord, c'est la vie dans ses manifestations les plus agitées. La forme d'ensemble, le modèle sommaire, une coloration moyenne, vaguement perçue, sans précision de tons ou de valeurs. N'est-ce

Paysage avec figures, Giverny,
« *Figures au soleil* », 1888.
Huile sur toile.
The Art Institute of Chicago, Chicago.

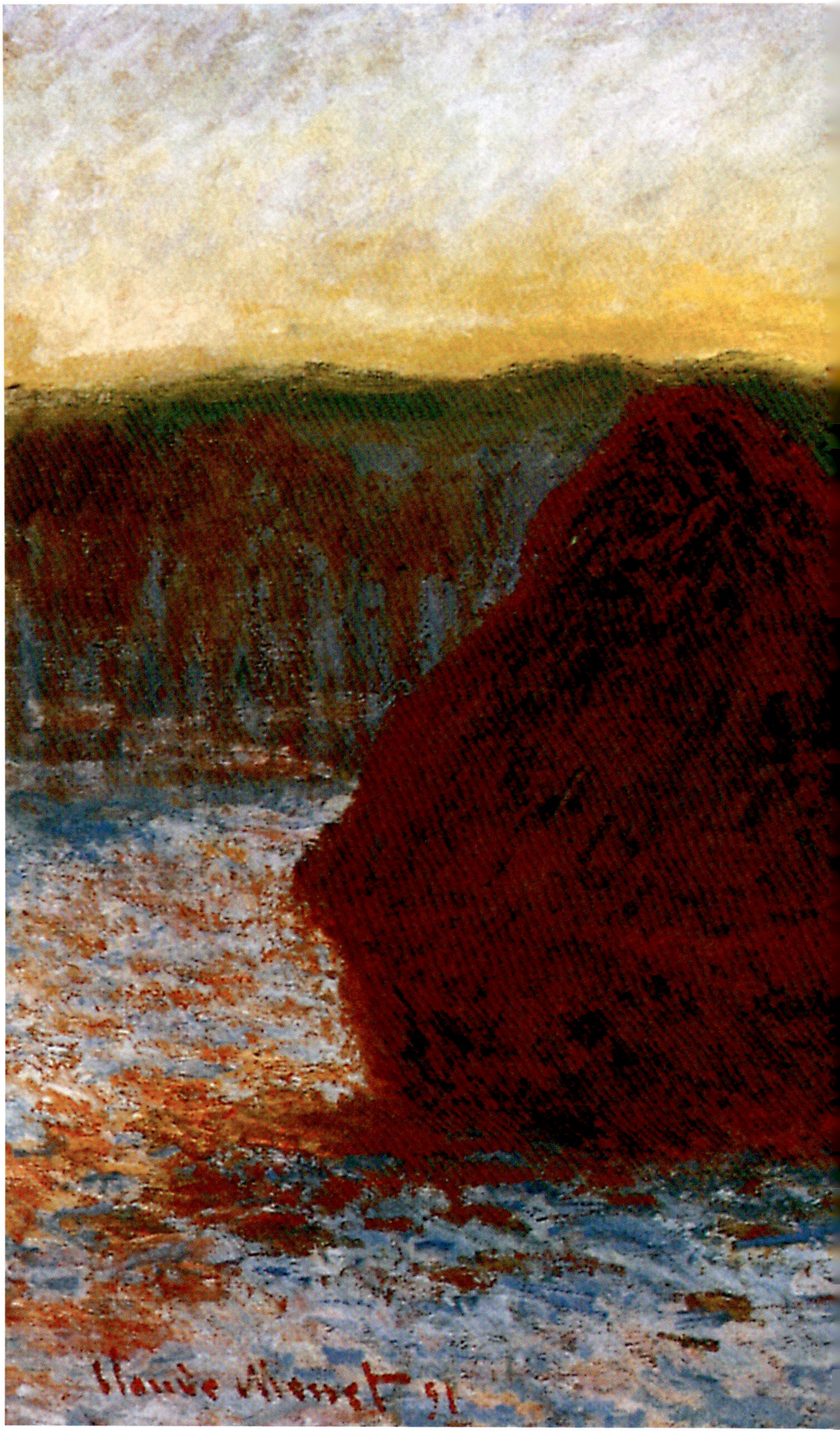

Meule, dégel, soleil couchant,
1890-1891.
Huile sur toile, 64,9 x 92,3 cm.
The Art Institute of Chicago, Chicago.

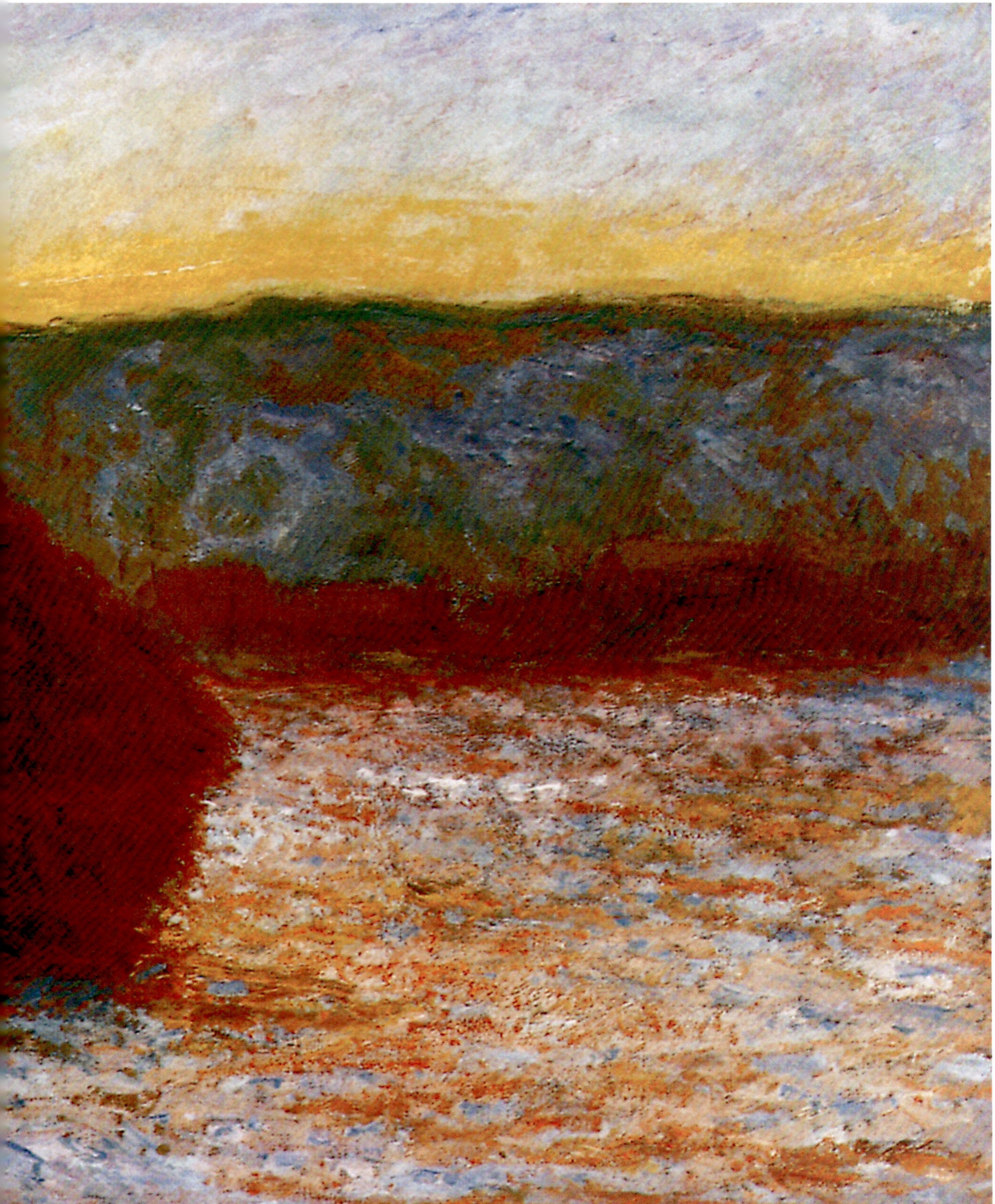

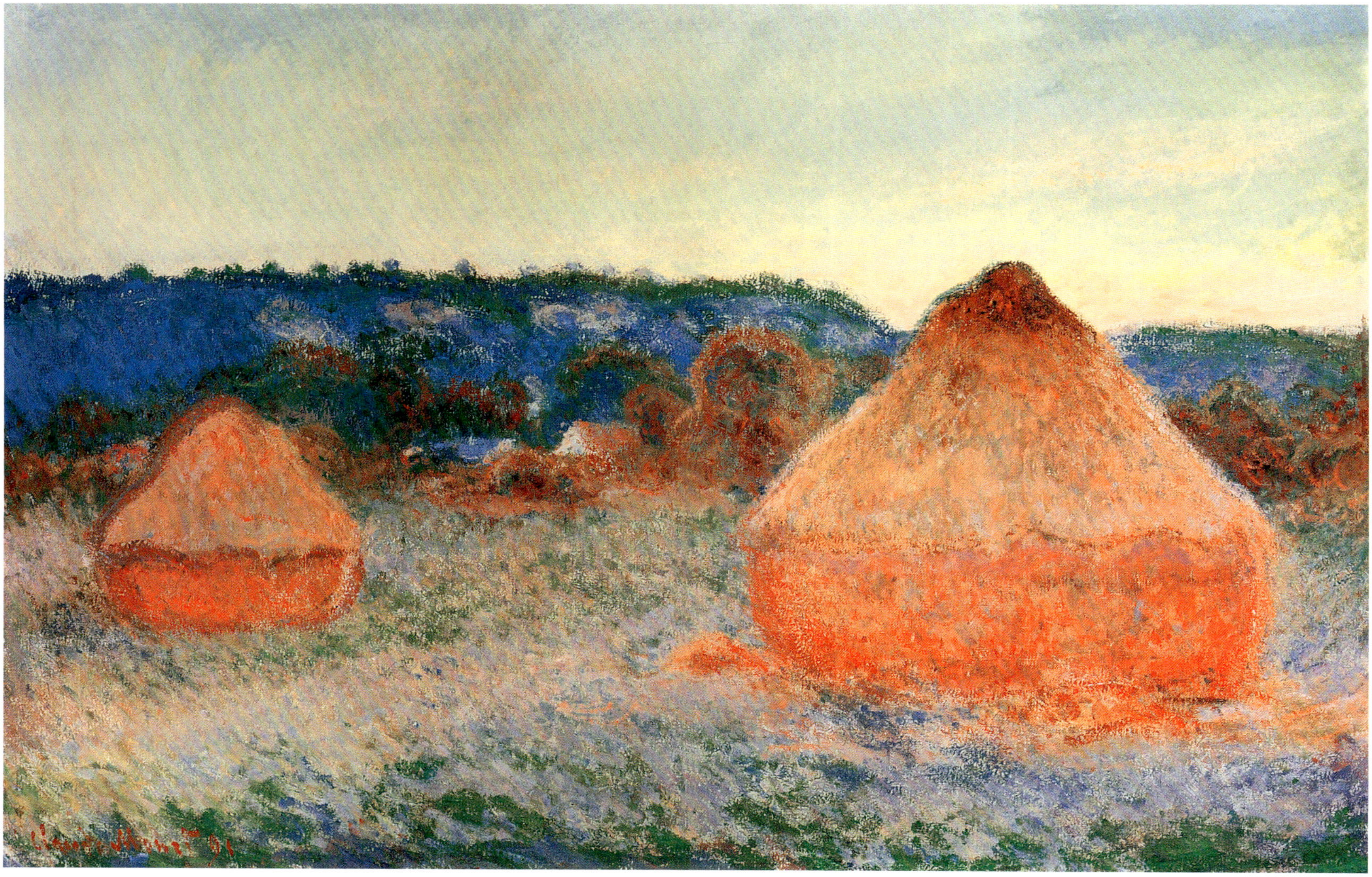

Meules, fin d'un jour d'automne,
1890-1891.
Huile sur toile, 65,8 x 101 cm.
The Art Institute of Chicago, Mr and Mrs Lewis Larned Coburn Memorial Collection, Chicago.

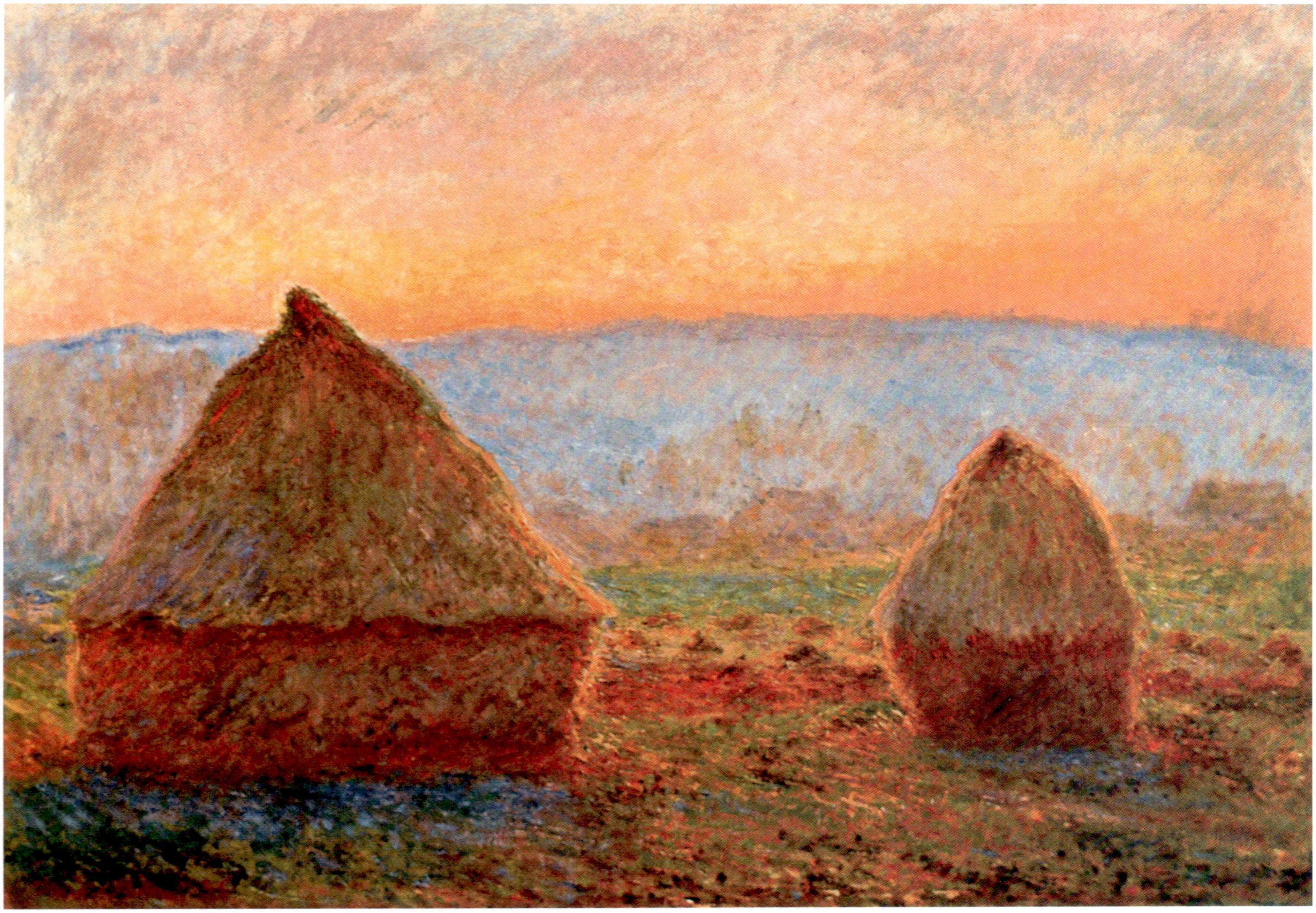

Les Meules à Giverny, soleil couchant,
1888-1889.
Huile sur toile, 65 x 92 cm.
The Saitama Museum of Modern Art,
Urawa-shi, Saitama.

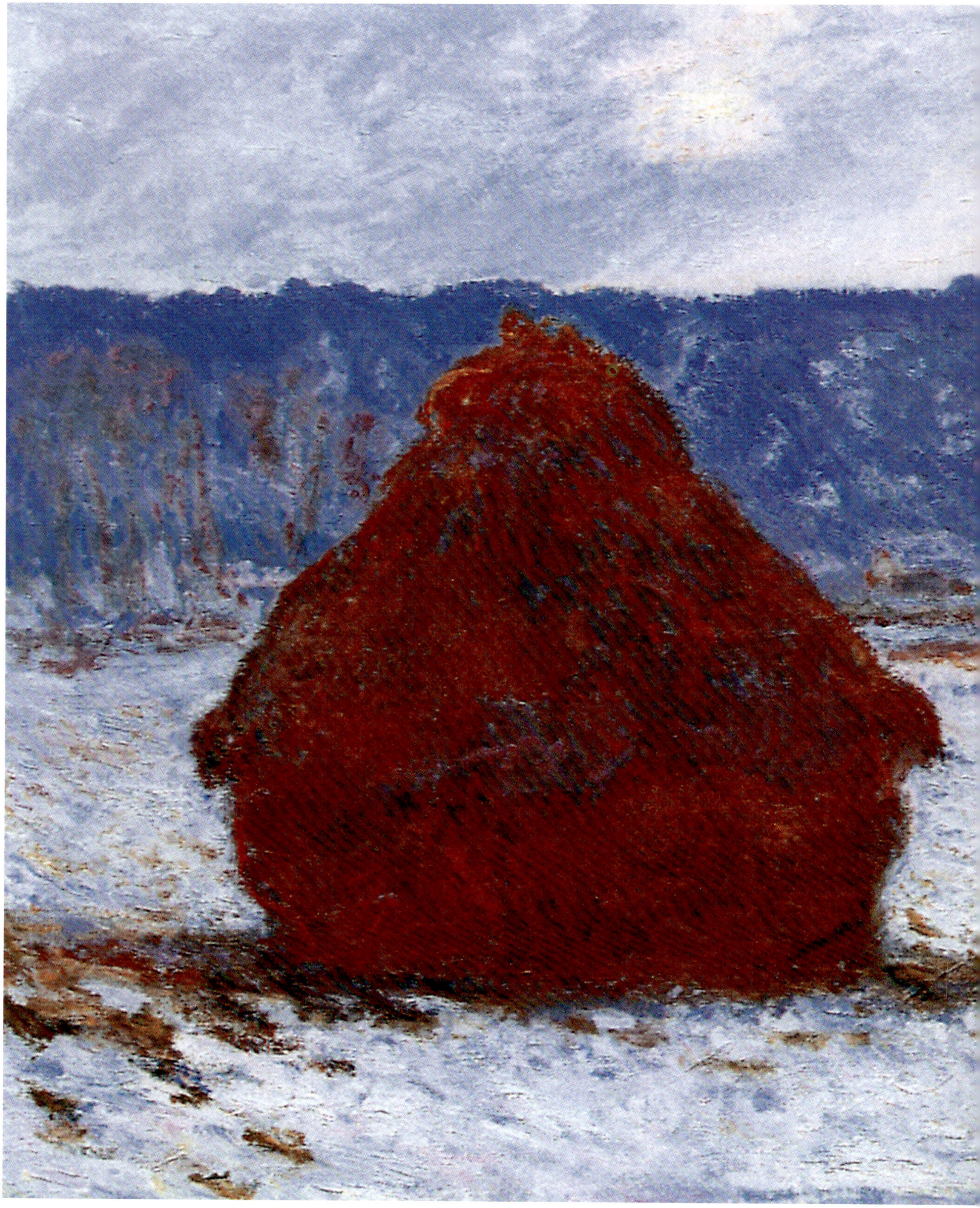

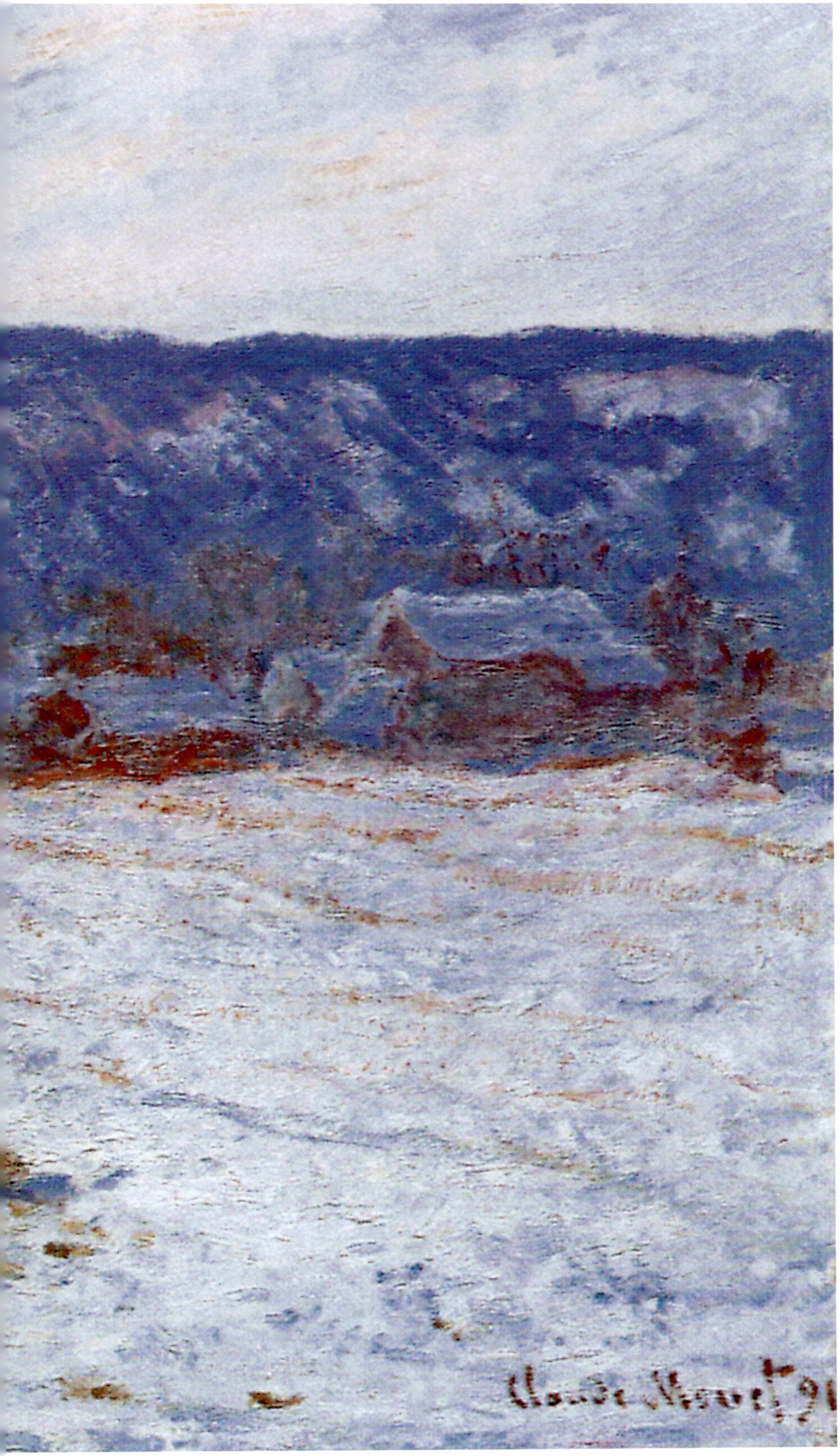

Meule, effet de neige, temps couvert, 1890-1891.
Huile sur toile, 66 x 93 cm.
The Art Institute of Chicago,
Collection Mr and Mrs Martin A.
Ryerson, Chicago.

Les Peupliers, effet blanc et jaune ou
Peupliers sur les rives de l'Epte, 1891.
Huile sur toile, 100 x 65 cm.
The Philadelphia Museum of Art,
Philadelphie.

Les Peupliers, trois arbres roses, automne, 1891.
Huile sur toile, 93 x 74 cm.
The Philadelphia Museum of Art,
Chester Dale Collection, Philadelphie.

d'une étude d'autant plus précise de la lumière que le sujet, supposé immuable, accusait plus fortement la mobilité lumineuse. C'était une évolution qui s'affirmait, une manière nouvelle de regarder, de sentir, d'exprimer : une révolution. De ce champ de coquelicots, bordé de ses trois peupliers, date une époque de notre histoire dans la sensation comme dans l'expression des choses.

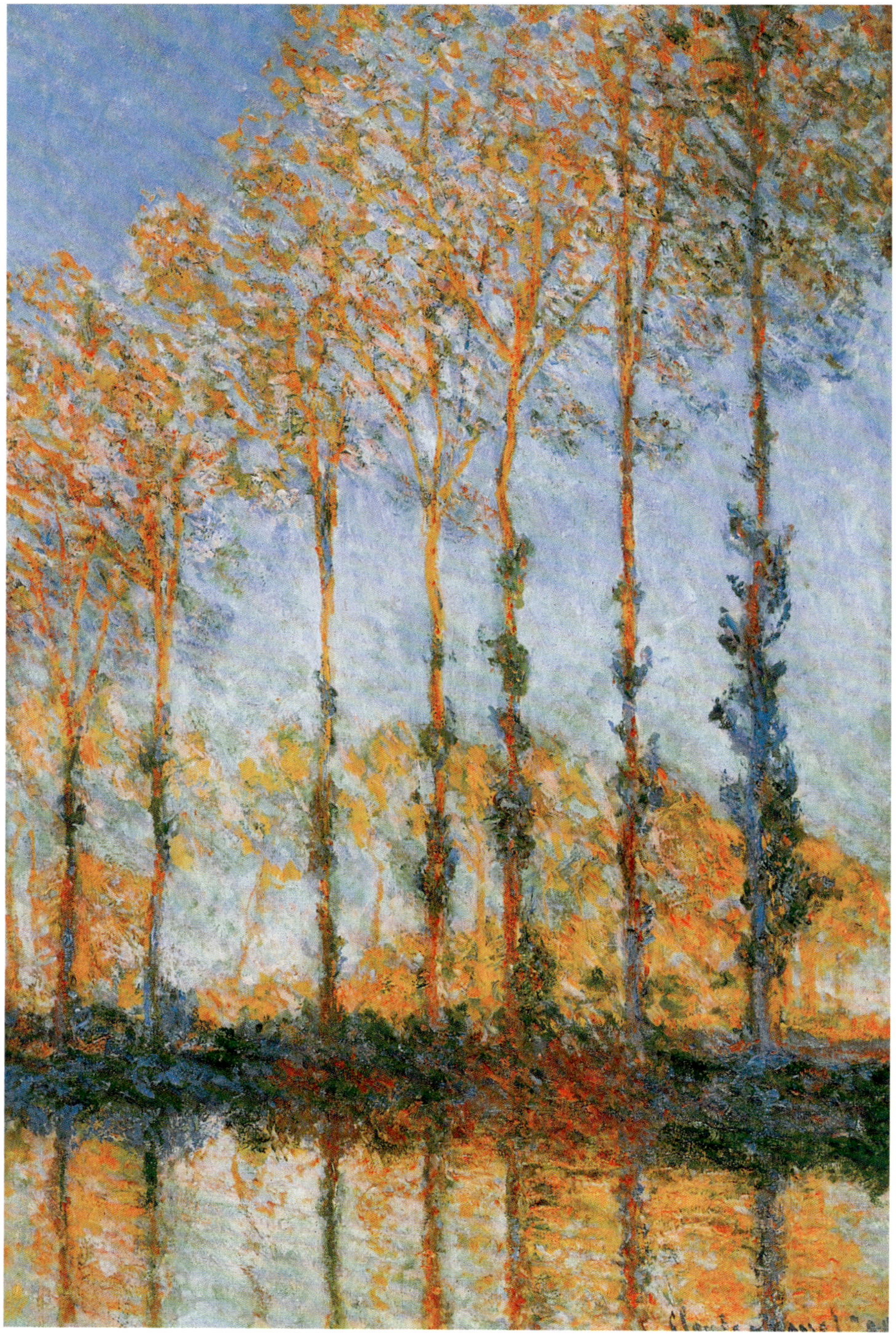

Les *meules*, les *peupliers* suivirent. Les mêmes *meules*, les mêmes *peupliers*, au couchant, au levant, au midi, dans la brume et dans le soleil, dans la pluie, dans le vent, dans la neige. Et puis ce fut Vernon, éclatant de lumière ou fondu dans le brouillard.

L'artiste avait compris qu'il ne pouvait échapper à l'analyse du phénomène, et que si, dans une même journée, le matin rejoint le soir, par une série de transitions infinies, chaque moment nouveau de chaque jour variable constitue, sous les nuées de la lumière, un nouvel état de l'objet qui n'avait jamais été et jamais ne sera plus. Cet état, l'œil parfait doit être apte à le saisir comme la main à le rendre.

N'est-ce pas là vraiment une conception nouvelle et de la perception et de l'expression ?

L'objet, obscur en soi, reçoit du soleil toute vie, tout pouvoir d'impression visuelle. Mais ces ondes lumineuses qui l'enveloppent, qui le pénètrent, qui le font irradier dans le monde, sont en perpétuelle turbulence, éblouissantes lueurs d'éclairs, embruns de lumière, tempêtes de clartés. Que sera le modèle sous cette fureur d'atomes vivants à travers laquelle il transparaît, par laquelle il nous est visible, par laquelle, pour nous, *il est*, véritablement ? Voilà ce qu'il faut savoir maintenant, ce qu'il faut exprimer par la peinture, ce qu'il faut décomposer de l'œil et recomposer de la main.

C'est, en effet, ce que l'audacieux Monet entreprit de faire avec ses vingt toiles de la cathédrale de Rouen, réparties en quatre séries que j'appellerais : série grise, série blanche, série irisée, série bleue. Avec vingt toiles, d'effets divers justement choisis, le

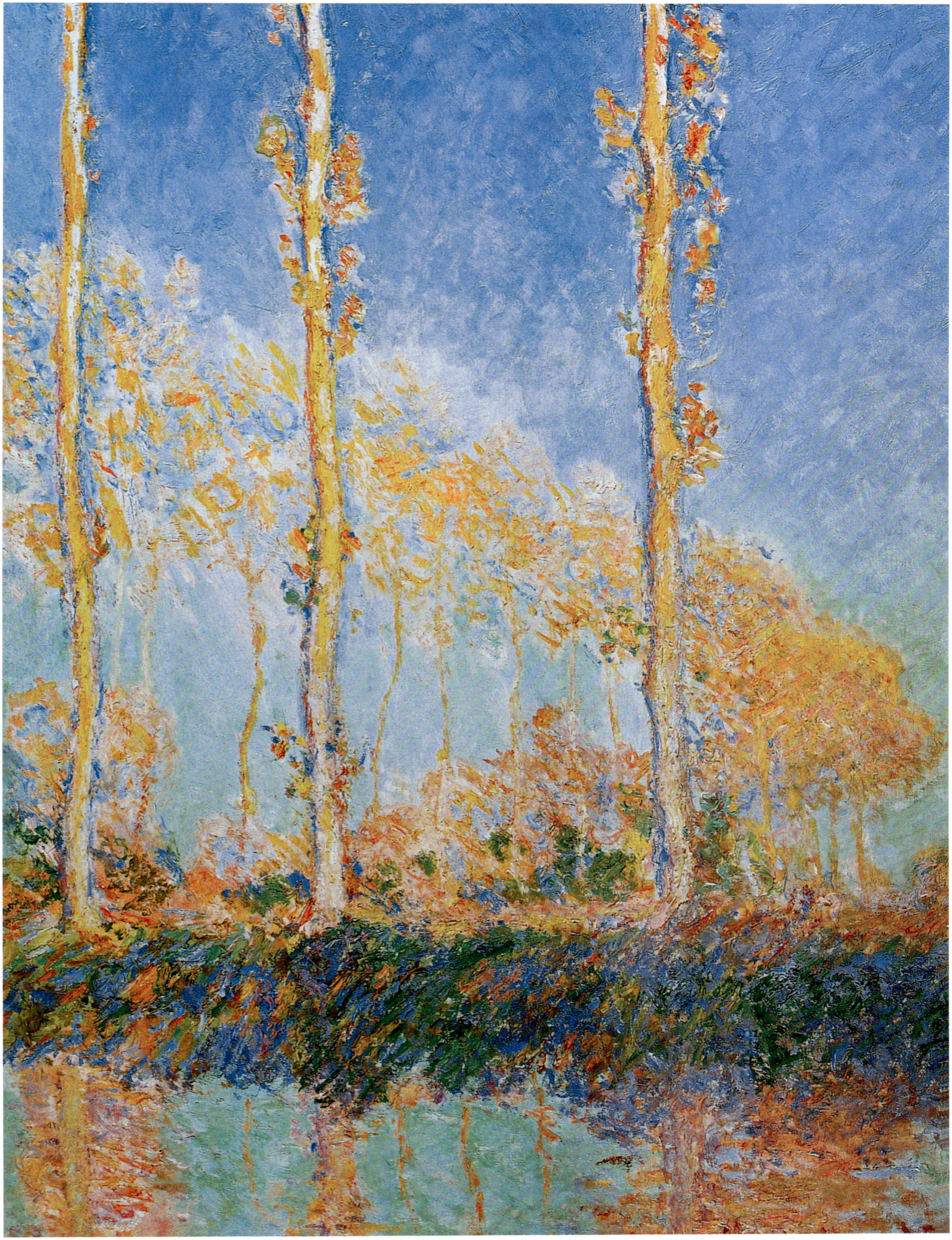

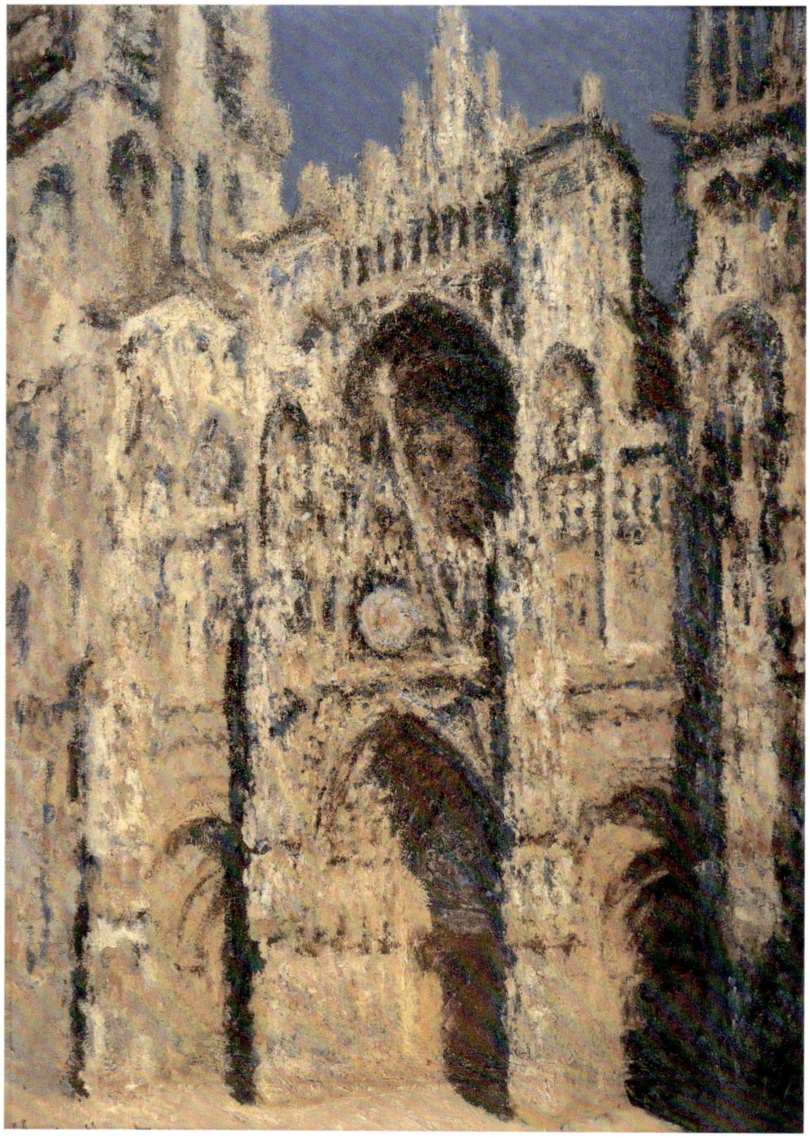

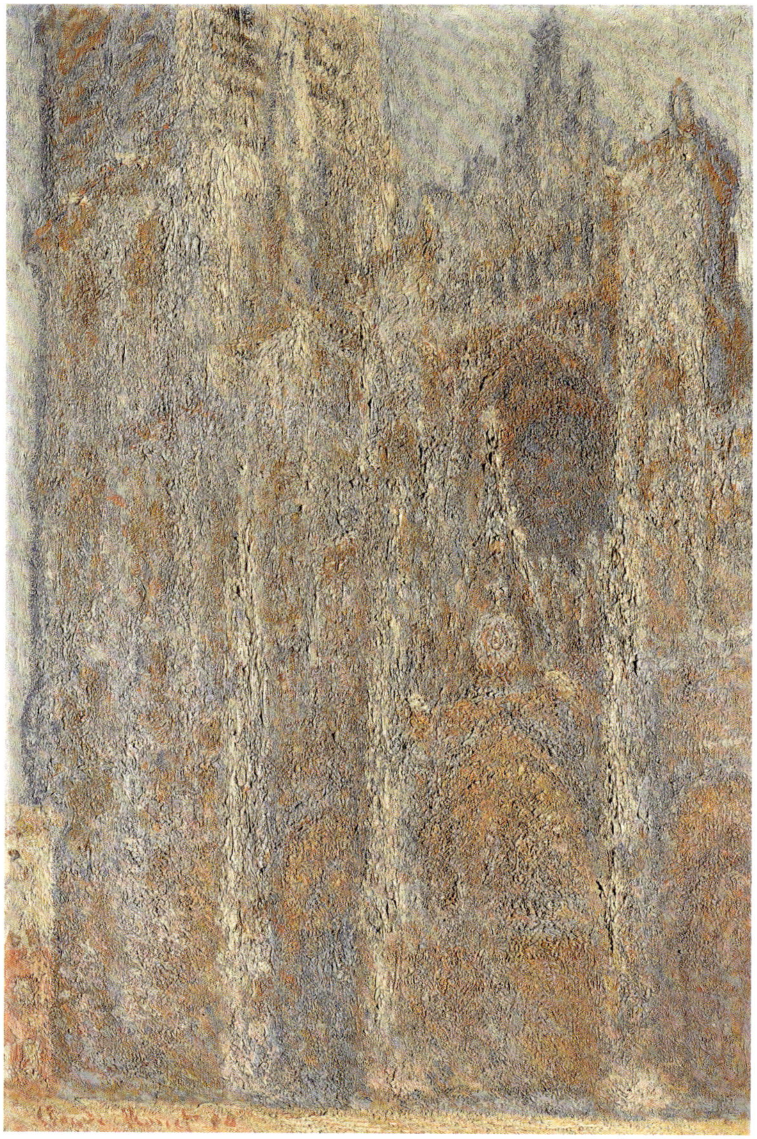

La Cathédrale de Rouen.
Le portail et la tour Saint-Romain,
plein soleil, 1893.
Huile sur toile, 107 x 73,5 cm.
Musée d'Orsay, Paris.

La Cathédrale de Rouen à midi, 1894.
Huile sur toile, 101 x 65 cm.
Musée des Beaux-Arts Pouchkine,
Moscou.

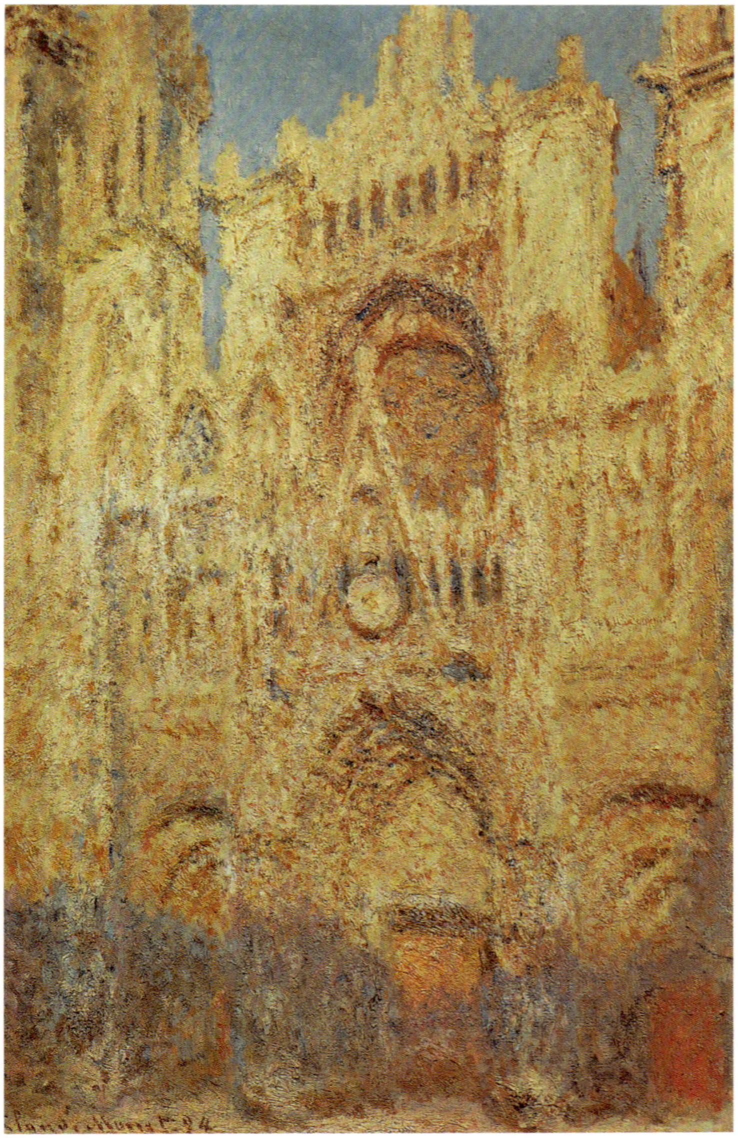

La Cathédrale de Rouen le soir, 1894.
Huile sur toile, 100 x 65 cm.
Musée des Beaux-Arts Pouchkine,
Moscou.

Cathédrale de Rouen,
coucher de soleil, 1892-1894.
Huile sur toile, 100 x 65 cm.
National Museum of Wales, Cardiff.

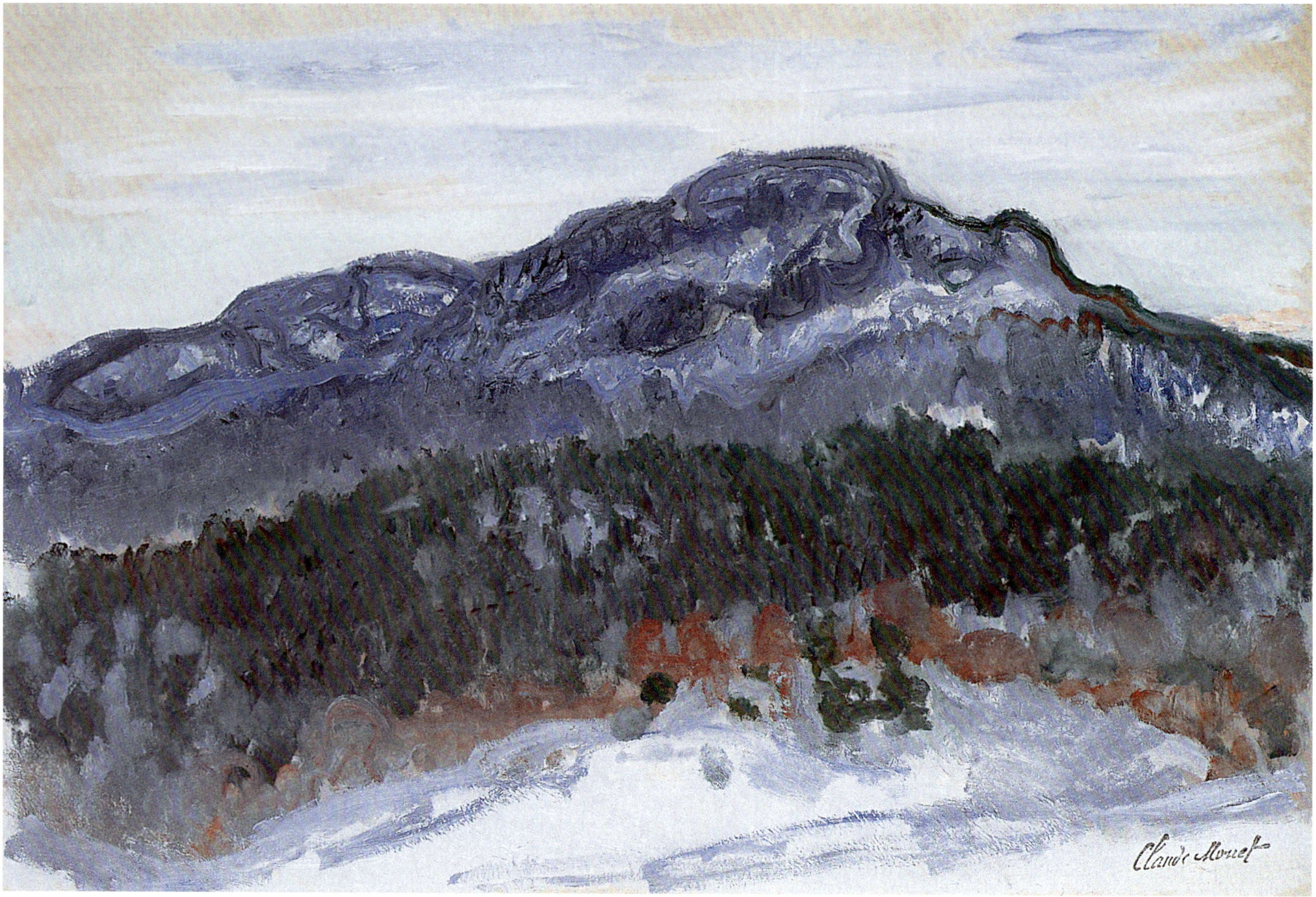
Claude Monet

peintre nous a donné le sentiment qu'il aurait pu, qu'il aurait dû en faire cinquante, cent, mille, autant qu'il y aurait de secondes dans sa vie, si sa vie durait autant que le monument de pierre, et qu'à chaque battement de son pouls il pût fixer sur la toile autant de moments du modèle. Aussi longtemps que le soleil sera sur elle, il y aura autant de manières d'être de la cathédrale de Rouen que l'homme pourra faire de divisions dans le temps. L'œil parfait les distinguerait toutes, puisqu'elles se résument en des vibrations perceptibles même pour notre rétine actuelle. L'œil de Monet, précurseur, nous devance et nous guide dans l'évolution visuelle qui rend plus pénétrante et plus subtile notre perception de l'univers.

Ainsi l'art, en s'attachant à exprimer la nature avec une précision de plus en plus affinée, nous apprend à regarder, à percevoir, à sentir. Et de l'expression toujours plus serrée, jaillit la sensation toujours plus aiguë. La merveille de la sensation de Monet, c'est de voir vibrer la pierre et de nous la donner vibrante, baignée des vagues lumineuses qui se heurtent et se pulvérisent en éclaboussures d'étincelles. C'en est fini de la toile immuable de mort : maintenant la pierre elle-même vit, on la sent muer de la vie qui précède en la vie qui va suivre. Elle n'est plus comme figée, pour le spectateur. Elle passe. On la voit passer.

Je ne dis rien de la technicité des couleurs. Ce n'est pas mon affaire. On raconte qu'un peintre de l'Antiquité, impuissant à rendre l'écume d'un cheval emporté, jeta sa brosse, de dépit, qui, s'écrasant sur le panneau, réalisa de hasard ce que l'art n'avait pu faire. Cette légende ne fait qu'attester, dans les antiques annales, les désespoirs des difficultés non résolues. À regarder de près ces cathédrales de Monet, il semble qu'elles soient faites de je ne sais quel mortier versicolore broyé sur la toile dans un accès de fureur. Tout cet emportement sauvage est fait de passion, sans doute, mais de science aussi. Comment l'artiste peut-il, à quelques centimètres de sa toile, se rendre compte d'un effet à la fois précis et subtil qu'on ne peut apprécier qu'avec le recul ? C'est le déconcertant mystère de son écran rétinien.

Tout ce qui m'importe, c'est que je vois surgir le monolithe dans son unité puissante, dans son autorité souveraine. Le dessin serré, net, mathématiquement précis, accuse, avec la conception géométrique de l'ensemble, et les masses qui s'ordonnent et les vives arêtes du fouillis sculptural où s'enchâssent les statues. La pierre, allégée de lumière, demeure dure et résistante sous le poids des siècles. La masse tient bon, solide dans l'estompe de brume, attendrie sous les ciels changeants, éclatant en poudreuse fleur de pierre dans l'embrasement du soleil. Fleur de pierre vibrante, inondée d'une vie offrant aux baisers de l'astre ses troublantes volutes de joie, et faisant jaillir la volupté de vivre des caresses d'un rayon d'or sur un peu de poussière.

Habilement choisis, les vingt états de lumière, des vingt toiles, s'ordonnent, se classent, se complètent en une évolution achevée. Le monument, grand témoin du soleil, darde au ciel l'élan de sa masse autoritaire qu'il offre aux combats des clartés. Dans ses profondeurs, dans ses saillies, dans ses replis puissants ou ses arêtes vives,

Mont Kolsaas, 1895.
Huile sur toile, 65 x 92 cm.
Collection privée, États-Unis.

le flot de l'immense marée solaire accourt de l'espace infini, se brise en vagues lumineuses battant la pierre de tous les feux du prisme, ou apaisées en obscurités claires. De cette rencontre se fait le jour, le jour changeant, le jour vivant, le jour noir, gris, blanc, bleu, pourpré, toutes les gammes de lumière. C'est que toutes les couleurs sont brûlées de clarté – « *ramenées, suivant l'expression de Duranty, à cette unité lumineuse qui tond ses sept rayons prismatiques en un seul éclat incolore qui est la lumière.* »

Accrochées comme elles sont, les vingt toiles nous sont vingt révélations merveilleuses, mais l'étroite relation qui les lie échappe, je le crains, au rapide observateur. Ordonnées suivant leur fonction, elles feraient apparaître la parfaite équivalence de l'art et du phénomène : le miracle. Supposez-les rangées aux quatre murailles en séries de transitions de lumière : la grande masse noire au début de la *série grise* qui va toujours s'éclairant, la *série blanche* allant de la lumière fondue aux précisions éclatantes qui se continuent et s'achèvent des feux de la *série irisée*, lesquels s'apaisent dans le calme de la *série bleue* et s'évanouissent dans la divine brume mourant en clarté.

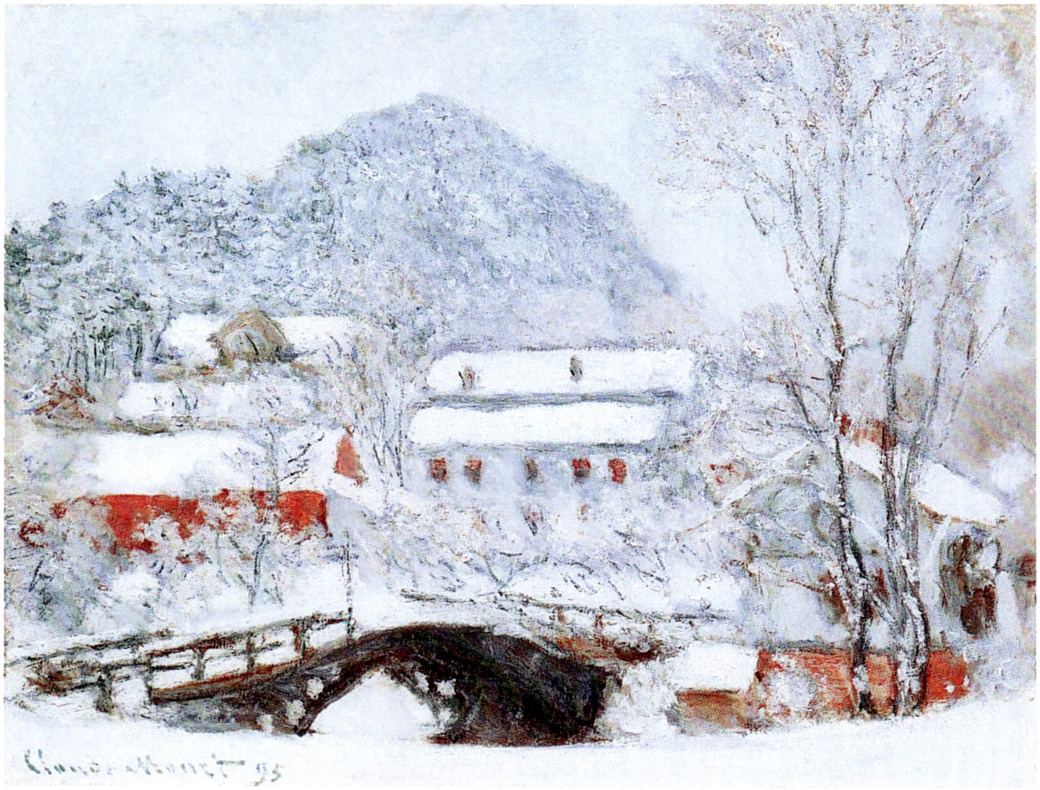

Alors, d'un grand coup d'œil circulaire, vous auriez, en éblouissement, la perception du monstre, la révélation du prodige. Et ces cathédrales grises, qui sont de pourpre ou d'azur violentées d'or, et ces cathédrales blanches, aux portiques de feu, ruisselantes de flammes vertes, rouges ou bleues, et ces cathédrales d'iris, qui semblent vues au travers d'un prisme tournant, et ces cathédrales bleues, qui sont roses, vous donneraient tout à coup la durable vision, non plus, de vingt, mais de cent, de mille, d'un milliard d'états de la cathédrale de toujours dans le cycle sans fin des soleils. Ce serait la vie même telle que la sensation nous en peut être donnée dans sa réalité la plus vivante. Ultime perfection d'art, jusqu'ici non atteinte.

C'est pourquoi, en post-scriptum, je me plaignais qu'il ne se fût pas trouvé un amateur pour acheter toute la série des meules, par exemple, afin d'éclairer l'ensemble du problème au bénéfice de spectateurs qui, passant devant un unique exemplaire, n'en peuvent dégager la grande leçon qui appelle en vain leurs regards. Au vrai, tout le vif

Le Village de Sandviken sous la neige,
1895.
Huile sur toile, 73,4 x 92,5 cm.
The Art Institute of Chicago, Chicago.

Paysage d'hiver (Village de Sandviken),
1895.
Huile sur carton, 37 x 52,5 cm.
Ārzemju mākslas muzejs, Riga.

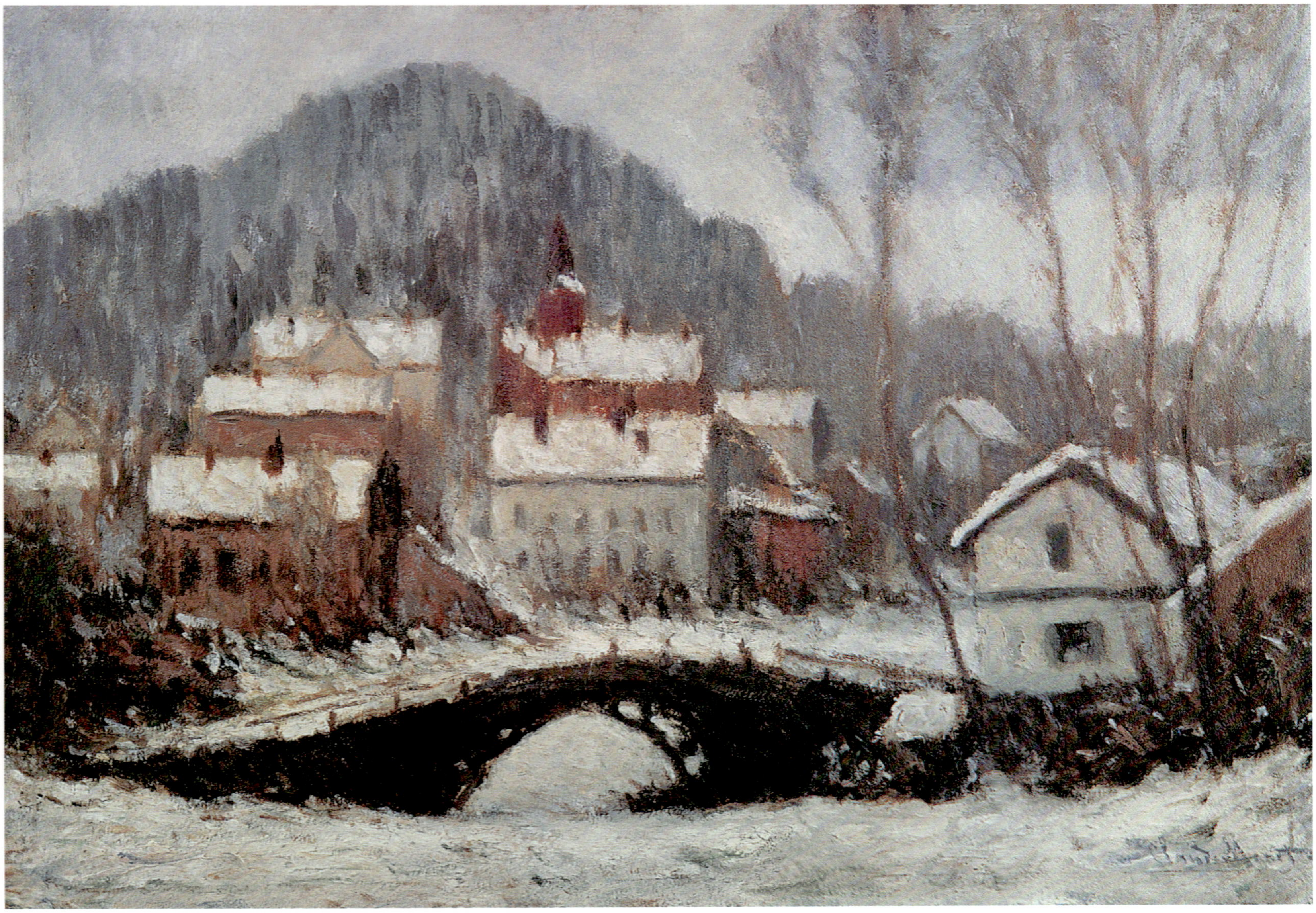

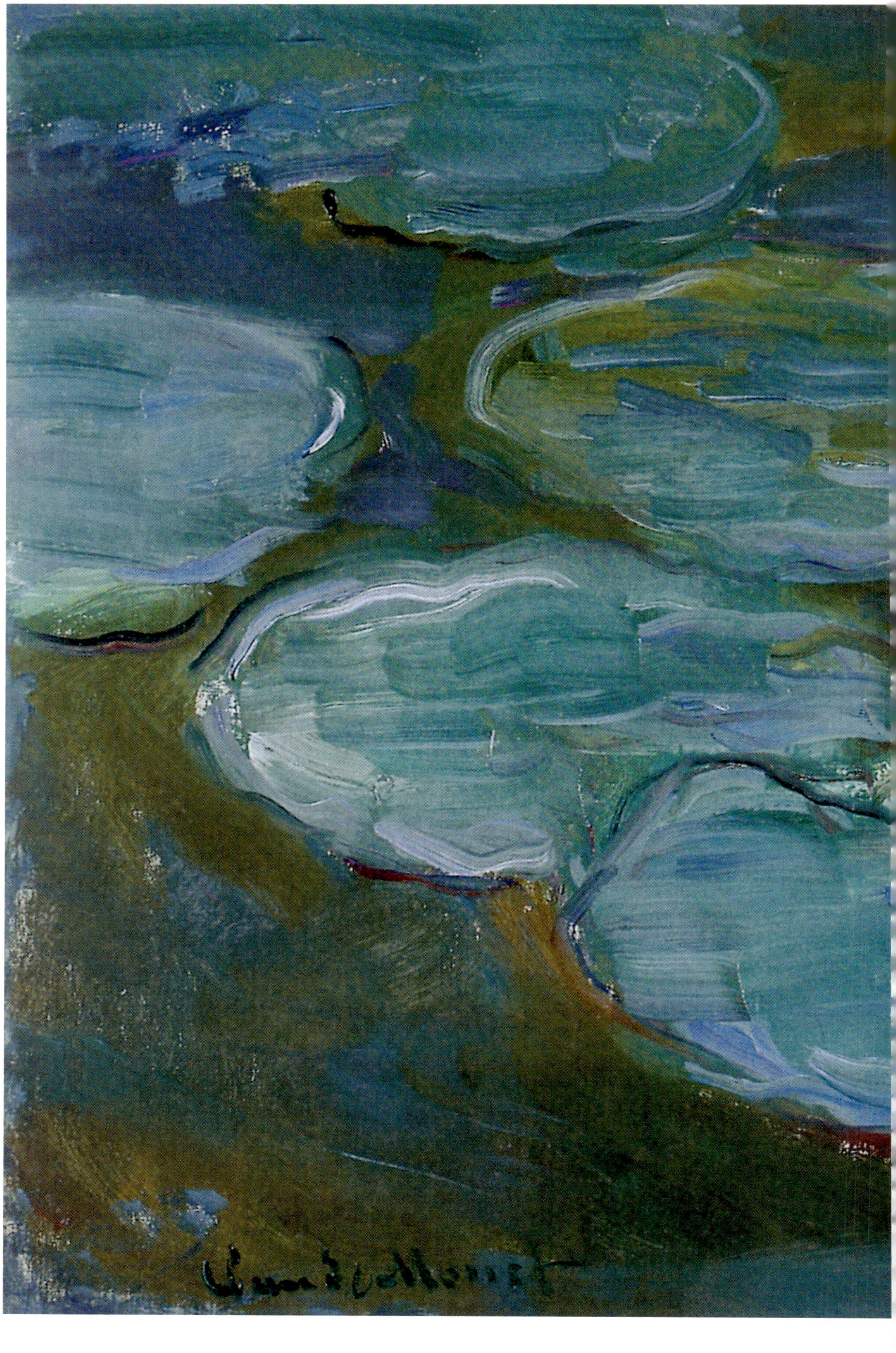

Nymphéas, 1897-1898.
Huile sur toile, 66,04 x 104,14 cm.
Los Angeles County Museum of Art,
Los Angeles.

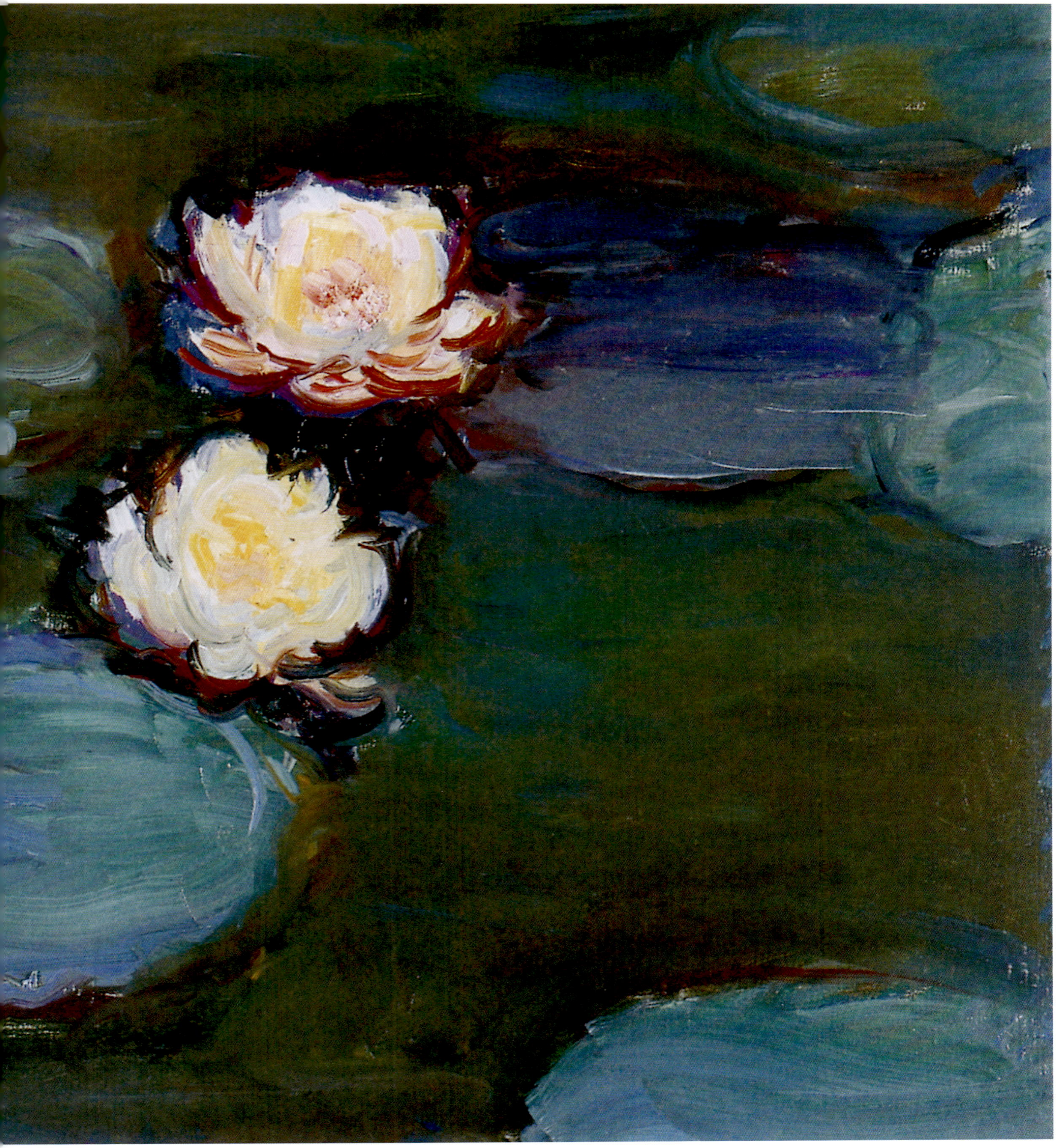

dans les tonalités légères du XVIIIe siècle. Ils ne se sont pas seulement préoccupés de ce jeu fin et souple de colorations qui résultent de l'observation des valeurs les plus délicates dans les tons, ou qui s'opposent ou se pénètrent l'un l'autre. La découverte de ceux-ci consiste proprement à avoir reconnu que la grande lumière décolore les tons, que le soleil reflété par les objets tend, à force de clarté, à les ramener à cette unité lumineuse qui fond ses sept rayons prismatiques en un seul éclat incolore qui est la lumière. D'intuition en intuition, ils en sont arrivés peu à peu à décomposer la lueur solaire en ses rayons, en ses éléments, et à recomposer son unité par l'harmonie générale des irisations qu'ils répandent sur leur toile. Au point de vue de la délicatesse de l'œil, de la subtile pénétration du coloris, c'est un résultat tout à fait extraordinaire. Le plus savant physicien ne pourrait rien reprocher à leurs analyses de la lumière. »

On voit que ce qu'il y avait à dire avait été dit. Il ne restait plus qu'à faire. Ce fut la tâche de Monet.

VIII. Les Nymphéas du jardin d'eau

Pour dire tout d'abord ce que j'ai sur le cœur, les *Nymphéas* des Tuileries sont encore ignorés du grand public parisien. Je n'ai pas la simplicité d'en marquer ma surprise. La foule cherche d'abord ce qui est à sa portée. Il a fallu beaucoup de temps pour l'amener aux chefs-d'œuvre des musées, et aujourd'hui encore, si vous donnez l'ordre au chauffeur de taxi de vous conduire « au Louvre », il ne manquera pas de vous mener aux grands magasins de ce nom. Il faut bien reconnaître que le musée de l'Orangerie n'est pas fait pour l'œil du vulgaire. Mais je ne vois pas pourquoi l'œil de tel Crésus de pacotille s'est accoutumé tant bien que mal à la peinture des grandes enchères, tandis qu'un simple Français serait nécessairement rebelle aux sollicitations de Monet.

La vérité est qu'il s'est institué tout doucement une conspiration passive du silence, inconsciemment favorisée de l'insouciance administrative. Au pan coupé de la terrasse des Tuileries, une petite planche grise, un peu plus grande que le fond de mon chapeau, fait mine d'apprendre au public qu'il y a quelque chose là. À quelques pas plus loin, le mois dernier, un gigantesque panonceau annonçait superbement une assemblée de chiens. Le public n'hésitait pas. Est-ce donc rendre justice à une exposition d'art, telle qu'il n'y en a pas et qu'il n'y en aura pas de longtemps dans le monde civilisé ?

La direction des Beaux-Arts, et l'excellent architecte, M. Camille Lefèvre, nous ont donné un chef-d'œuvre d'aménagement digne de l'œuvre et du pays qui s'en honore. Il ne faut plus que faire savoir au public routinier qu'il peut trouver là ample matière à s'émerveiller. Mes promenades m'ont fait connaître que les visiteurs, une fois venus, n'hésitent pas à revenir. À nos Parisiens d'apprendre qu'ils trouveront au cœur de

Nymphéas roses, 1897-1899.
Huile sur toile, 81 x 100 cm.
Galleria nazionale d'arte moderna e contemporanea, Rome.

Le Bassin aux nymphéas et le pont japonais, 1899.
Huile sur toile, 90,5 x 89,7 cm.
Princeton University Art Museum, Princeton.

Nymphéas blancs, 1899.
Huile sur toile, 89 x 93 cm.
Musée des Beaux-Arts Pouchkine, Moscou.

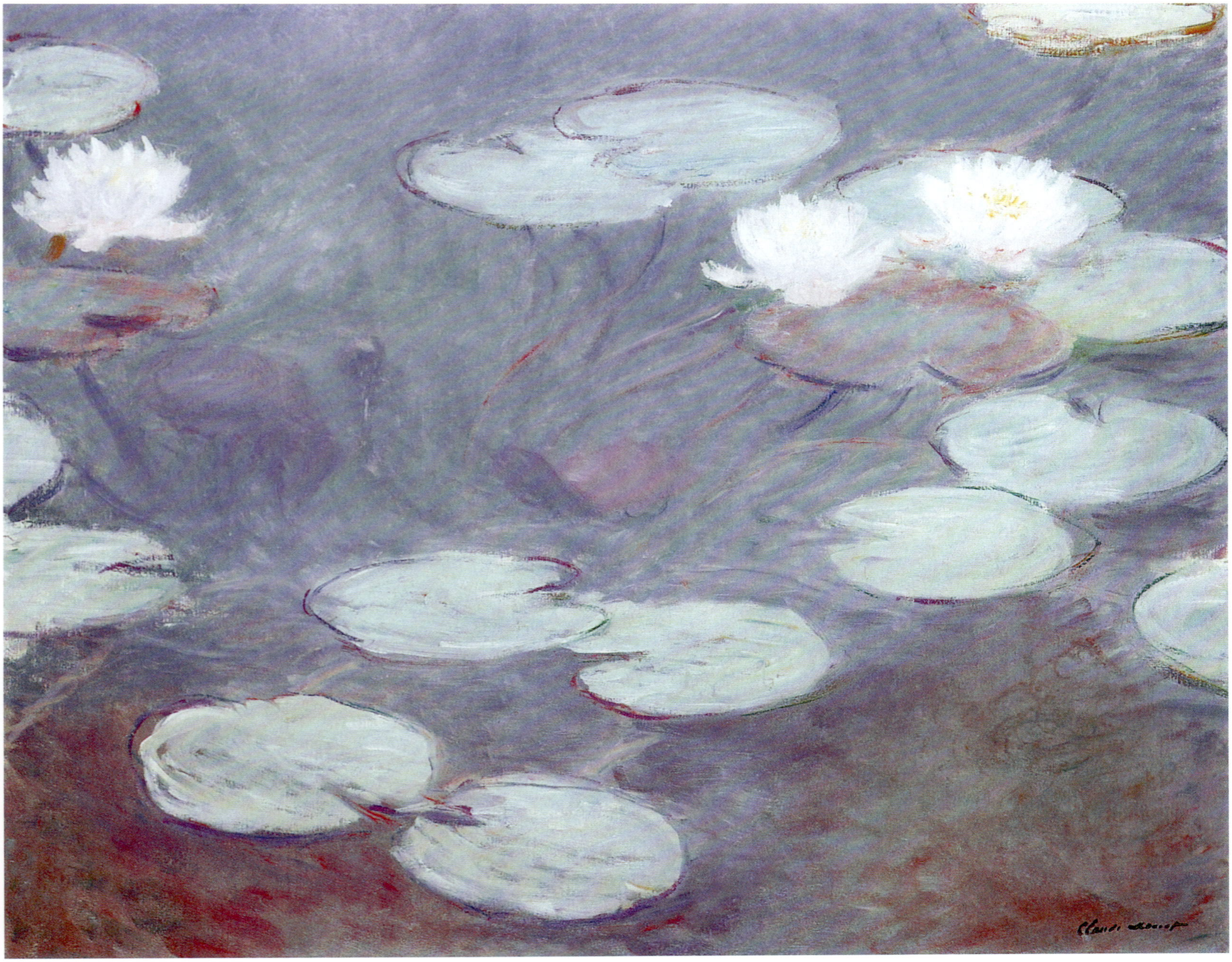

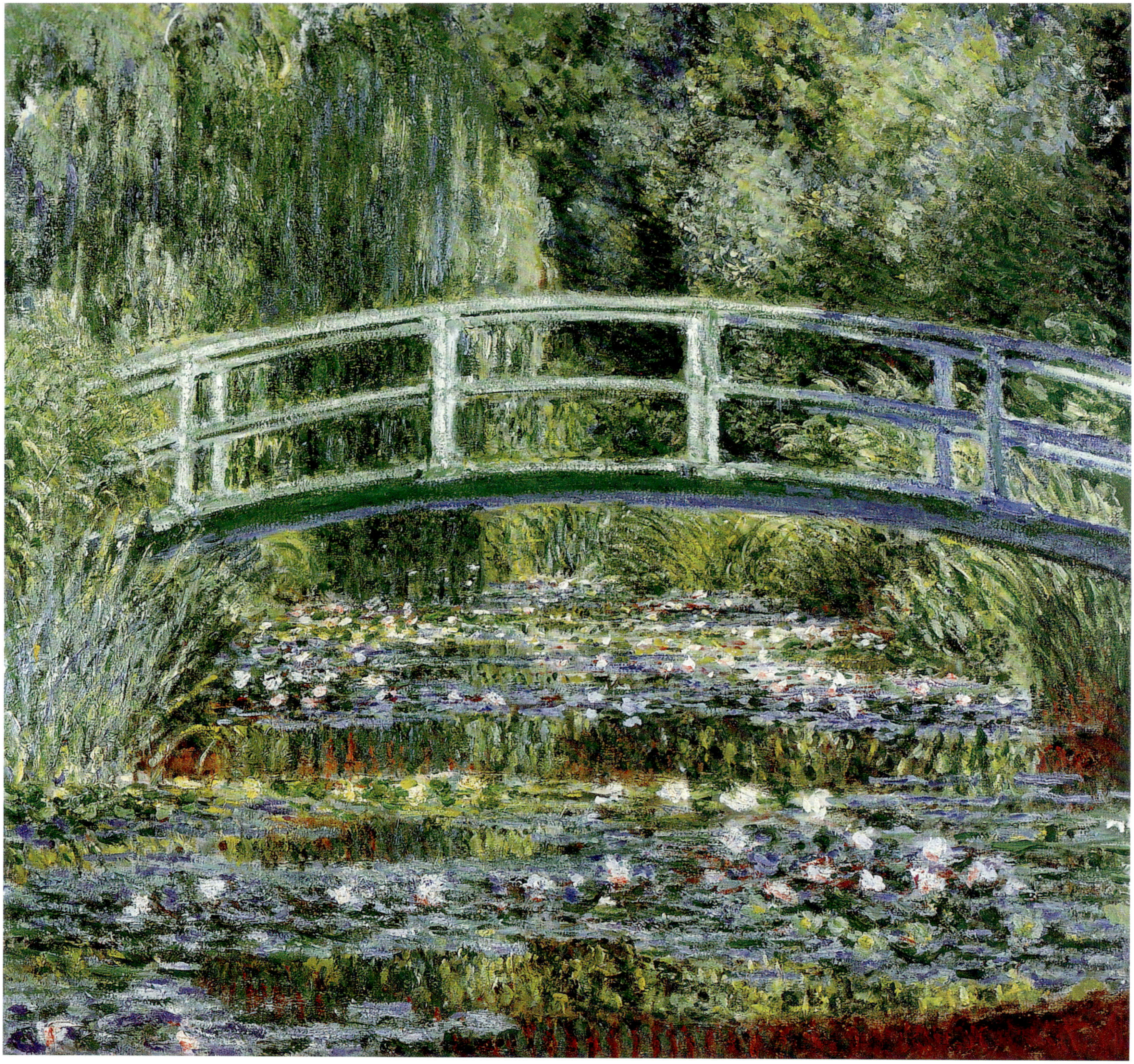

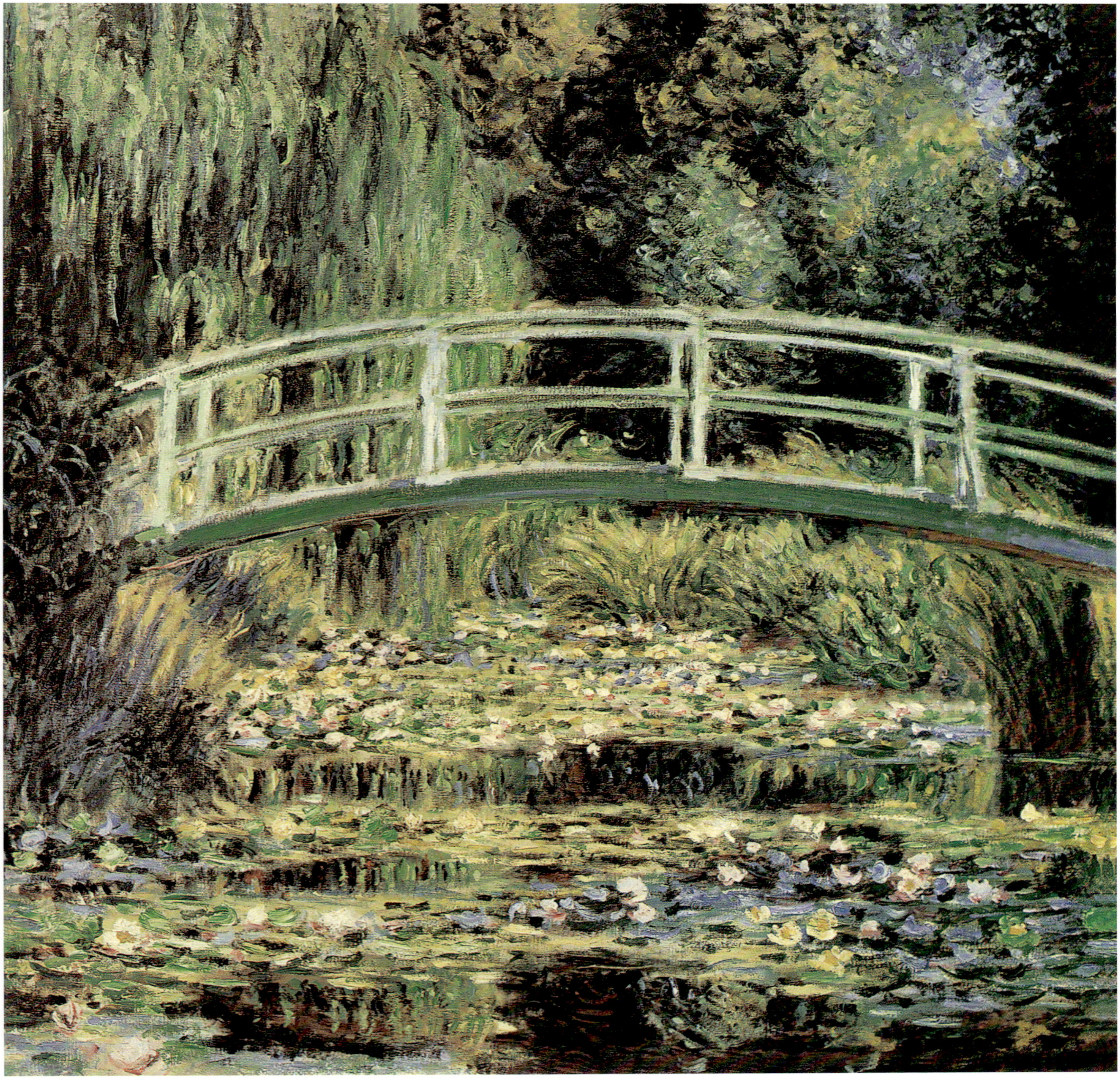

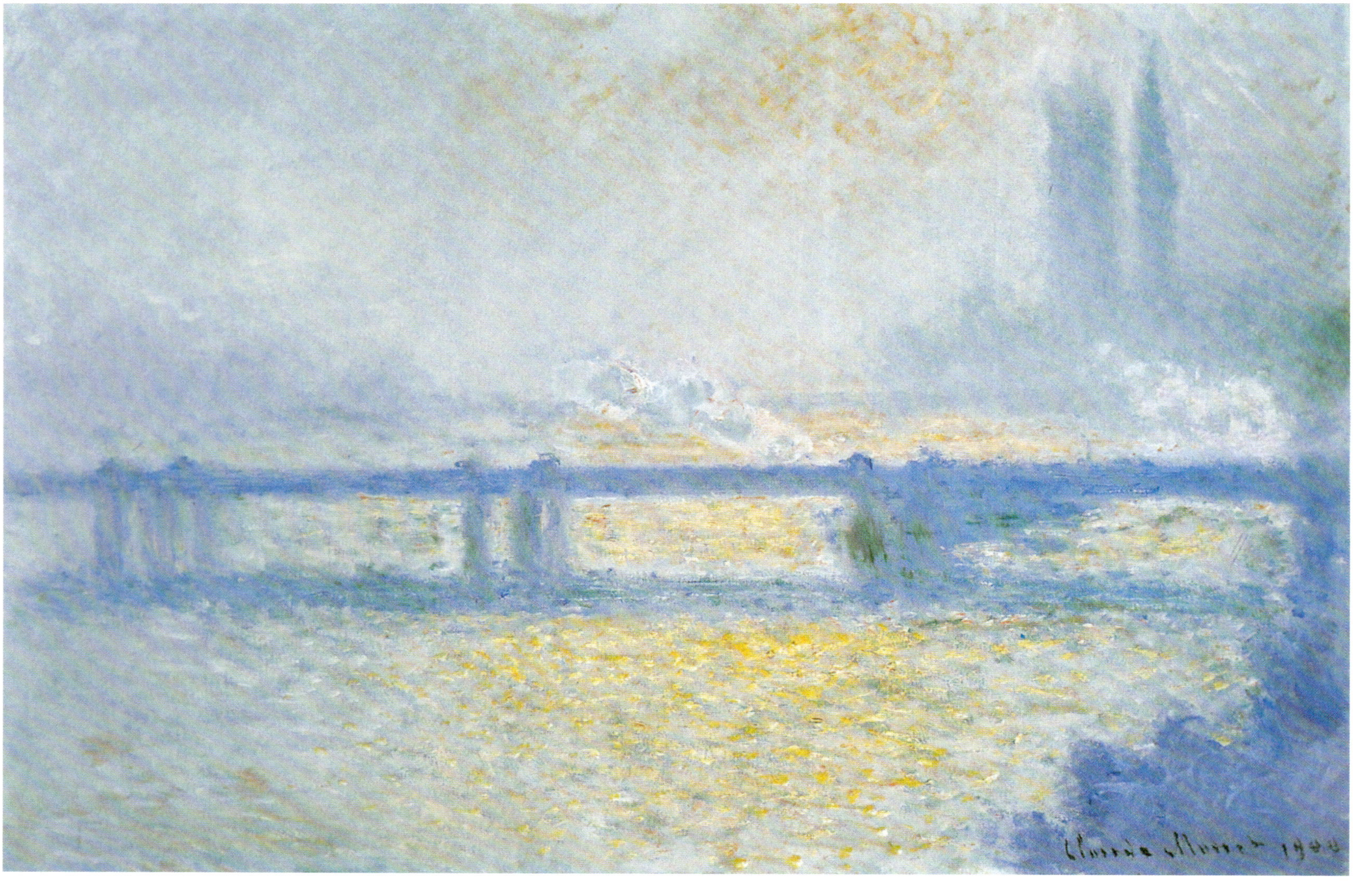
Claude Monet 1900

Paris mieux que la solution d'un simple problème de peinture, puisqu'il y a le monde lui-même à regarder, à analyser, à comprendre. Il faudrait, à cet effet, un guide à l'usage du public. On me dit qu'il est en préparation.

Mais nous avons franchi le seuil, et dès les premiers pas, c'est un enchantement. Comment procéder ? Dans quel ordre aborder ces murailles qui sont des portiques de féeries ?

Et d'abord, le spectacle ? Un champ d'eau, chargé de fleurs et de feuillages dans tous les brassements de la flambée solaire, avec les répercussions mutuelles de l'écran céleste et du miroir aquatique pour des diffusions de sensibilités ténues par lesquelles il semble que l'homme accède toujours plus près de l'objectivité. Toutes les énergies de radiation du ciel et de la terre sont ainsi appelées à comparaître simultanément devant nous pour l'indicible stupéfaction d'un spectacle où se confondent les joies du rêve et la fraîcheur de la sensation primitive. Une aspiration d'Infini soutenue des plus subtiles sensations de réalité tangible, et fusant, de reflets en reflets, jusqu'aux suprêmes nuances de l'imperceptible : voilà le sujet des panneaux.

Il y faut le miracle d'une rétine appropriée par l'évolution – à condition qu'il se trouve un peintre pour les compositions de lumière et les passages de tons. Qu'importent les hardiesses d'une brosse trépidante, mais ferme en ses desseins, quand le peintre nous découvre, comme par l'éclairage de l'ultra-microscope, des profondeurs élémentaires que, sans lui, nous n'aurions pas connues ! Ne sommes-nous pas là bien près d'une interprétation représentative des *mouvements browniens* ? Toute la distance de la science à l'art, c'est entendu. Mais, en même temps, toute l'unité des phénomènes cosmiques, dont le peintre, au lieu de la vision directe, nous offre une interprétation couronnée d'une envahissante émotion de beauté, où la pure connaissance n'arrive qu'après de longs tâtonnements d'observation.

Lorsque les *Nymphéas* du *jardin d'eau* nous emportent de la plaine liquide aux nuages voyageurs de l'espace infini, nous quittons la terre, et son ciel même, pour jouir pleinement de l'harmonie suprême des choses, bien au-delà de notre petit monde planétaire, dans le plein vol de nos émotivités. L'homme de science nous a montré l'éternel mouvement élémentaire, nous a mis en état de l'assimiler, de l'agir, de le vivre dans la Nature, en nous laissant le soin de l'achever d'art s'il se trouve un pinceau pour l'évocation de nos émotivités. Nous n'avons pas de choix à faire entre le savant et l'artiste. Il ne nous faut pas moins que tous les deux, pour être nous-mêmes complètement.

À la surface des eaux, les *Nymphéas*, portés par les puissantes palettes de leur feuillage, attendent immobiles l'accomplissement des destinées. Sujet digne des méditations. Comme il n'y a ni cadre, ni commencement, ni fin, nous n'avons qu'à prendre le spectacle au moment où il se présente pour en retrouver le développement de tableau en tableau.

Sachons d'abord que l'ordre des tableaux fut indiqué, voulu par Monet lui-même. Quelle pensée l'a guidé, voilà ce qu'il ne m'a pas dit. Je vais donc tout simplement

Charring Cross Bridge, temps couvert, 1900.
Huile sur toile, 60,6 x 91,5 cm.
Museum of Fine Arts, Boston.

Waterloo Bridge, temps couvert, 1899-1901.
Huile sur toile, 65 x 100 cm.
Dublin City Gallery, The Hugh Lane, Dublin.

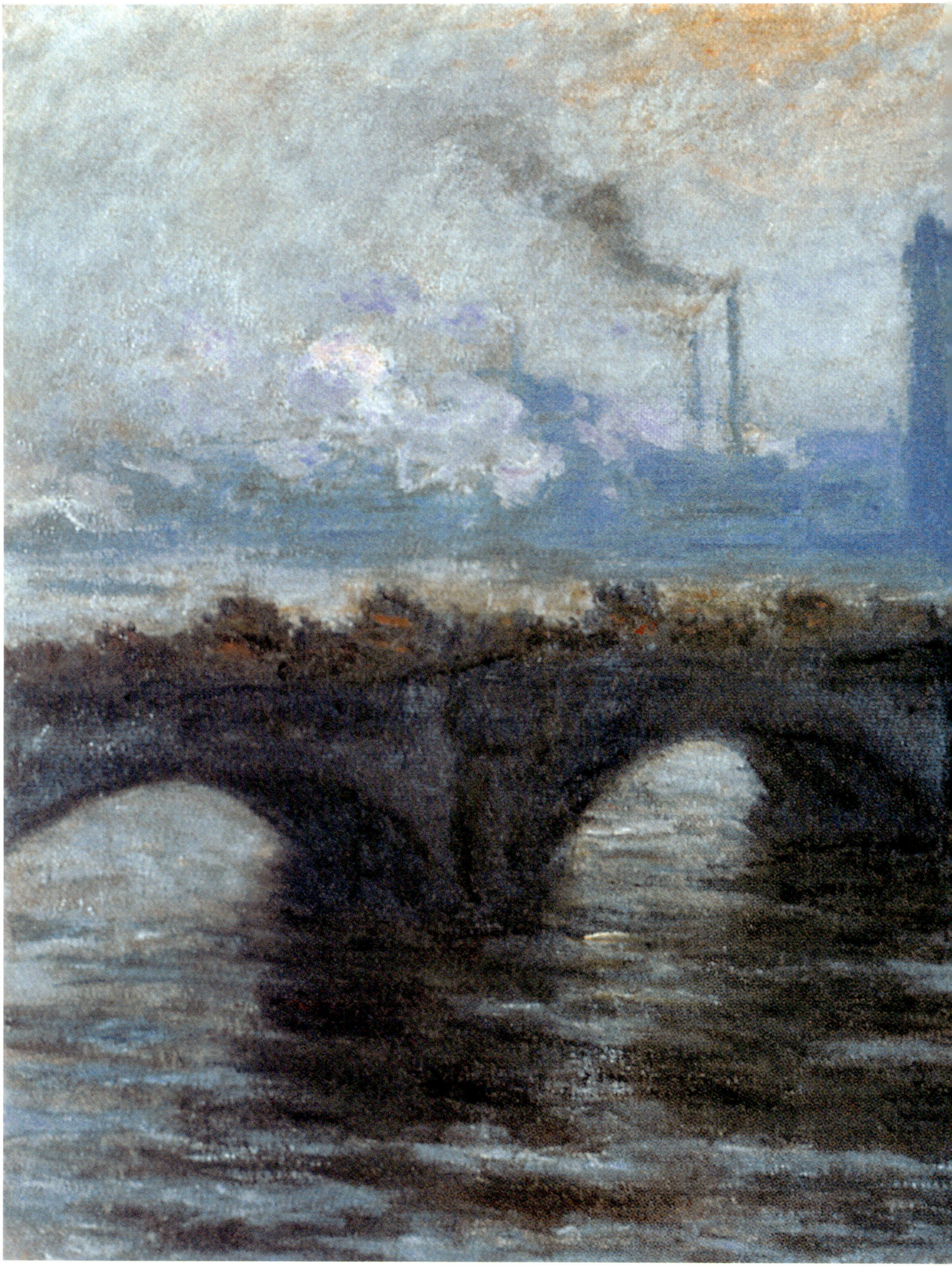

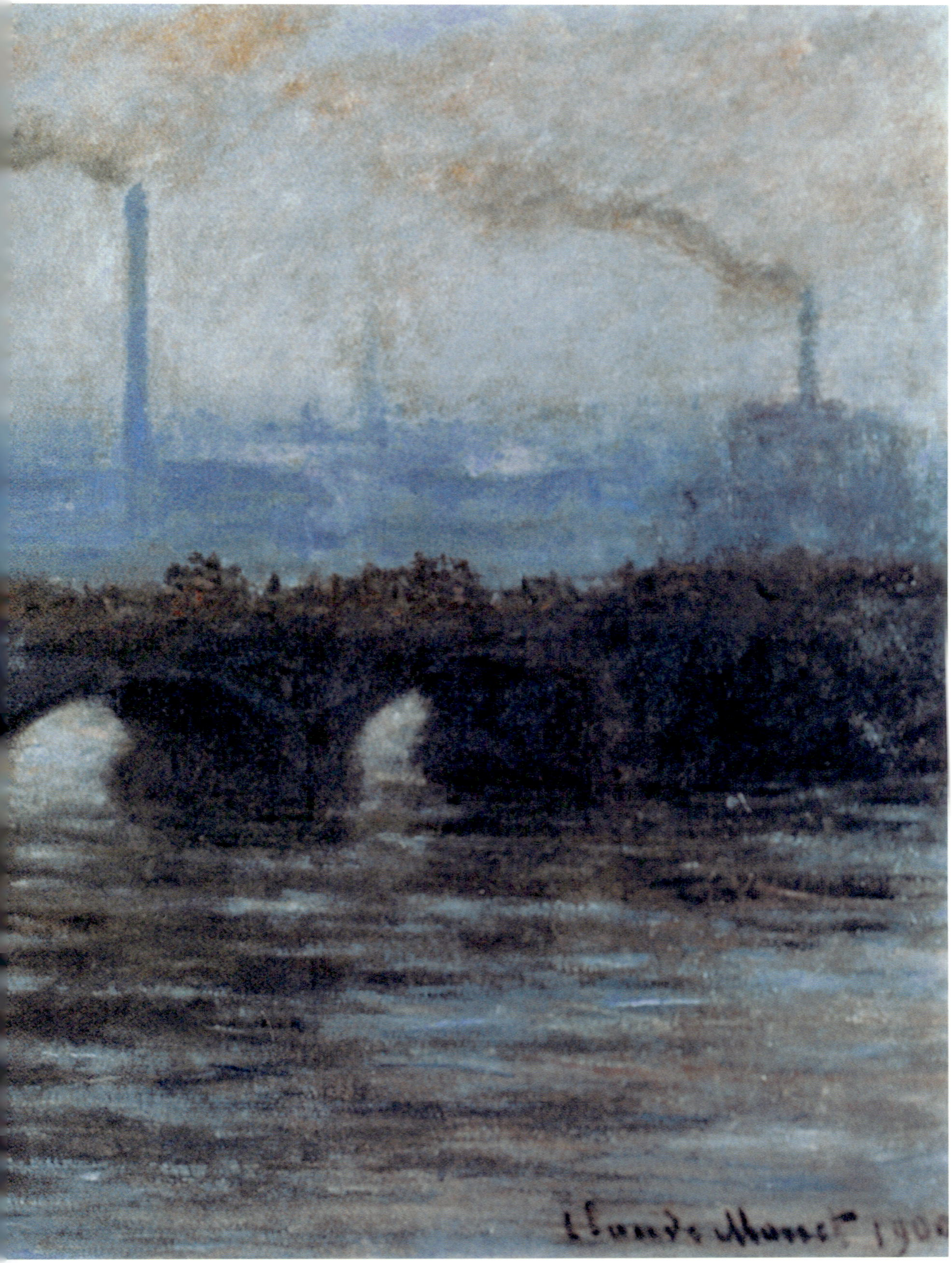

suivre, depuis l'entrée, le cours naturel de l'inspection du visiteur. Je ne serais pas surpris que l'idée, toute simple, de Monet eût été de faire progressivement un ordre d'éducation pour l'œil soudainement jeté dans un débordement de lumières directes et réfléchies.

Ce *jardin d'eau* que nous venons chercher, s'offre précisément dans le panneau que Monet a mis en vue, pour le premier coup d'œil du visiteur. C'est le *tableau témoin*, l'exposé purement classique du sujet où aucun effort n'est demandé du regardant, qui ne soit d'une rétine moyenne, à l'accoutumance des musées. Pas de limites, pas de ciel, pas de nuages. Des rencontres paisibles de lumières directes avec un minimum de reflets. Une eau limpide et lourde dans l'éclairage classique (toujours cinq heures du soir), où une Providence aimable a semé la plus savante distribution de corbeilles aux grandes feuilles heureuses de sertir de belles fleurs vives qui sont de douces flammes de blanc et de rose. Monet y a su répandre une paix de clartés moyennes qui enveloppe, comme une offrande à destination d'en haut, cette riche floraison d'ici-bas. Il n'est pas de spectacle plus facile à comprendre. Et la poésie en est si simple, et si claire, quoique si haute, que toutes les cultures moyennes s'y laissent bientôt gagner.

Tableau témoin, ai-je dit. Vision moyenne de la lumière des musées, à laquelle nous rapportons nécessairement toutes autres sensations d'optique, parce que celle-ci est de notre accoutumance.

Mais le ciel s'obscurcit. Deux lourdes masses d'ombres, l'une de clair-obscur encore – envahissent la scène pour se rejoindre peut-être tout à l'heure et déchaîner la tempête. Cependant, l'astre, maître encore, jette à l'inquiétude des eaux, dans une trouée d'azur, d'épais flocons de nuées où triomphe je ne sais quel éclair de combat, tandis que, palpitant, sous la menace des choses, le *Nymphéa* blessé nous fait pressentir les désastres de la catastrophe prochaine.

Pourtant ce ne sont là, encore, que des contrastes d'oppositions inévitables. Après les suggestions de la tempête, nous découvrons aux toiles qui vont suivre les splendeurs des fêtes de la lumière en des magnificences de brasiers solaires. Il en est jusqu'à quatre d'un même thème d'éblouissement dans des compositions variées, de symphonies lumineuses. Des alignements de *Nymphéas* dans les clartés tranquilles des banderoles du saule ami, qui laisse passer toutes les flèches de feu dont l'ardeur va se répandre, entre le ciel et l'eau, en des reflets et des reflets de reflets, pour l'indicible extase de notre humanité éblouie. L'image de la nuée se trouvant cerner les *Nymphéas*, fleurs et feuillages paraissent portés dans l'espace par l'irrésistible poussée des eaux frémissant du ressac où toutes les fluidités confondues de la terre et du ciel, réagissent aux appels de la floraison dans l'ivresse des suprêmes voluptés de la vie.

Ainsi l'art réalise à nos yeux le frémissement heureux de la pelouse liquide, de la voûte bleue, du nuage, de la fleur qui ont quelque chose à nous dire, mais ne nous le diraient pas sans Monet. Aspects éthérés du drame éternel que se joue le monde à lui-même, avec l'homme pour partenaire et spectateur.

Le Parlement, effet de soleil,
1900-1901.
Huile sur toile, 92,1 x 81,3 cm.
Brooklyn Museum, New York.

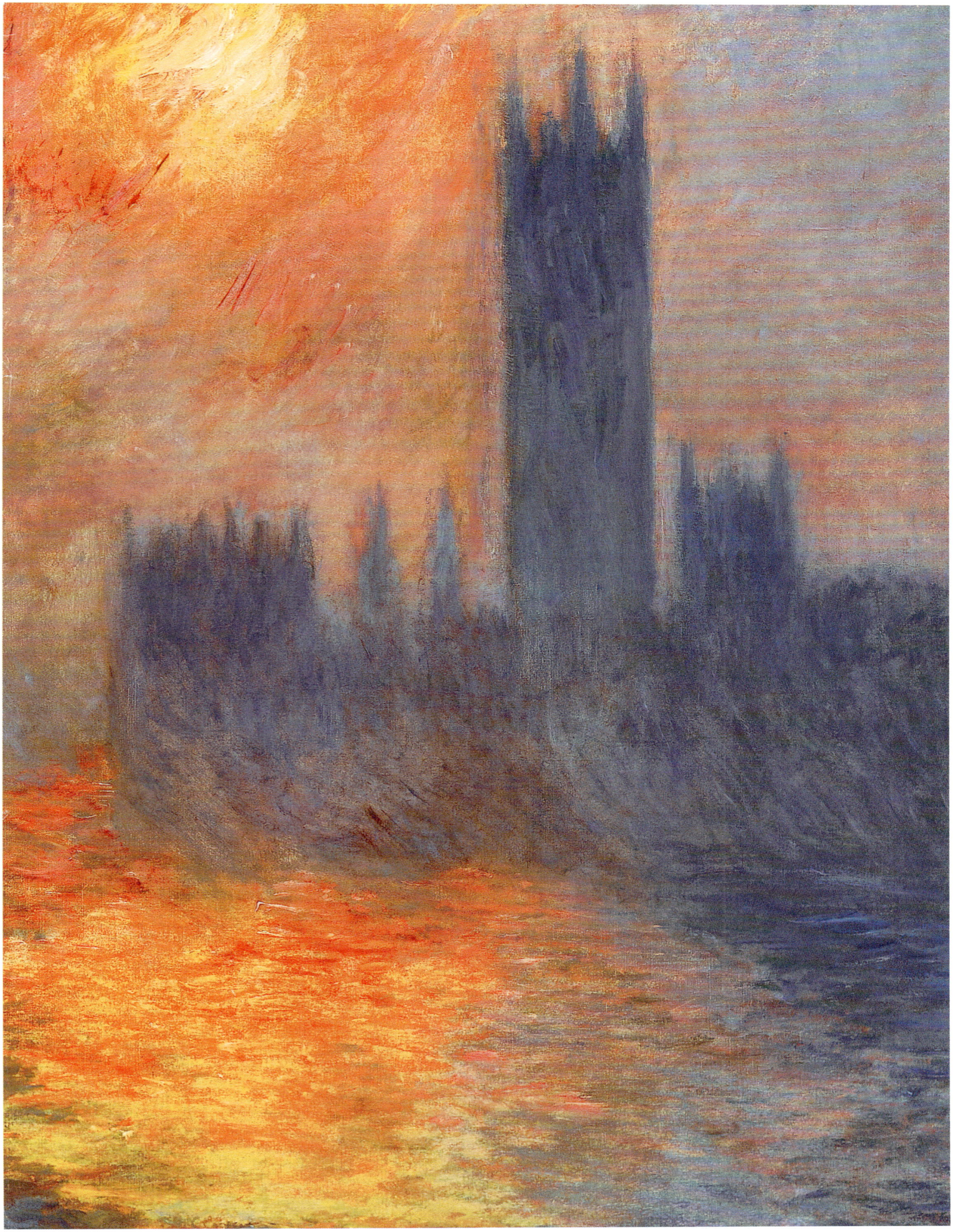

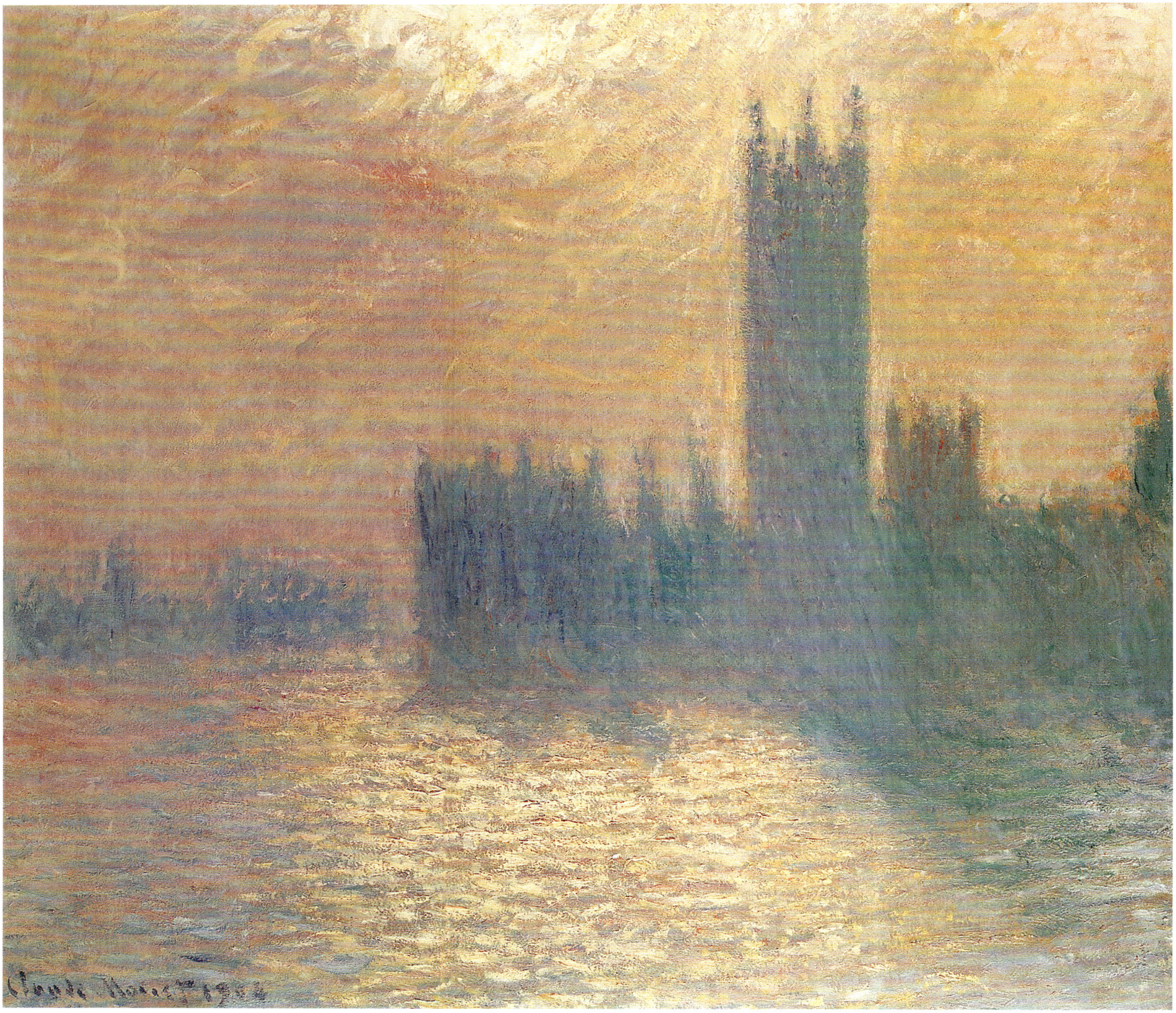

Londres, le Parlement. Trouée de soleil dans le brouillard, 1904.
Huile sur toile, 81,5 x 92,5 cm.
Musée d'Orsay, Paris.

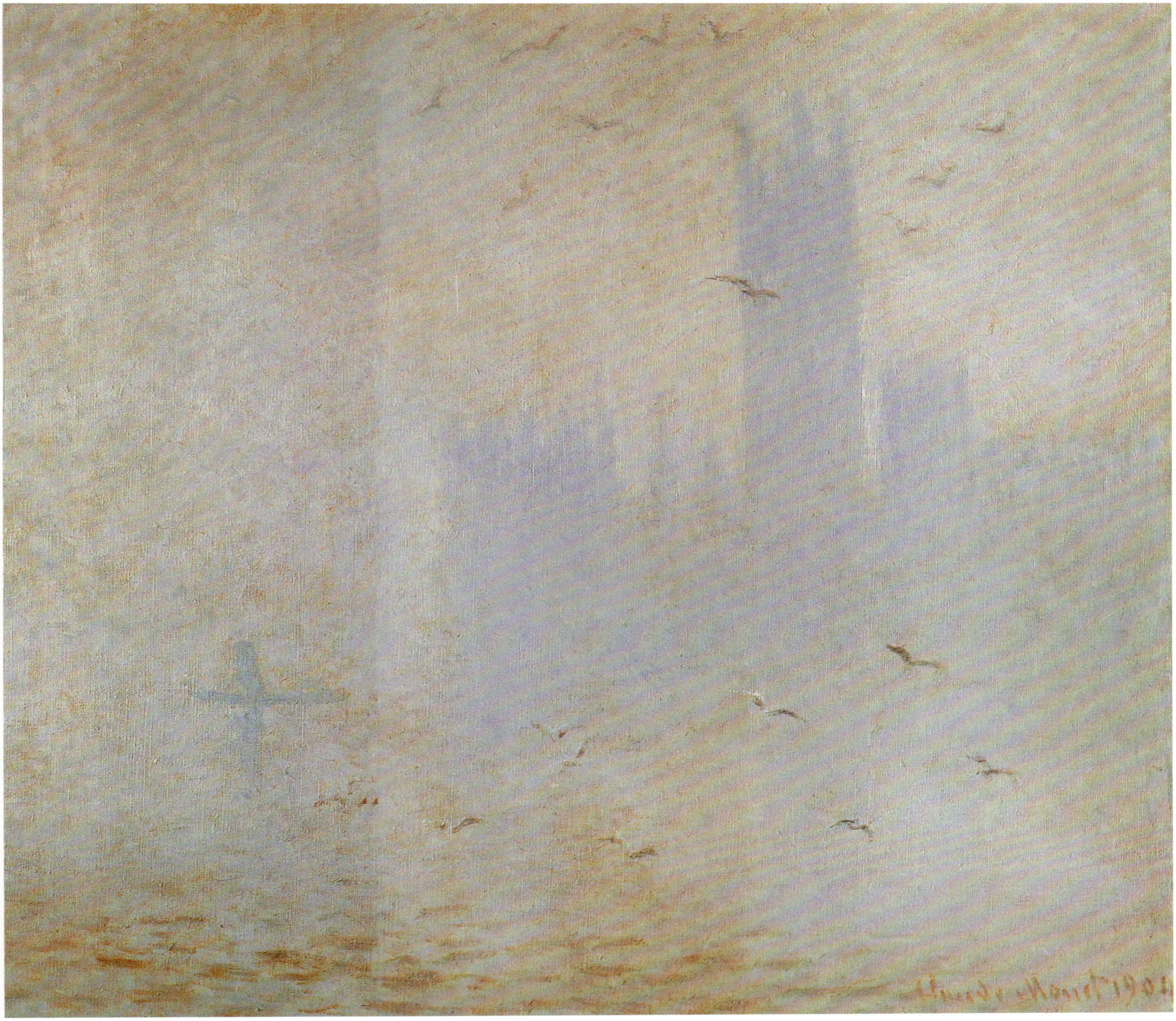

Le Parlement. Les mouettes, 1904.
Huile sur toile, 81 x 92 cm.
Musée des Beaux-Arts Pouchkine,
Moscou.

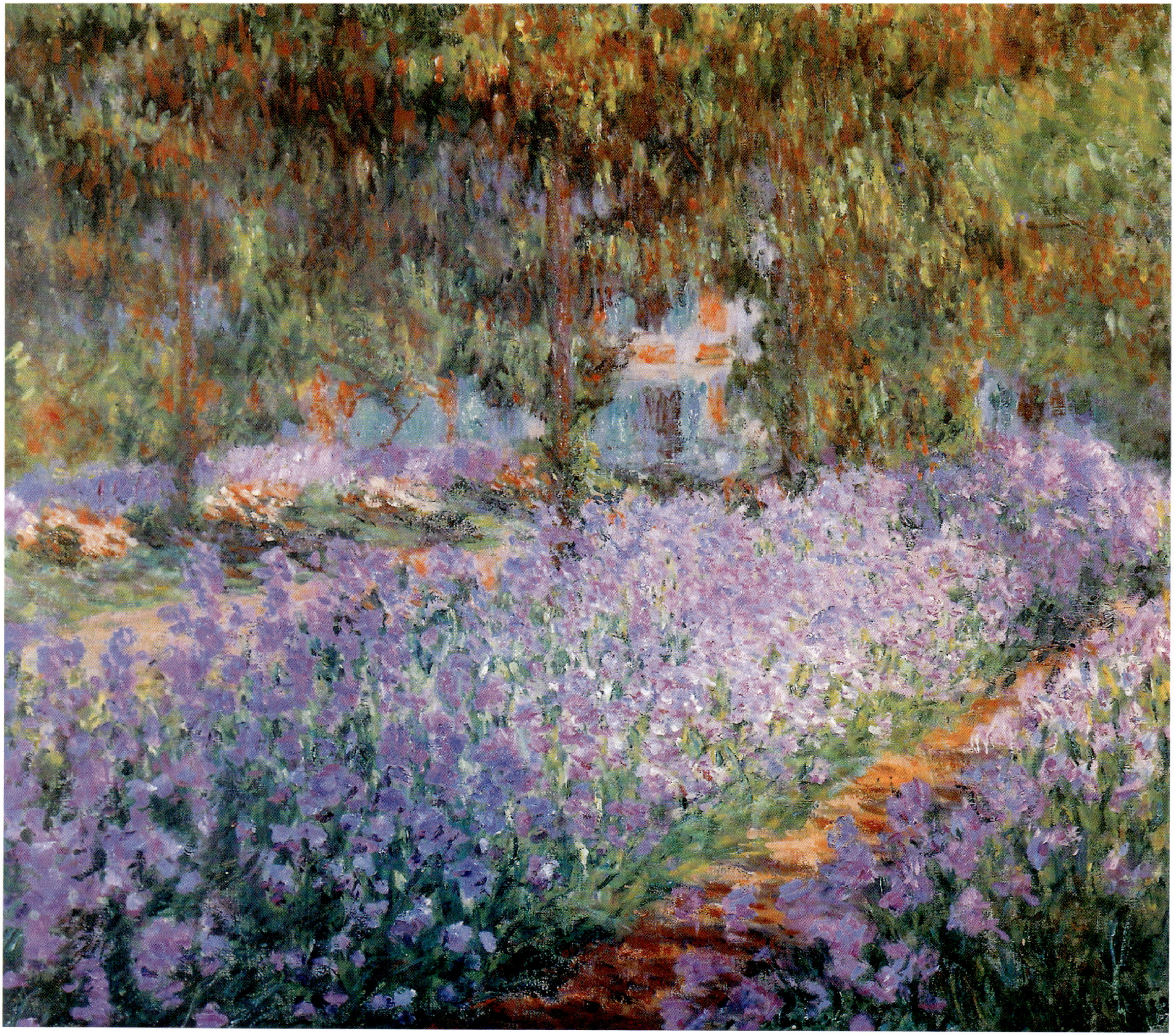

Je suis allé parfois m'asseoir sur le banc d'où Monet a vu tant de choses dans les reflets de son *jardin d'eau.* Mon œil inexpérimenté a eu besoin de persévérance pour suivre de loin la brosse du Maître jusqu'aux extrémités de ses révélations. À l'inverse du singe de la fable, il a profusément jeté des torrents de lumière sur l'écran de sa lanterne magique. Presque trop, dirait-on, si l'on pouvait se plaindre d'un excès de vibrations lumineuses sous les transparences des nappes de voies lactées qui nous tentent des éblouissements de l'Infini.

À son plan, quel qu'il soit, le *Nymphéa* n'est là que pour témoin de l'univers dans l'ambiance des envolées de couleurs dont l'aile nous emporte au-delà des essors de l'imagination. Aussi, pour tout achever, voici qu'en des retraites de feuillages, l'ardeur apaisée d'une eau de mare dormante se découvre pour aiguiser le contraste du *jardin d'eau* incendié, par des tempêtes de lumières, du ciel éblouissant à la terre embrasée et de la terre embrasée au ciel éblouissant.

Pour la vie ou la mort, dans la lutte qui s'engage entre le soleil et la fleur, la sensibilité de la végétation sera vaincue par la puissance irrésistible du flamboiement universel. Sous la protection des saules, les bouquets de *Nymphéas* maintiennent, pour un temps, l'éclat des floraisons triomphantes. Mais le fin duvet des nuages, transpercé de tous les feux de l'atmosphère, enveloppe feuilles et fleurs de son image réfléchie pour les emporter victorieusement, comme butin suprême, au plus haut de l'air incendié, cependant que des taches de végétations obscures, au travers des symphonies de buées mauves, bleues, teintées de rose, disent le combat de la douce terre d'un jour et de l'éternel brasier.

Et l'action au travers de ce champ de bataille c'est la vie elle-même, lumineusement transposée, la concurrence élémentaire pour des instantanés successifs de passagères dominations. Là se déroule le drame des *Nymphéas* sur la scène du monde infini, conscient par l'homme dont les alternatives de maîtrise et de soumission font l'argument du livret éternel. Dans l'océan de l'étendue et de la durée où se ruent tous les torrents de lumière à l'assaut des rétines humaines, des tempêtes d'arcs-en-ciel se heurtent, se pénètrent, se brisent en poudres d'étincelles, pour s'adoucir, se fondre, se disperser et se rejoindre en avivant l'universel tumulte où s'exaltent nos émotivités. Cet indicible ouragan, où par la magie du peintre, notre œil éperdu reçoit le choc de l'univers, c'est le problème du monde inexprimable qui se révèle à notre sensibilité. Ceux-là même qui ne l'ont pas compris sont en voie de le comprendre. Il en sera pris acte par la suite des temps.

Ce n'est pas tout. Nouveau spectacle. Le suprême élan du triomphe solaire nous jette à l'émoi de sensations indicibles dans les transparences irisées d'une molle clarté sans tonalité décisive, où le ciel et la terre, parmi des dispersions de fleurs et de nuées heureuses, se tiennent mollement embrassés. C'est le chef-d'œuvre fragile, mais irrésistible de la pleine extase du monde aux rencontres des sensations exacerbées. Suprême achèvement d'une vision d'art où Monet a laissé, en souriant, s'attacher la voluptueuse langueur de son dernier coup de pinceau. Et puisque nous avons récemment

Le Jardin de l'artiste à Giverny, 1900.
Huile sur toile, 81 x 92 cm.
Musée d'Orsay, Paris.

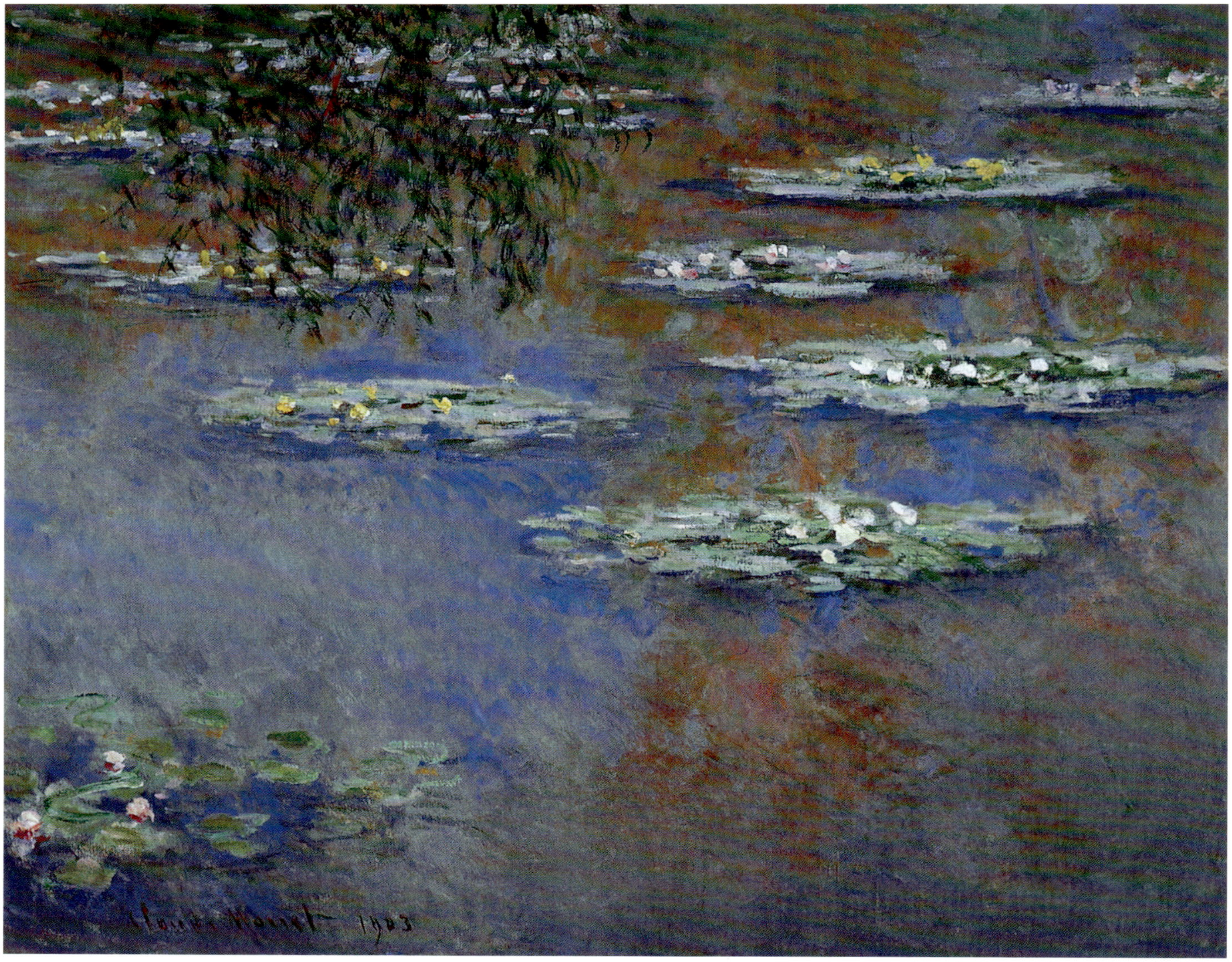

Nymphéas, 1903.
Huile sur toile, 81,3 x 101,6 cm.
The Dayton Art Institute, Dayton.

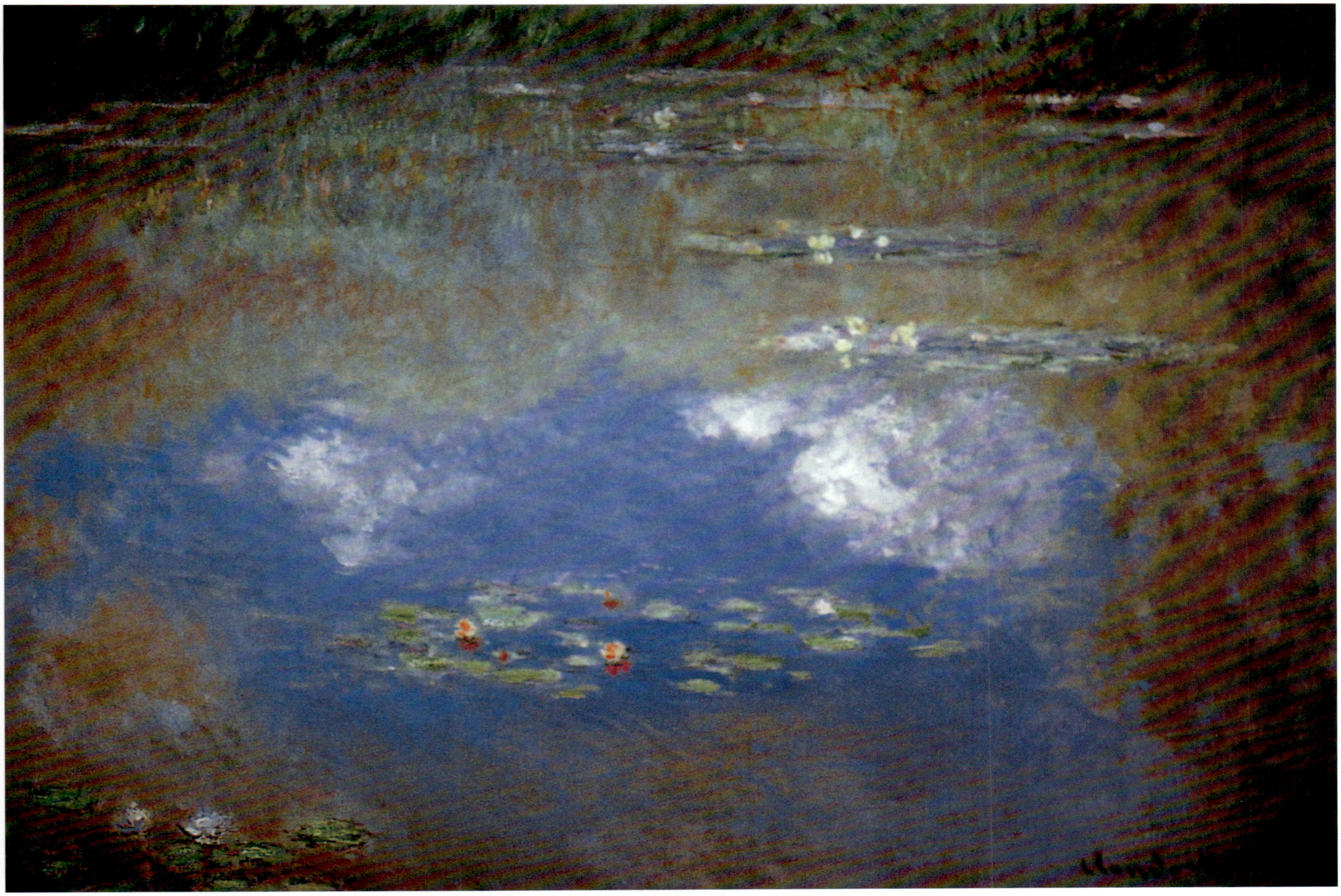

Nymphéas, paysage d'eau,
les nuages, 1903.
Huile sur toile, 73 x 100 cm.
Collection privée.

appris que les ondes cosmiques ont une voix, nous pouvons maintenant concevoir les concerts de l'ouïe et de la vue conjugués en des accords d'universelle symphonie[1].

Retournez-vous, cependant, et voici les sombres spectacles de la nuit bleuâtre où des végétations fantomatiques succèdent aux triomphantes floraisons de l'apothéose. Enfin, à la sortie, pour apparition suprême, les spectres de *Nymphéas* déchus sous les flambées du soleil couchant, à travers des débris de roseaux, nous annoncent de tant de cycles enchaînés le provisoire achèvement.

Ainsi Monet nous apporte, dans sa plénitude, la nouveauté d'une vision des choses qui fait appel aux naturelles évolutions de notre organisme visuel pour saisir l'adaptation du peintre aux énergies des sensibilités universelles. Une succession de passages subtils nous conduit de l'image directe à l'image réfléchie et surréfléchie, par des diffusions de lumières transposées dont les valeurs s'engagent et se dégagent en totale harmonie. Un incomparable champ d'échanges lumineux entre le ciel et la terre, couronnés d'une émotion du monde qui nous exalte au plus haut de l'infinie communion des choses, dans le suprême achèvement de nos sensibilités.

Que ne puis-je entendre encore l'accent doucement autoritaire de cette voix amie, devant les démonstrations de la nature dans son *jardin d'eau* : « Tandis que vous cherchez philosophiquement le monde en soi, disait-il avec son bon sourire, j'exerce simplement mon effort sur un maximum d'apparences, en étroites corrélations avec les réalités inconnues. Quand on est dans le plan des apparences concordantes, on ne peut pas être bien loin de la réalité, ou tout au moins de ce que nous en pouvons connaître. Je n'ai fait que regarder ce que m'a montré l'univers, pour en rendre témoignage par mon pinceau. N'est-ce donc rien ? Votre faute est de vouloir réduire le monde à votre mesure, tandis que, croissant votre connaissance des choses, accrue se trouvera votre connaissance de vous-mêmes. Votre main dans la mienne, et aidons-nous les uns les autres à toujours mieux regarder. »

IX. Le Critique critiqué

Avant de conclure, il me sera permis d'admettre à la conversation un distingué professionnel de la critique d'art, grand admirateur de Monet, mais impitoyable métaphysicien, qui veut que le peintre des *Nymphéas* nous emmène, par des chemins de fleurs, aux abîmes sans fond du Néant.

Que la peinture moderne, en sa sensation de la lumière, procède de Corot, c'est ce que je concéderai sans peine à M. Louis Gillet, auteur d'un charmant petit livre intitulé : *Trois Variations sur Claude Monet*, où il loue de celui-ci « *les perceptions les plus fines dans l'ordre des nuances* », en même temps qu'« *un génie somptueux de coloriste* ». Où cela va-t-il nous conduire ?

D'abord, M. Louis Gillet nous fait remonter jusqu'au principe de la technique de Monet qui consisterait dans la théorie, bien connue, « *de la division des couleurs* ».

San Giorgio Maggiore, 1908.
Huile sur toile, 63,5 x 88,9 cm.
National Museum of Wales, Cardiff.

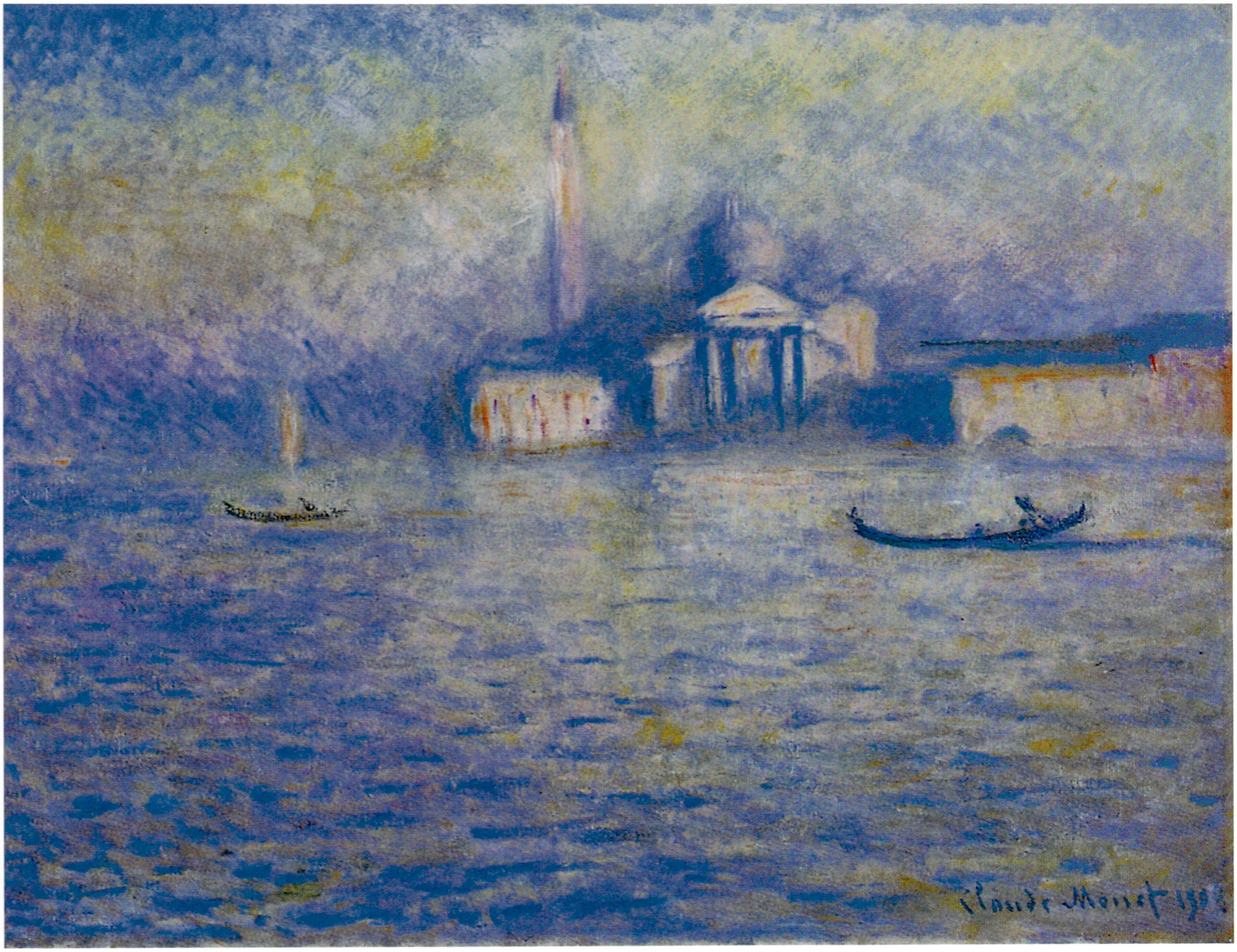

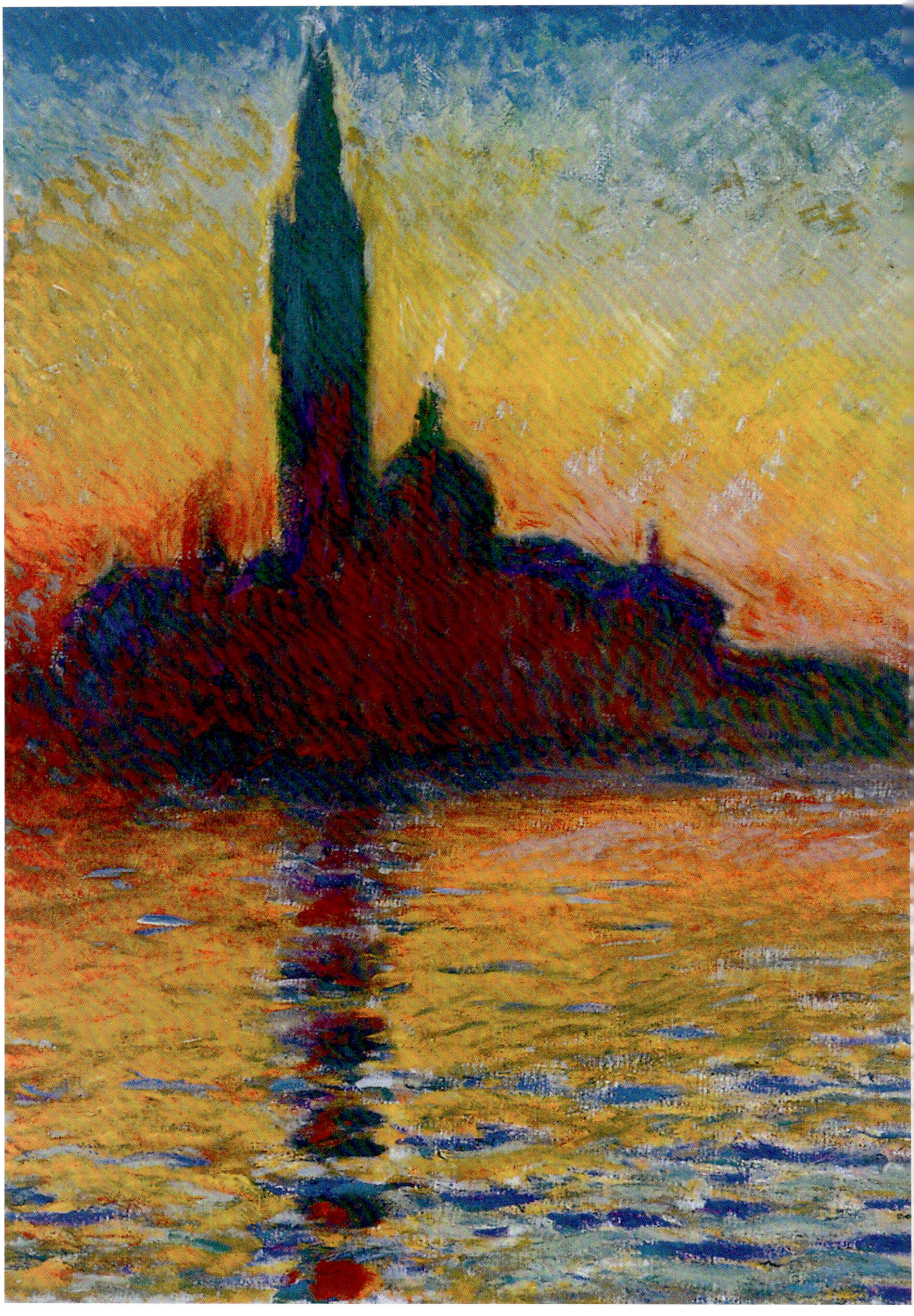

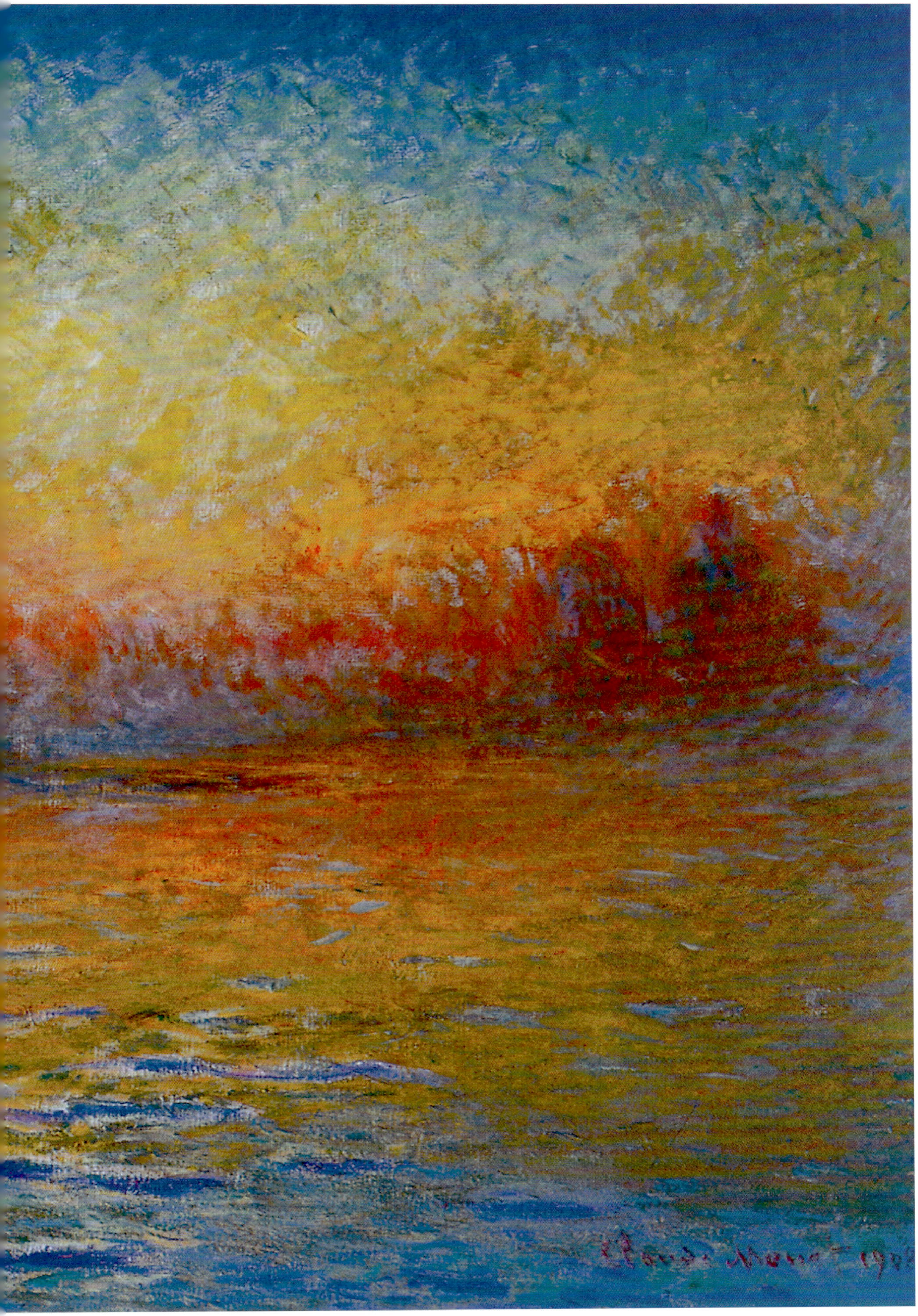

mélanges, il voit la représentation du modèle aussi justement de près que de loin. Je n'en connais pas d'autre explication que l'état rétinien du peintre qui s'accommode instantanément de point de vue en point de vue. Je le constate sans en fournir l'explication. Je prends acte de ce qui est, à savoir que le serpentement calculé du trait de couleur qui nous déconcerte de près, prend à distance une signification de valeurs et de formes mouvantes où les nuances mêmes des activités du monde se révèlent de la façon la plus inattendue. L'évolution des âges permettra peut-être à nos neveux d'expliquer le phénomène. Ne pouvons-nous pas, dès aujourd'hui, nous livrer d'enthousiasme au plaisir d'admirer ?

D'autant que pour admirer l'art de Monet dans sa plénitude, nous n'avons pas besoin de nous arrêter trop longtemps au miracle d'un fouillis de tons où les hardiesses de la main projettent des fusées d'arabesques insaisissables en vue du relief et du dessin des figurations lumineuses. Car il y a un *surmiracle*, celui que M. Louis Gillet explique par la survenue d'une certaine « *poétique* » dont il ne nous dit rien, consistant dans l'évocation de spectacles enchanteurs d'un monde à la fois plus beau et plus compréhensible que celui (exception faite de l'*Embarquement pour Cythère*) dont on nous avait bercés jusqu'ici.

C'est à ce point, en effet, que surgit le miracle des miracles, grâce auquel le monde que le pinceau nous découvre se trouve être, non pas seulement d'une fantaisie enchanteresse, mais l'interprétation émotive d'un monde que toutes les données de la connaissance évoluée nous révèlent comme une approximation supérieure des réalités inaccessibles. M. Louis Gillet nous parle des « *rondes d'atomes* » tissant « *dans le vide la nappe de l'illusion* », et il en conclut que Monet nous présente « *une négation de la matière* ». C'est proprement prendre les choses à rebours. Une visite au laboratoire de M. Jean Perrin lui permettra de *voir les mouvements browniens*, ainsi que le *sillage des atomes et de leurs électrons* inscrits sur une plaque de verre.

Alors peut-être s'étonnera-t-il moins « *de la grêle de chocs nerveux dont se compose l'image visuelle* » et « *des danses atomiques* » dont il se permet de narguer la matière au profit de l'*illusion*. Alors comprendra-t-il ce *poudroiement* universel qu'il admire dans les panneaux de Monet, mais qui dans la réalité n'aboutit qu'à lui faire douter de l'existence de ce qui poudroie.

Je n'en suis pas là. Ce « poudroiement » des choses rencontré par Monet au bout de son pinceau, je n'y vois rien qu'une heureuse transposition des réalités cosmiques, telles que la science moderne nous les a révélées. Je ne prétends pas que Monet ait reproduit les danses des atomes. Je dis simplement qu'il nous a fait faire un grand pas vers la représentation émotive du monde et de ses éléments par des distributions de lumières correspondant aux ondes vibratoires que la science nous découvre. Veut-on que notre présente conception atomique puisse changer ? Le génie de Monet ne nous en aura pas moins fait faire un incomparable progrès dans nos sensations du monde, dont il faudra toujours tenir compte quel que soit l'avenir de nos assimilations.

San Giorgio Maggiore au crépuscule, 1908.
Huile sur toile, 65,2 x 92,4 cm.
National Museum of Wales, Cardiff.

Nymphéas, 1907.
Huile sur toile, 100 x 73 cm.
Bridgestone Museum of Art (Fondation Ishibashi), Tokyo.

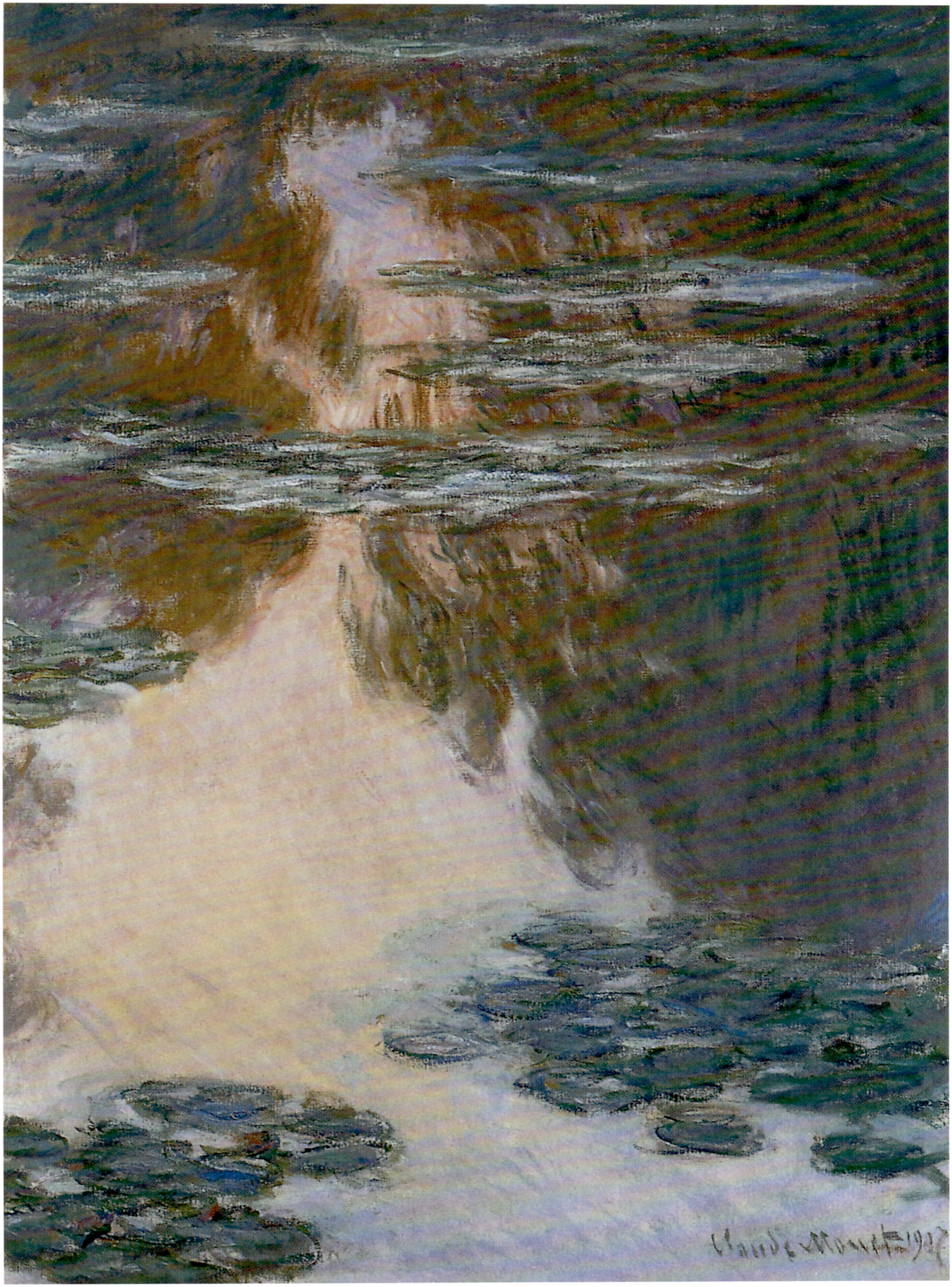

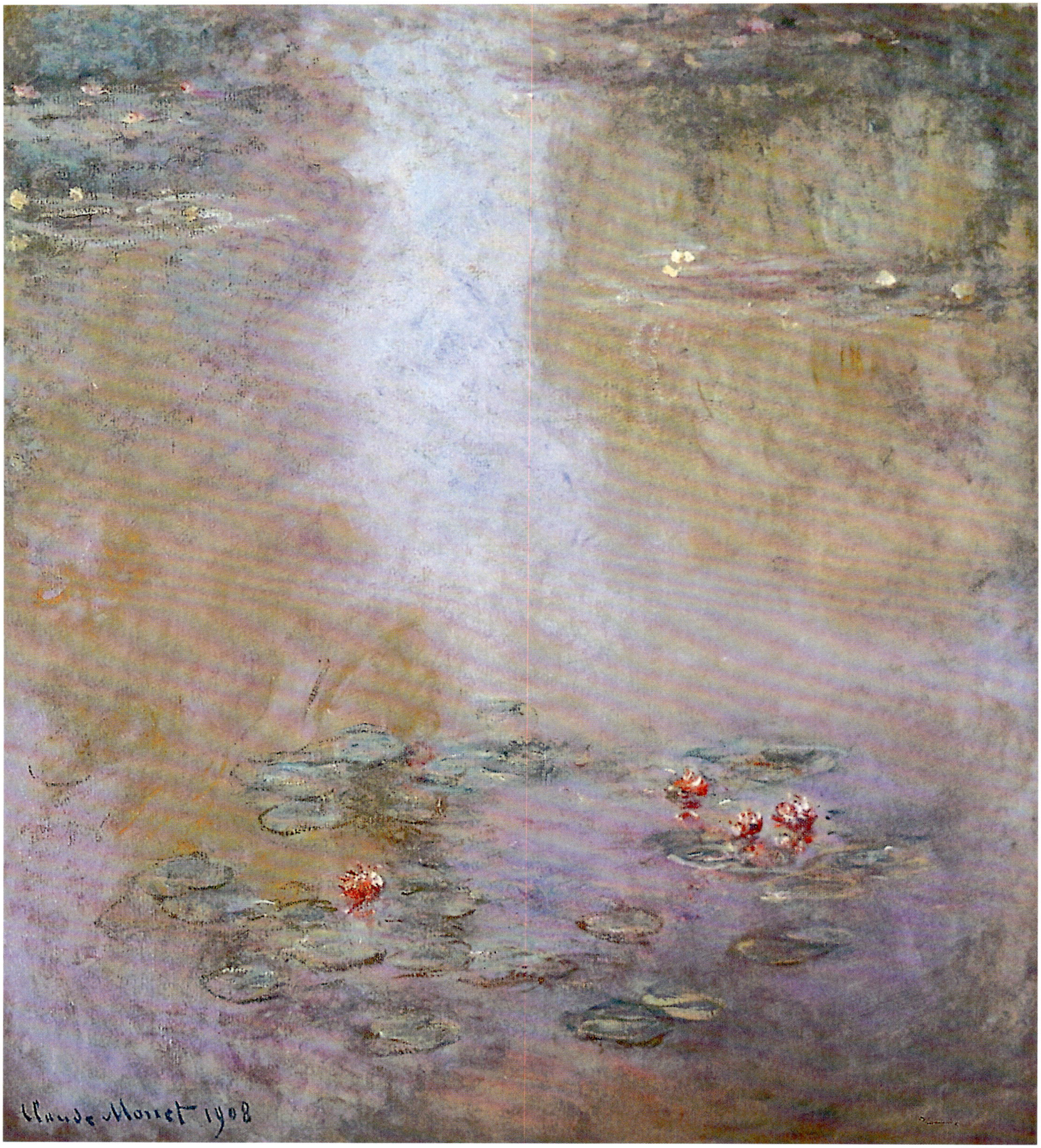
Claude Monet 1908

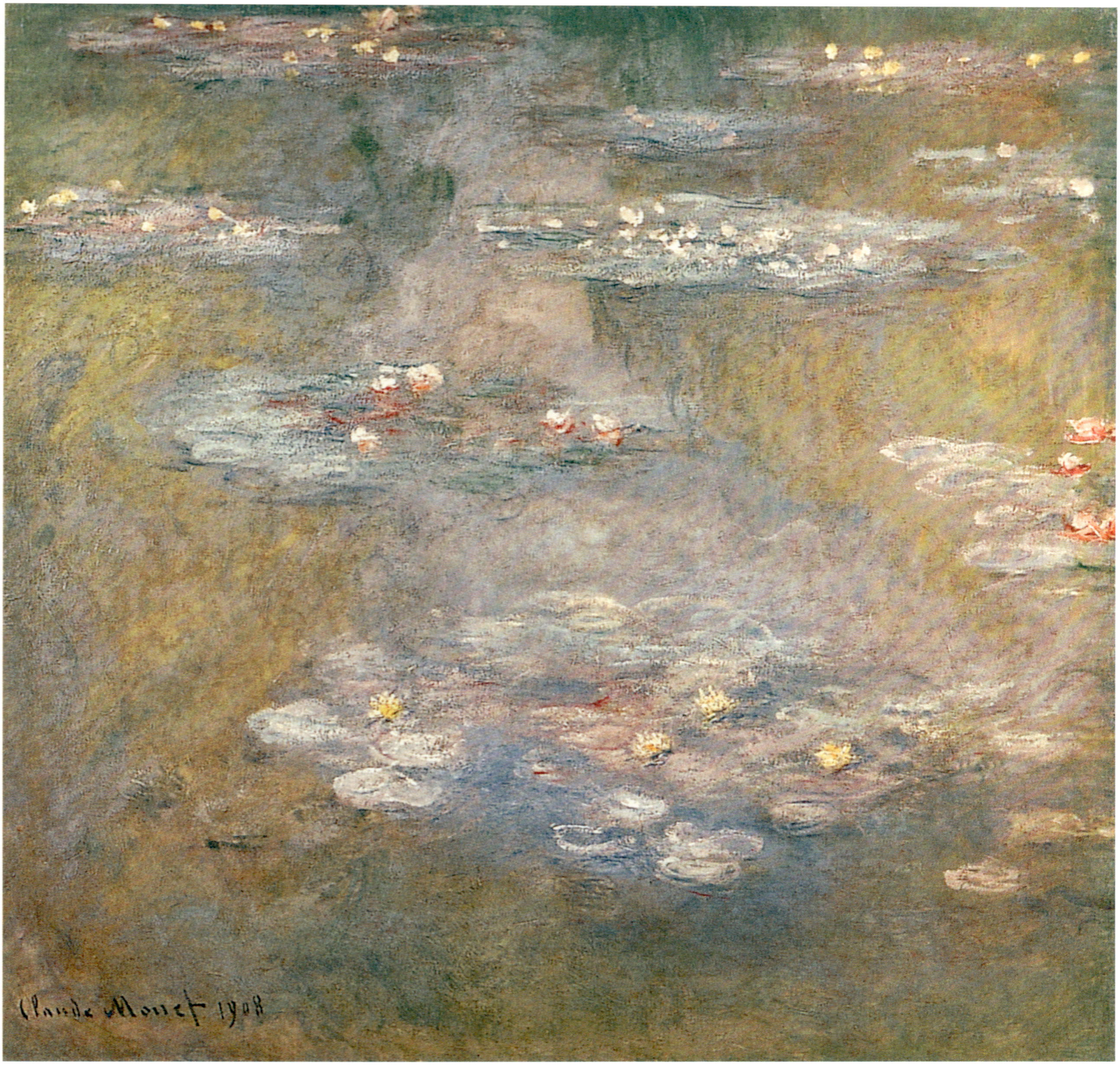
Claude Monet 1908

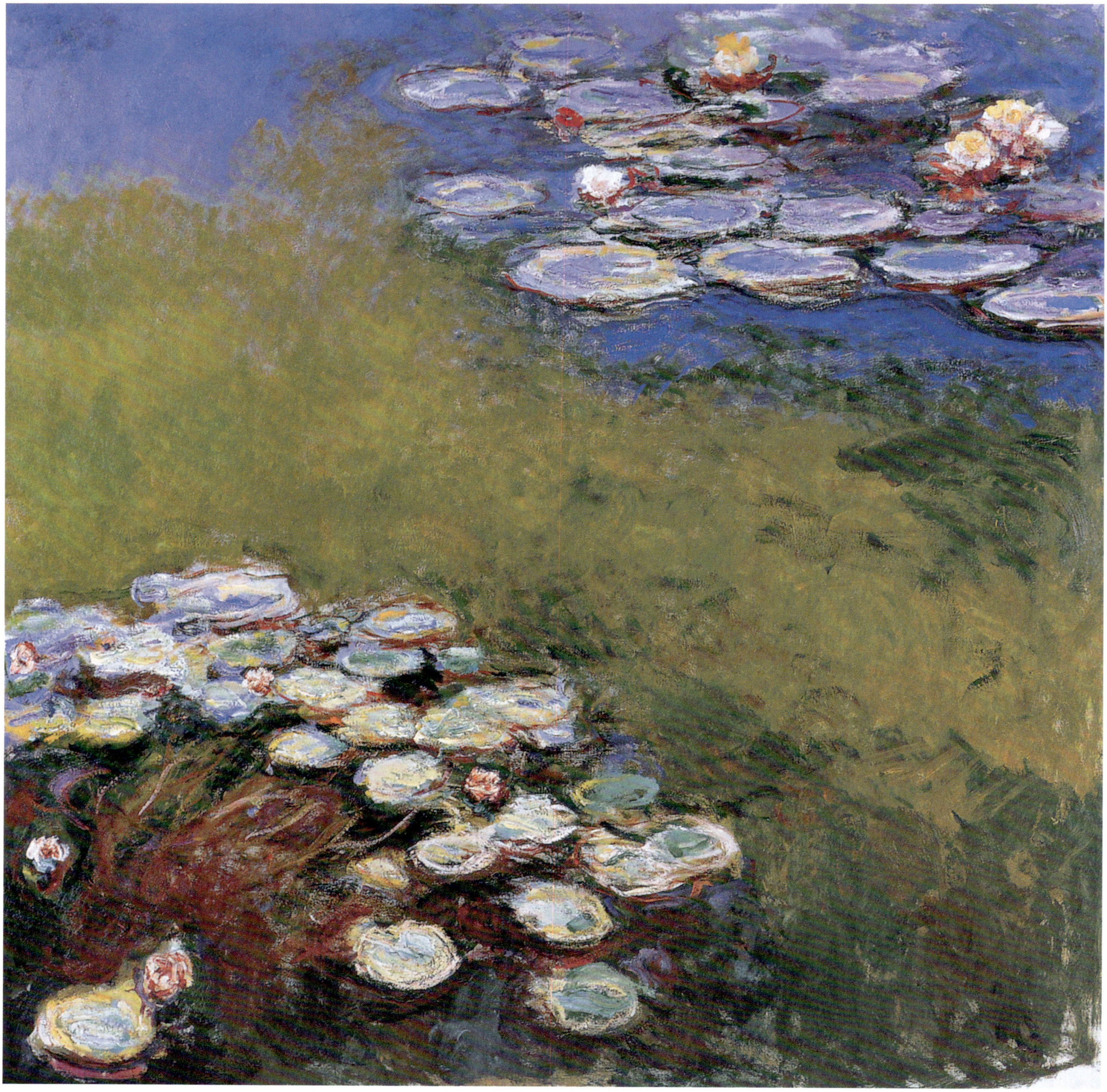

On me dit qu'au seul mot de philosophie, le lecteur, en général, ne se fait pas faute de tourner la page. Il se peut. Mais pourquoi le lecteur, à l'exemple de l'amateur de tableaux, n'en viendrait-il pas à comprendre que vivre, c'est changer ? Toute philosophie ne doit être à l'épreuve, qu'une généralisation de généralisations vérifiées. Il n'est rien dans notre entendement qui ne puisse et ne doive prendre place dans les déterminations d'une coordination générale du monde et de l'homme qui prétend l'exprimer.

Ce qu'il y a de plus remarquable, dans le cas de Claude Monet, qui n'est jamais sorti de son cadre artistique, c'est que les naturels développements de ses sensations du monde se sont traduits en des manifestations du pinceau merveilleusement concordantes avec l'évolution moderne de nos connaissances physiques dans le champ des phénomènes lumineux. Pour employer une expression vulgaire, mais qui dit bien ce qu'elle veut dire : « Il était dans le train. » Sa vision personnelle, et les évolutions d'activités esthétiques qui s'en sont suivies, ont remarquablement concordé avec les données positives où la science moderne s'est installée dans l'ordre de l'expérimentation.

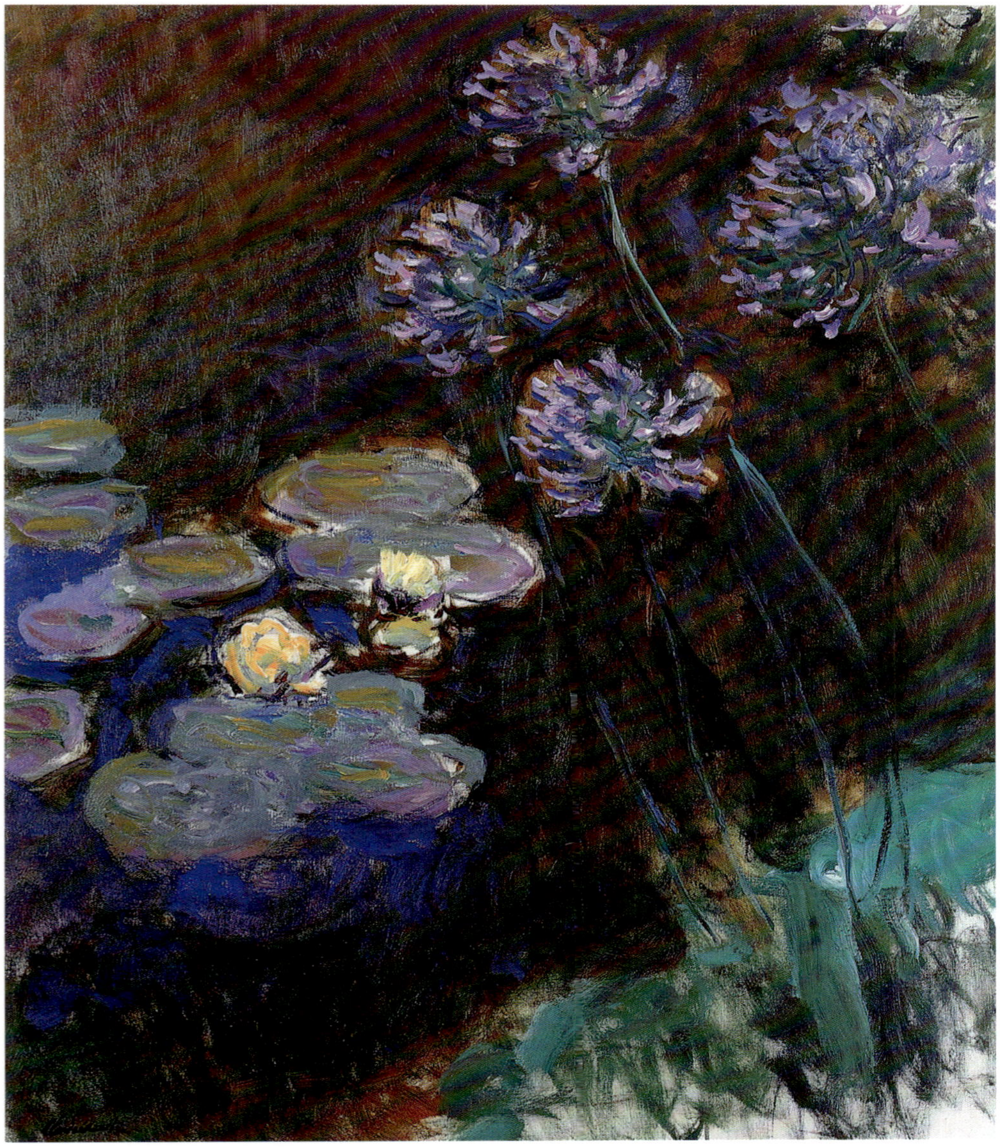

Cette coïncidence est probablement un phénomène unique. En tout cas, c'est la manifestation la plus « philosophique » de la vie de Claude Monet. Il semble que sa destinée fut de faire de l'art et de la science en même temps. Ce ne fut pas son programme parce qu'il n'avait d'autre programme que d'être lui-même. Ce fut, sans idée préconçue, le résultat et l'emploi désintéressé de sa vie. Il fut ainsi l'un des plus hauts représentants de son art où tant d'hommes justement célèbres se sont magnifiquement distingués. Mais il ouvrit encore des voies nouvelles (et sûres par les contrôles de l'observation) là où l'on pouvait croire qu'il n'y eût guère qu'à poursuivre obstinément l'œuvre du passé. Il a ainsi accru notre puissance émotive, c'est-à-dire agrandi l'homme lui-même, d'un nouveau bond dans sa marche, chancelante et merveilleuse, à l'infini.

Monet fut donc un créateur, au sens exprimé par le mot poète. Un poète de lyrique simplicité, un *poète en action*. Je conviens que ces mots, suscités par les glissements de l'étymologie, paraissent plus près de discorder que de se fondre pour résumer le caractère d'une personnalité. Un *lyrique*, c'est-à-dire un « superimaginatif », ne rencontre pas souvent dans l'acte personnel l'achèvement suprême de la simplicité. En prose, comme en vers, nous avons de très grands poètes. Ni Bossuet, ni Victor Hugo n'eurent la pensée d'être simples, ni ne l'ont été. Hommes d'action ? Pas davantage. L'un a ses dragonnades où il était du mauvais côté, l'autre sa résistance au 2 décembre. Des gestes de combat. Hommes d'activité constructive ? Ils l'ont pu croire. Mais je ne crains pas de dire que ce ne sera pas le jugement de la postérité.

J'ai entendu Victor Hugo annoncer sérieusement qu'après sa mort il irait dans le soleil. À la requête de Mme Drouet, il lui promit même de l'y emmener. Monet, sans rien dire, dissocie les rayons de ce même soleil, au miroir de son étang de fleurs, et les recompose pour l'accroissement de nos sensibilités, pour l'exaltation de tout notre être, à notre place modeste et sublime, dans l'univers. Et, ce faisant, le grand ouvrier, par la conduite de sa vie, par l'incessant labeur de l'œil et de l'intelligence interprétative, par une immuable tension de volonté sans relâche, mérita pleinement le succès du *poète d'action* quand il descendit dans la tombe, chargé d'ans, après l'œuvre accomplie.

Dans l'ordre du développement humain, aux origines de l'espèce pensante, le *poète des peuples* a pu revendiquer de son public une dignité supérieure. Disant l'homme et le monde, il ne pouvait les construire qu'à coups de méconnaissances que rectifierait plus tard l'observation vérifiée. D'embellir l'absolu Monet n'a point fait son affaire. Il savait que l'art ne fera jamais aussi beau que le vrai, puisqu'il n'en peut réfléchir que des aspects de relativité. Mais pour une meilleure approximation du vrai, si ténue qu'elle pût être, pour un meilleur emploi de sa compréhension, de sa volonté, de sa vie, il donna tout de lui-même et mourut, jugeant que ce n'était pas assez.

On voit que l'effort de « philosophie » auquel je convie mes lecteurs, n'est au-dessus des moyens de personne. Ce n'est pas trop d'une pensée générale pour coordonner les aspects divers d'un bel exemplaire d'humanité. Au vrai, toutes ces notes, au courant de la plume, sont plutôt pour me faire revivre de belles heures au contact d'une inspiration servie par le plus noble effort d'une humanité achevée.

Encore faut-il que je cherche à me rendre compte des conditions du phénomène humain que j'admire. Je n'apporte ici aucune théorie de l'art de peindre. La pratique de Monet lui est venue directement de l'œil à la brosse, sans que jamais il ait prétendu doctriner. Il était peintre né ; c'est la raison supérieure qui l'a irrésistiblement poussé à regarder toujours plus avant dans l'intimité des choses, jusqu'aux rencontres de visions auxquelles nul encore ne s'était arrêté.

Du point de départ au point d'arrivée, la vie de Claude Monet n'est qu'une évolution de rigoureuse conscience dans la conduite du plus beau drame d'humaine ingénuité. Diogène cherchait un homme, un homme achevé parmi les trop communs

Les Arceaux fleuris, Giverny, 1913.
Huile sur toile, 82 x 94 cm.
Phoenix Art Museum, Phoenix.

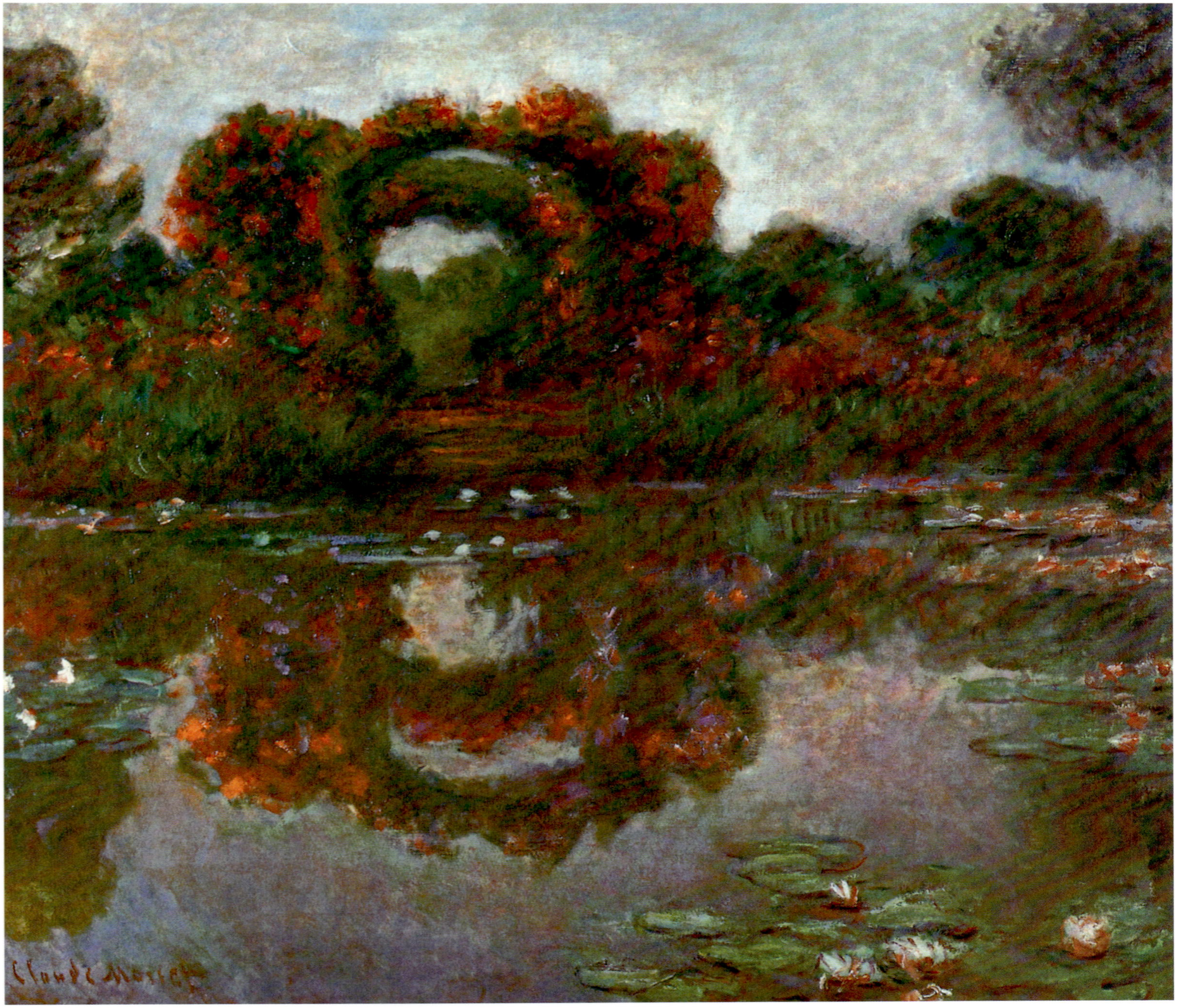
Claude Monet

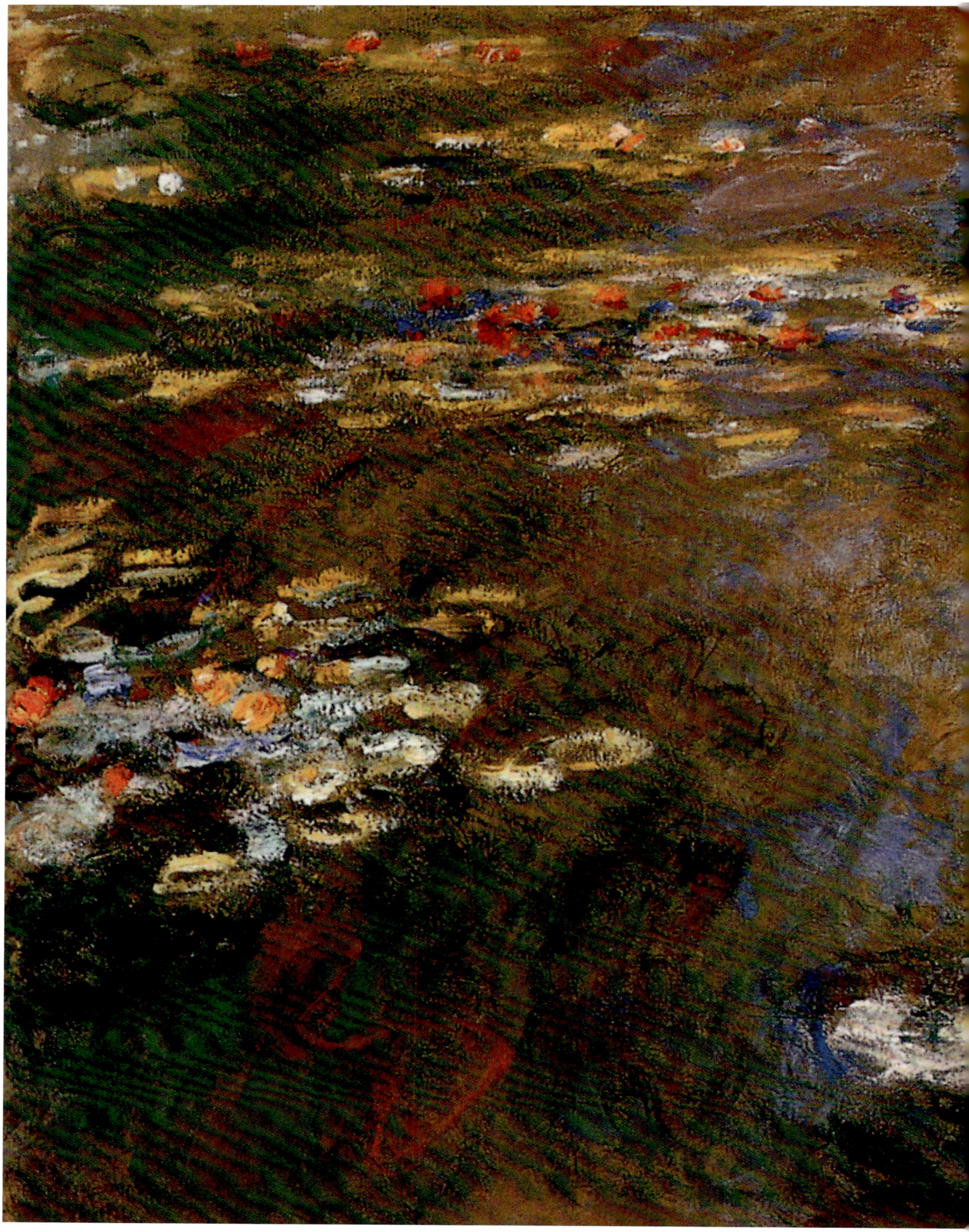

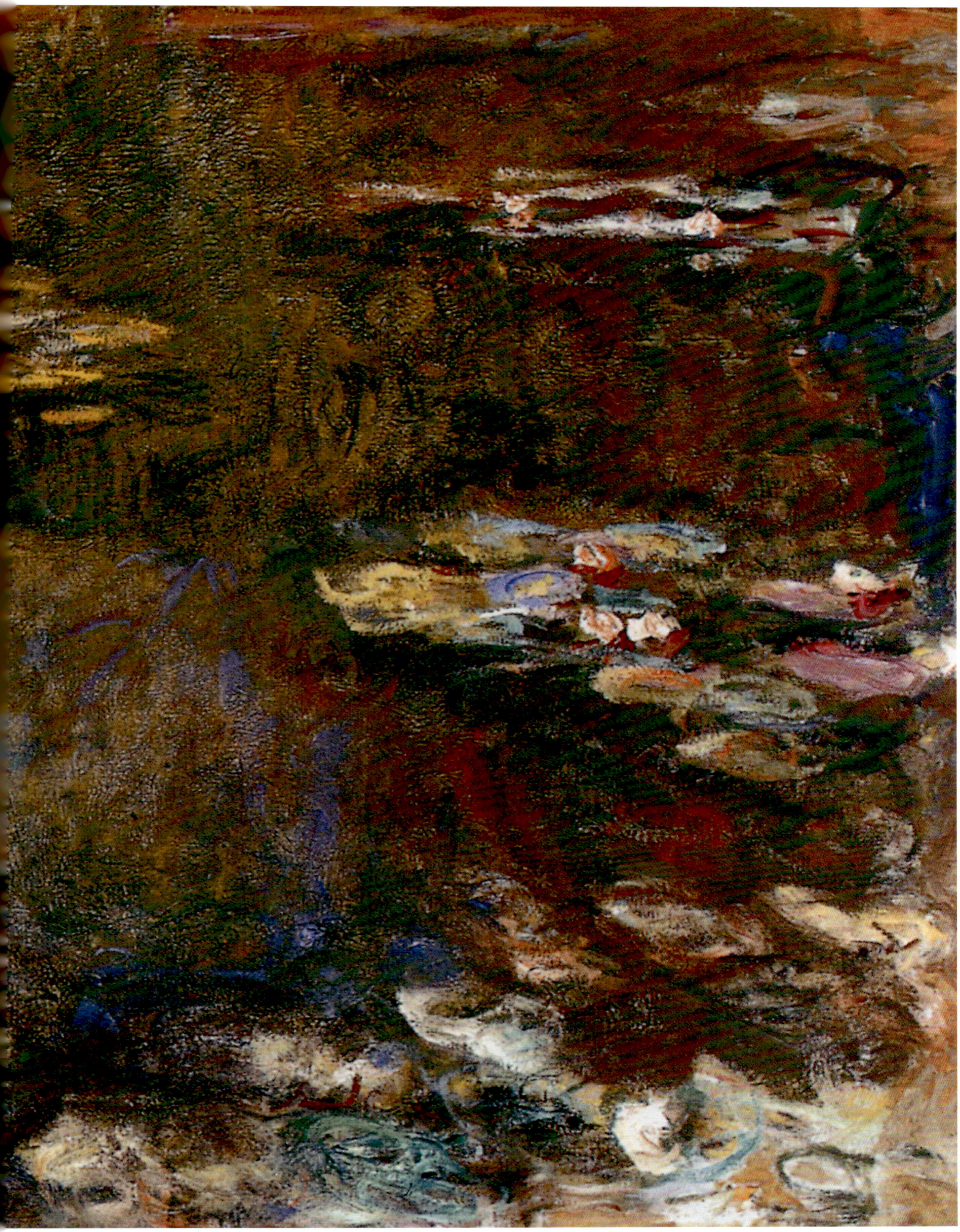

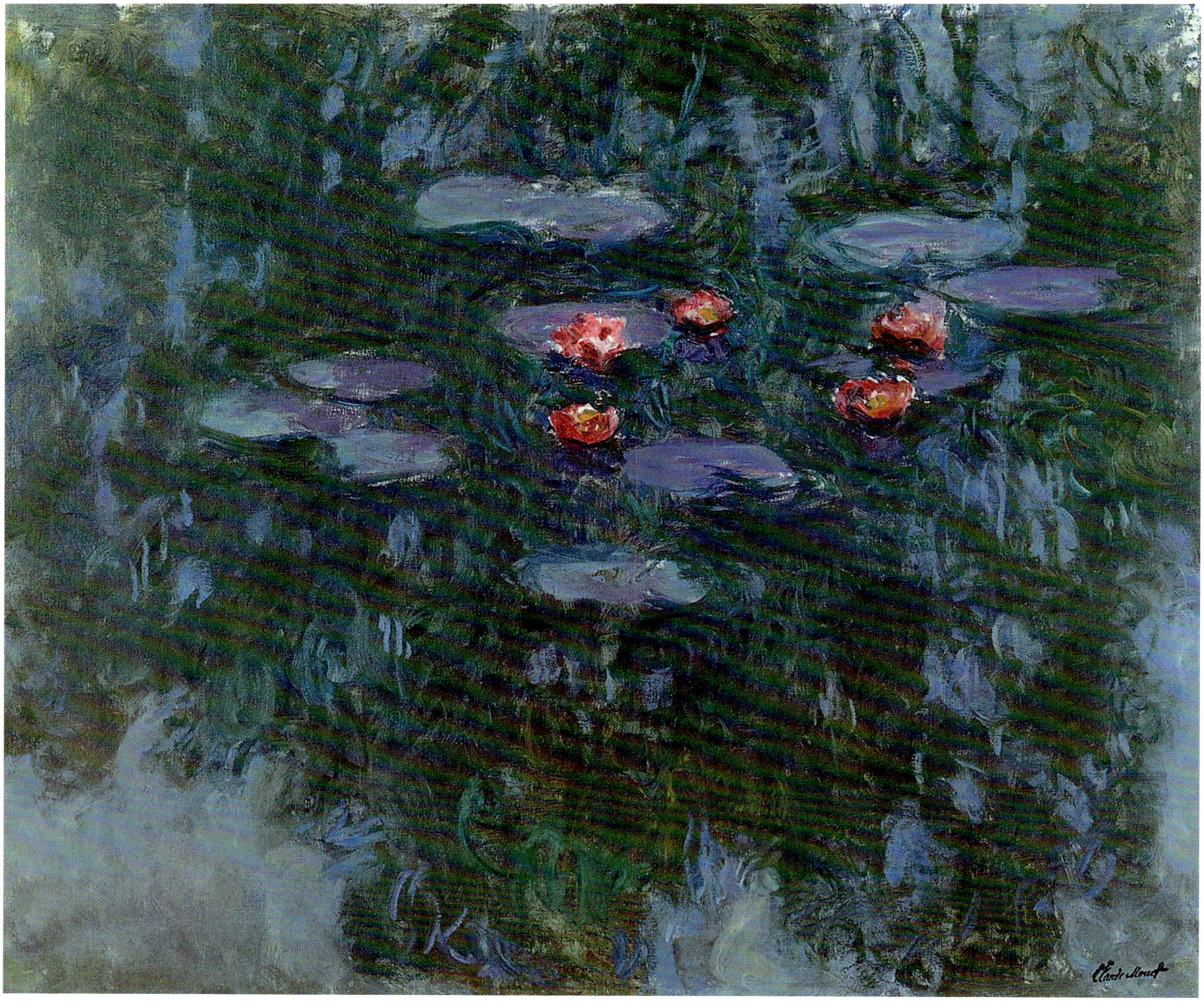

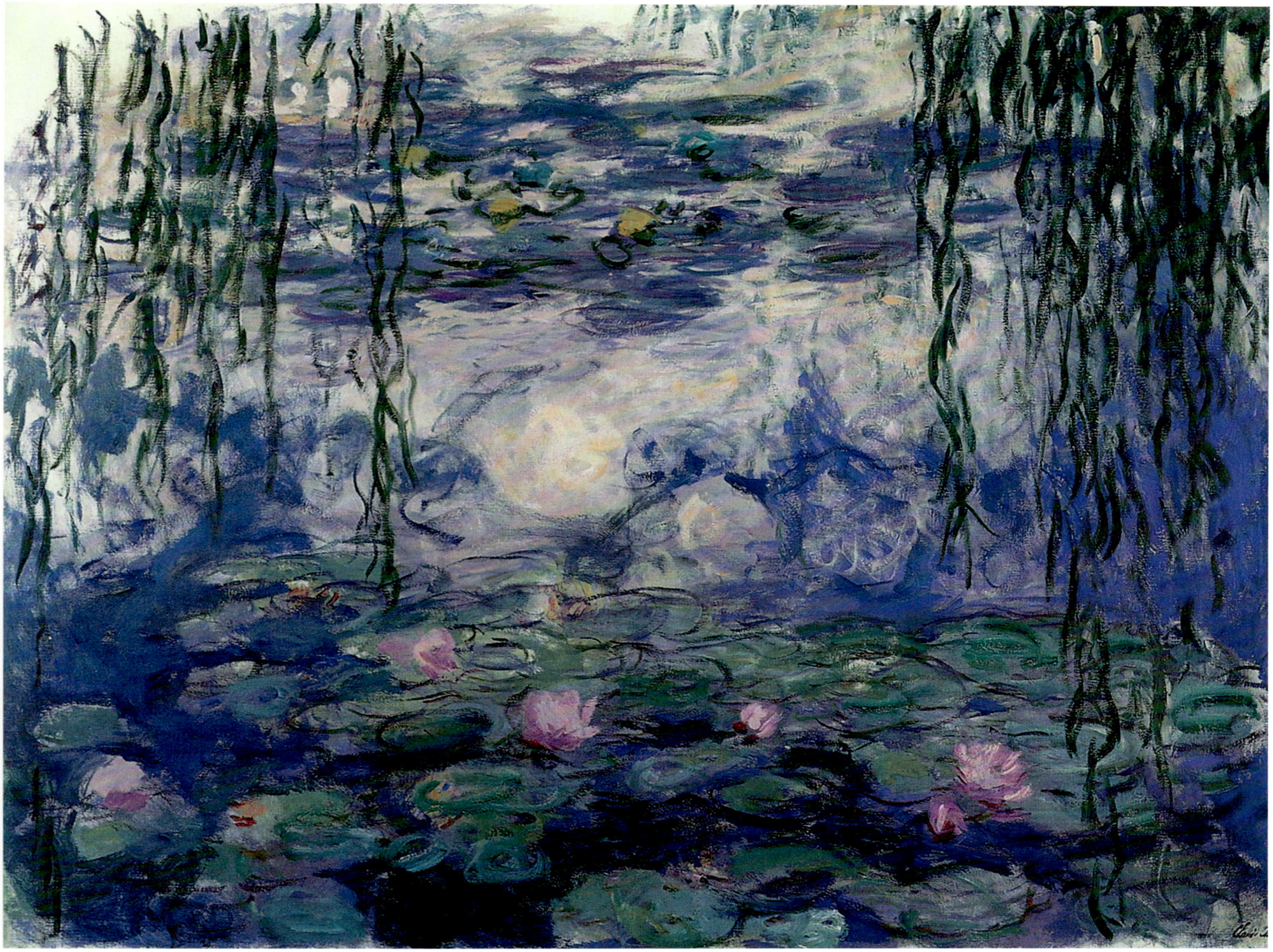

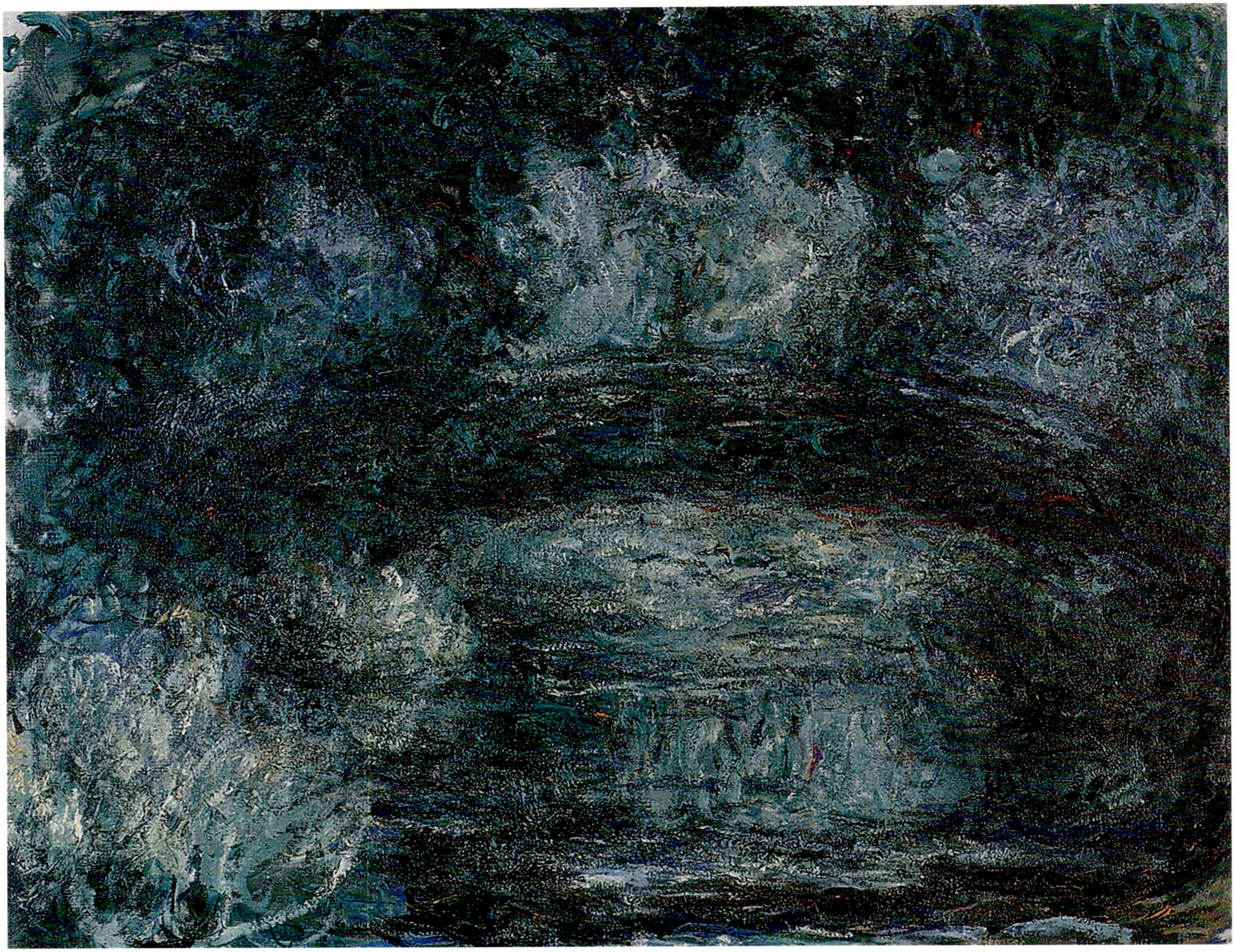

à douter de lui-même, mais pour se redresser tout aussitôt devant l'obstacle et reprendre, sans trêve, sa course à l'au-delà.

Sait-on ce qu'un tel homme est appelé à donner de ses concentrations d'énergie pour garder intangible, au fond de son cœur, le droit d'espérer ? Ce sont des palpitations de ses yeux, des frémissements de son cœur qu'il broie sur sa palette pour la vie ou la mort du plus beau de ses rêves. Ainsi le veut la loi même de notre idéal dont la dignité nous élève au-dessus de nous-mêmes dans les voies périlleuses où nous entraîne la course de l'inconnu.

Qui donc dira la juste mesure des aspirations chez les grands imaginatifs, et les désaccords des réalités ? Il faut que tout cela vienne aboutir à des conclusions d'activités éphémères, quand nous prétendons stabiliser des temps de notre vie dans les cyclones de l'éternelle mobilité.

À quels moments, et en quelles formes, ces questions ont-elles pu se poser à l'œil de Monet ? J'ai noté que ce n'était certainement pas des théories qui l'avaient mis à l'œuvre. Sa destinée voulut que la lumière l'impressionnât au plus profond dans tous les temps de la course solaire. Il essaya de faire ce qu'il voyait, sans rien concéder aux conventions de l'école. De là des renouvellements de facture, des trouvailles d'exécution qui auraient pu être sa perte et furent son salut. Il conquit ainsi une palette dont les essais se trouvèrent naturellement correspondre aux prestiges des réalisations de la couleur. Cette évolution conquérante de l'organe visuel, jusqu'à l'heureuse exacerbation des *Nymphéas*, fut l'incessant effort du peintre sur lui-même dans l'incessante anxiété de ne pouvoir dire si sa pente était d'insanité ou de génie.

- On dira que je suis fou, disait-il parfois.

En dépit de tels propos, il ne déserta pas la tâche. Toutefois il n'osa pas, de son vivant, risquer les *Nymphéas*. Leçon pour lui. Leçon pour nous.

L'éblouissante conquête de la lumière en symphonies suprêmes, aux champs des *Nymphéas*, ne pouvait apparaître qu'en coup de théâtre, même après les préparations d'un long labeur. Il n'y fallait pas moins que le plein accord de la double maîtrise de l'œil et de la main. L'œil, d'audace géniale, brûlé de tous les flamboiements des choses, affolé des prodiges du monde au point de jouer toutes les ambitions de sa vie sur un coup de pinceau à l'approche de la mort. La main, dans la pleine possession de ses agilités d'art, en état d'obéir aux élans de sa sensation, en les modérant, en les ordonnant, en les liant, en les transposant dans les enchaînements de la vie universelle. Encore fallait-il que chaque touche de la prétendue « fixité » nous engageât sur la pente de ce qui était tout à l'heure à ce qui sera dans un moment.

Des jours de fureur vertigineuse, des jours d'apaisement, des jours d'invincible obstination. Surtout l'immuable défiance d'un homme obsédé d'une idée dont il ne craignait rien tant qu'une insuffisance de réalisation. La crainte de rêver trop haut. La défiance d'un public cherchant le rêve aussi, mais un rêve dont l'envolée ne pouvait être de même envergure.

Le Pont japonais, 1918-1919.
Huile sur toile, 86 x 116 cm.
Musée Marmottan, Paris.

Ce que tenta de réaliser Monet, il n'est pas une de ses toiles qui n'en porte l'éclatant témoignage, parfois libéralement aidé des vifs commentaires de l'auteur. Car aucune critique ne le trouvait sans riposte, et le ton bourru et le mot à l'emporte-pièce montraient assez que cet homme, bienveillant et rieur, avait trop donné de lui-même à son art pour en pouvoir parler avec détachement.

Ce qu'il se proposait, c'était de suivre, en tous points, la nature d'aussi près que possible. Programme d'apparence modeste, mais d'une exaspérante ambition. Ce fut déjà la recherche des premiers artistes de nos cavernes, et il faut bien dire que quelques-uns, en des tentatives de moyens primaires, y ont assez remarquablement réussi. Je n'ai garde de me laisser aller à la critique des grands maîtres dont les siècles ont enrichi notre histoire. Tous se sont mis glorieusement à leur tâche, nous laissant le témoignage, à certains moments, d'un élan de tendance surhumaine. Grâces leur soient rendues ! Il n'est besoin de diminuer personne pour essayer de grandir Monet, qui est venu à son heure et n'a fait que s'engager plus avant dans la voie glorieuse où tant d'admirables artistes l'avaient précédé.

La démonstration, heureusement, n'en est pas nécessaire. Toute aux formes mouvantes du corps humain, la Grèce en a cherché la réalisation dans les figures de la plastique où elle pouvait mettre en ligne une incomparable école de praticiens, qui ne sera probablement jamais dépassée. Ce que nous savons de la peinture hellénique et même hellénistique, par les traditions de l'Égypte et les fresques de Pompéi, ne paraît pas dépasser de beaucoup les communs essais de l'imagerie. Les tableaux de piété de nos primitifs, renforcés des explosions d'art de la Renaissance, qui chercha l'homme plus que la nature, tenue pour ennemie, ont fait éclater le cadre pour ouvrir le champ aux traditions du polythéisme, aussi bien que de la mythologie chrétienne. C'est un des prodiges de l'histoire. Les musées sont ouverts. Il n'est que de s'y promener.

Je prends donc Monet comme il se présente, dans son temps et dans son pays. Loin que les maîtres de son art lui aient inspiré des sentiments de critique, ils le ravissent. Il ne tarit pas sur eux en exclamations admiratives. Ils ont vu ce qu'il voit lui-même, mais en un moment donné des évolutions de leur sensibilité. Ils ont fait la peinture de leur temps, avec des parties de convention dont ils n'ont pu se détacher. Monet ne s'est proposé rien que de suivre leur exemple du plus près possible, au risque de les dépasser.

Sous l'influence des données préconçues qui formaient nécessairement le premier fonds de l'intelligence humaine, l'artiste des anciens âges a découvert tardivement la nature comme inspiratrice des émotivités supérieures. Monet veut s'emparer de notre sensibilité parce qu'il n'est plus maître de la sienne qui prétend s'imposer. Conquis ou conquérant. Au sort de prononcer. Et puisque la victoire, vaillamment disputée, est au bénéfice du vainqueur et des vaincus tout ensemble, félicitons-nous d'un combat grandiose où la conquête se réalise pour le plus grand bien de tout le monde. Honneur aux hommes de bonne volonté !

Le Pont japonais II, 1918-1924.
Huile sur toile.
Musée Marmottan, Paris.

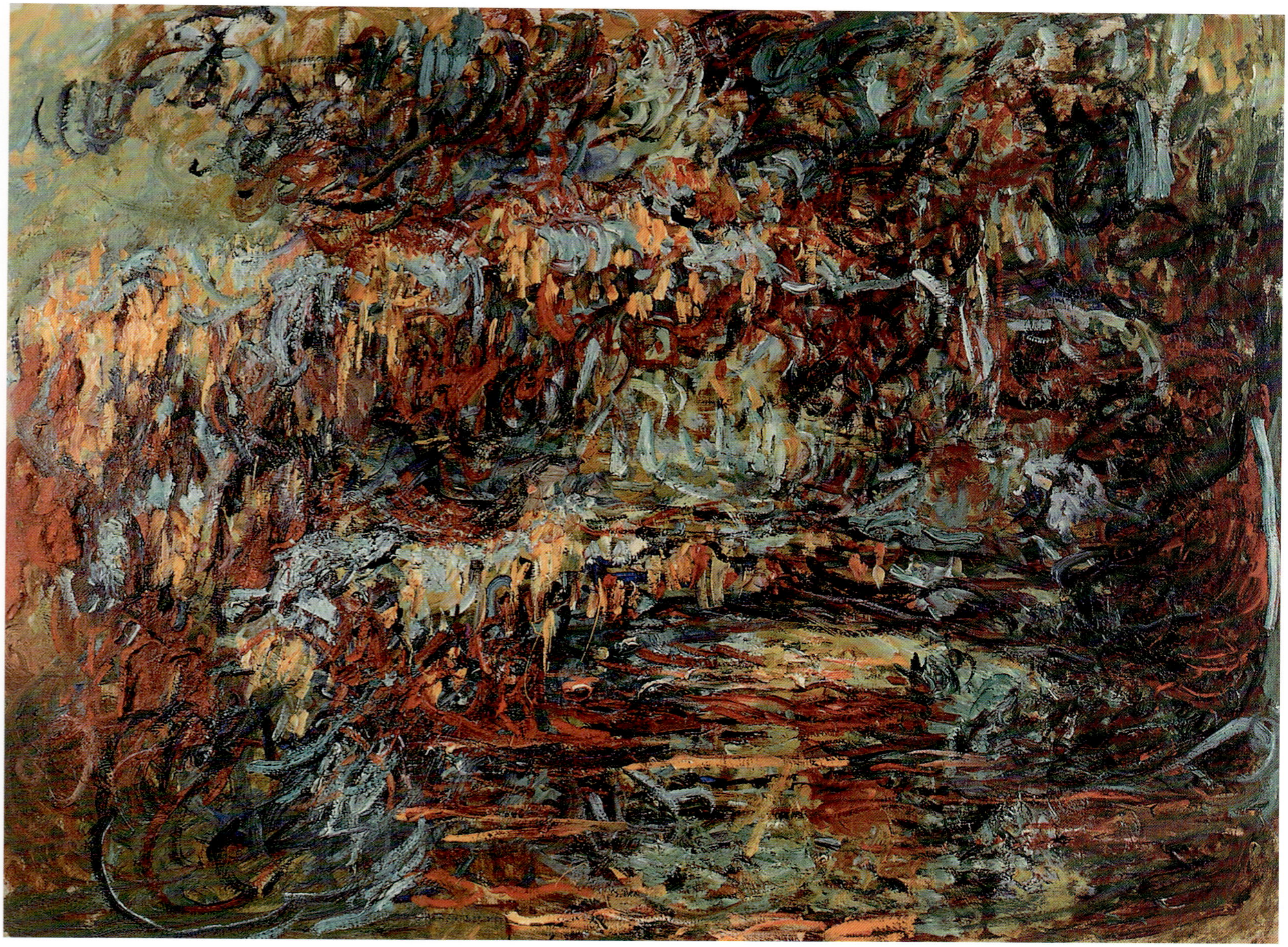

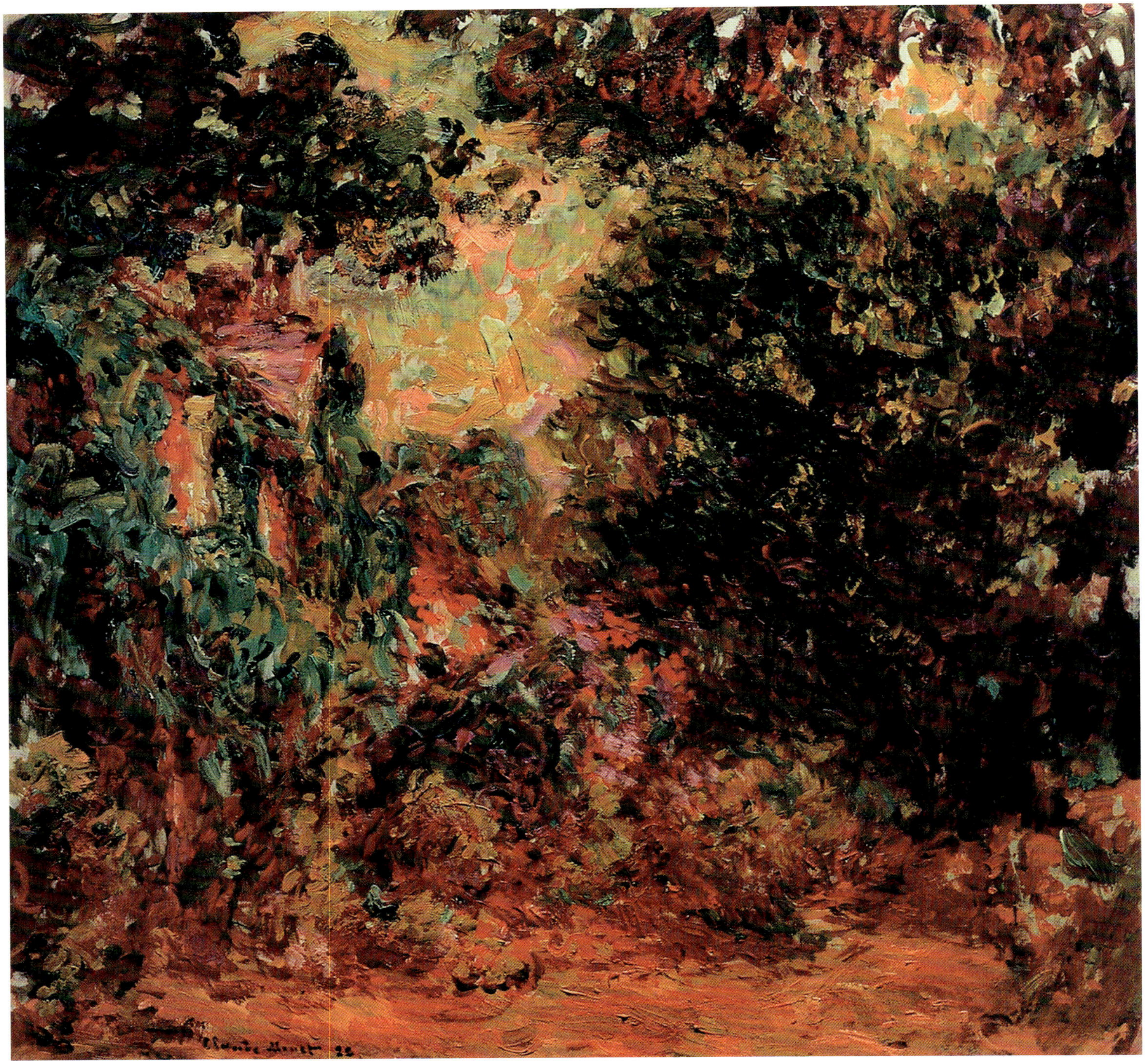

La Maison vue du jardin aux roses,
1922-1924.
Huile sur toile.
Musée Marmottan, Paris.

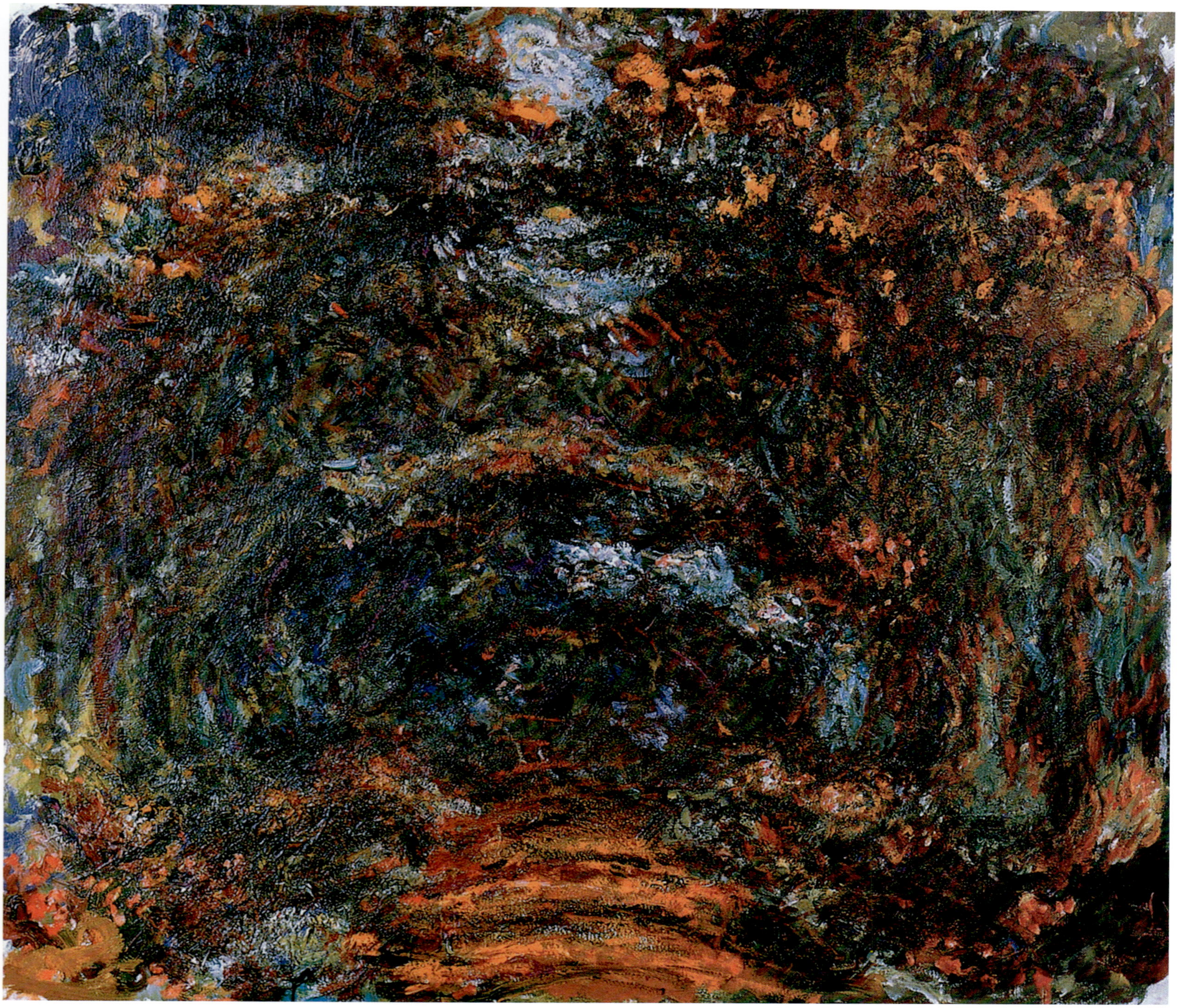

L'Allée des rosiers, 1920-1922.
Huile sur toile.
Musée Marmottan, Paris.

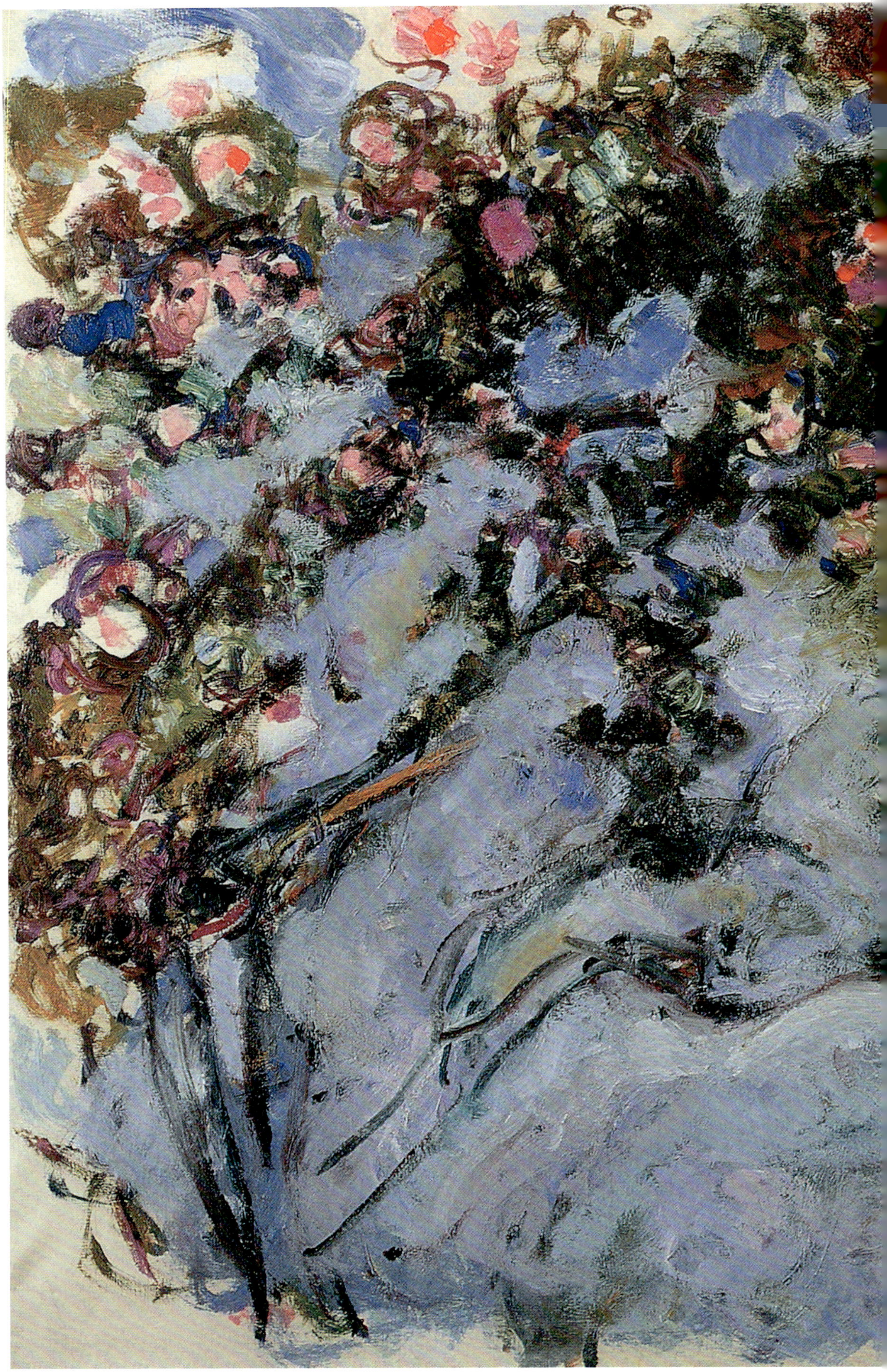

Les Roses, 1925-1926.
Huile sur toile.
Musée Marmottan, Paris.

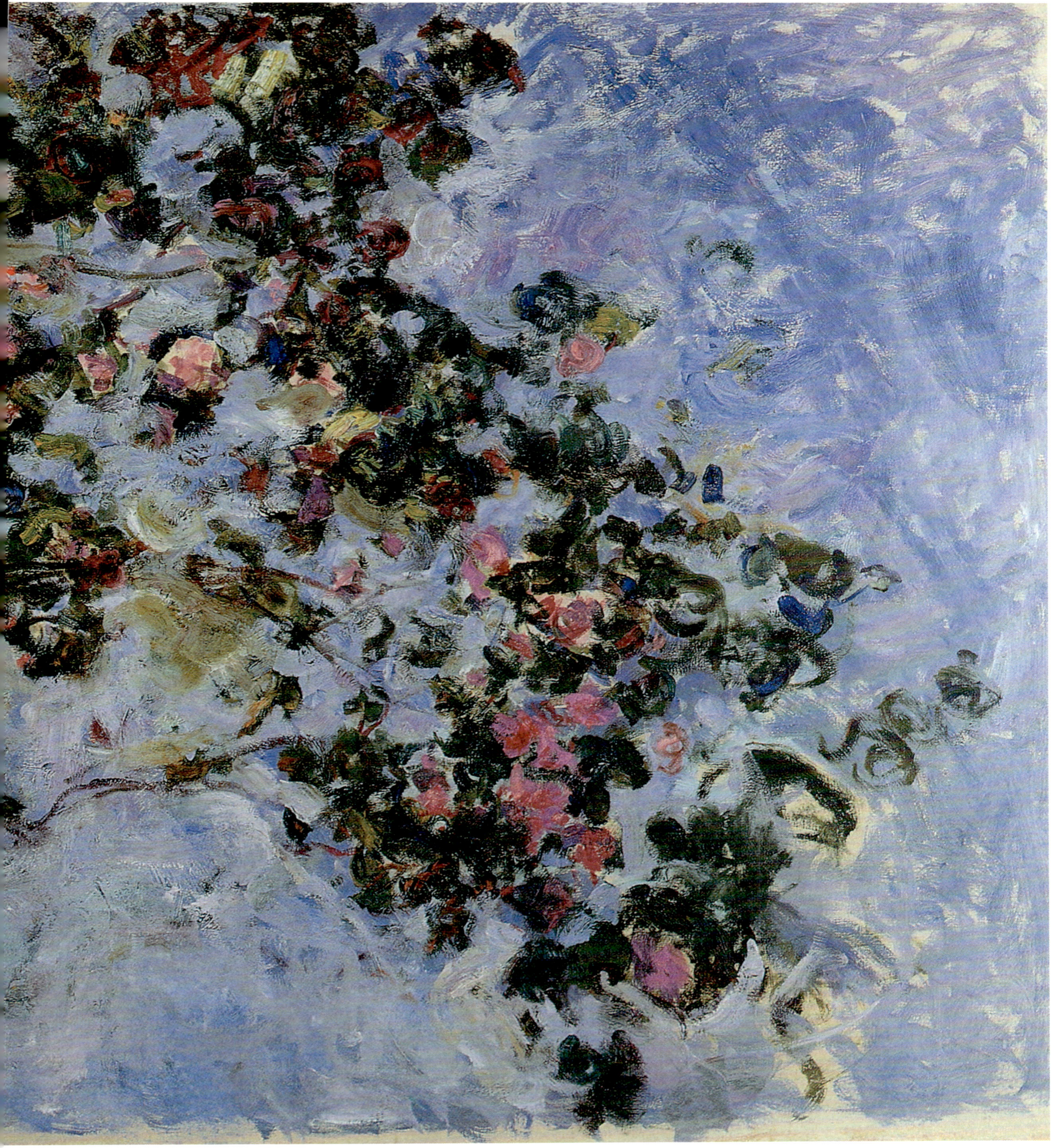